平衡计分卡制胜方略

秦杨勇 著

中国科学技术出版社
·北京·

图书在版编目（CIP）数据

平衡计分卡制胜方略 / 秦杨勇著 . — 北京：中国科学技术出版社，2022.11
ISBN 978-7-5046-9782-0

Ⅰ . ①平… Ⅱ . ①秦… Ⅲ . ①企业管理 Ⅳ . ① F272

中国版本图书馆 CIP 数据核字（2022）第 149128 号

策划编辑	何英娇
责任编辑	何英娇
封面设计	马筱琨
版式设计	蚂蚁设计
责任校对	张晓莉
责任印制	李晓霖
出　　版	中国科学技术出版社
发　　行	中国科学技术出版社有限公司发行部
地　　址	北京市海淀区中关村南大街 16 号
邮　　编	100081
发行电话	010-62173865
传　　真	010-62173081
网　　址	http://www.cspbooks.com.cn
开　　本	710mm×1000mm　1/16
字　　数	235 千字
印　　张	18.5
版　　次	2022 年 11 月第 1 版
印　　次	2022 年 11 月第 1 次印刷
印　　刷	北京盛通印刷股份有限公司
书　　号	ISBN 978-7-5046-9782-0/F・1041
定　　价	89.00 元

（凡购买本社图书，如有缺页、倒页、脱页者，本社发行部负责调换）

前言

近年来，很多互联网自媒体充斥着"KPI已死，OKR当立"的文章，甚至有人试图祭出"华为放弃KPI，引入OKR"的论据，来证明平衡计分卡（Balanced Score Card, BSC）、关键绩效指标（Key Performance Indicator, KPI）或者个人业绩承诺书（Personal Business Commitment, PBC）是工业时代过时的绩效管理工具，如今的互联网时代必须要用目标与关键成果法（Objectives and Key Results, OKR）来替代平衡计分卡、KPI或者PBC。事实真的如此吗？华为技术有限公司（简称"华为"）真的放弃了平衡计分卡、KPI或PBC？华为在2017年公司年报中给出了十分明确的答案：华为要"以平衡计分卡为组织绩效管理工具，通过战略解码，将公司战略目标转变为各层组织的组织绩效目标"。

让华为如此重视的平衡计分卡的魅力究竟何在？这要从华为的绩效管理发展历经三个阶段说起。分析华为的绩效管理发展历程，我们可以把华为的绩效管理大致分为三个阶段：

第一个阶段是主观评价阶段（1996—1998年）。早期华为使用的是"德能勤绩+360度"的主观评价工具。由于没有引入量化的KPI，所以华为没有针对每个岗位设计独特的绩效考核指标，也没有开展绩效的反馈与面谈等闭环工作，但是这个工具却在特定的时间段里推动了早期华为的发展。

第二个阶段是KPI绩效管理阶段（1999—2002年）。华为引入了IBM全球企业咨询服务部（简称"IBM咨询公司"）的PBC，在个人层面开展量化、客观的KPI考核，强调KPI分解与制定、KPI追踪与反馈、KPI考核计分、KPI考核回报等绩效管理的循环，该绩效工具伴随着华为的快速成长，对于其组织规模扩大后责任机制的建立起到了非常重要的作用。

第三个阶段是战略绩效管理阶段（2003年至今）。随着公司规模的进一步扩大，战略管理在华为越来越受到重视，华为开发了从战略到执行（Develop Strategy to Execution，DSTE）的战略管理流程，将业务领先模型（Business Leadership Model，BLM）作为华为战略管理的基本工具框架。同时为了驱动员工创新，2015年华为开始在部分部门试点OKR的应用。在战略绩效管理阶段，由于战略目标需要转化为KPI并落实到部门、岗位，因此，华为在2017年引入平衡计分卡，通过战略地图与平衡计分卡将战略、年度经营计划、预算、绩效考核有效地连接起来，绩效考核不仅考虑短期，也考虑长远，不仅重视结果，也关注过程。

事实上，不仅华为在使用平衡计分卡，还有很多大型的优秀中国企业如美的集团股份有限公司（简称"美的"）、华润（集团）有限公司（简称"华润"）、长安汽车股份有限公司（简称"长安汽车"）、上汽通用汽车有限公司（简称"上汽通用"）、比亚迪股份有限公司（简称"比亚迪"）等企业都在使用它。长安汽车2008年引入平衡计分卡，经历不断反复、重建与升级，成功地将平衡计分卡镶嵌在长安汽车的"CS 15333战略管理体系"之中，而长安汽车经营业绩一直在中国的汽车行业中表现卓越，尤其自主品牌增长一枝独秀。2015年，美的在组织上开始去中心化，美的空调事业部取消了原来的部门设置，根据业务流程重新设置了流程团队。美的在去中心化的同时引入平衡计分卡。2015年，我去美的培训辅导平衡计分卡的时候，其家用空调的市场占有率还不是国内最高，而在2019年也就是实施平衡计分卡后的第5年，美的在家用空调领域的市场占有率开始反超竞争对手，成为当之无愧的行业第一。

不仅很多大型的优秀企业使用平衡计分卡获得了突破性的业绩成果，一些中小企业也在尝试引进该管理工具。四川省的一家中华老字号制药企业——四川梓橦宫药业股份有限公司（简称"梓橦宫"）在业务规模只有几千万元的时候就引入了平衡计分卡，一直坚持使用了近10年，平衡计分卡伴随着梓橦宫的成长。2018年，梓橦宫开始升级平衡计分卡，开发出轻量级的"战略绩效管理体系"，其间，通过"差距分析与环境扫描、开展企业'十四五'规划、开发多层级战略地图与平衡计分卡、签订高管与部门经理/员工的绩效承诺书、梳理战略绩效管理流程"等活动，将平衡计分卡融入梓橦宫的"从战略到执行"的管理流程，实现了战略、计划、预算、监控与考核的无缝连接。2021年也就是在升级平衡计分卡的第3年，梓橦宫成功在北京证券交易所（简称"北交所"）转板成功。

为什么平衡计分卡30多年来在众多战略绩效管理工具中屹立不倒，今天仍旧有华为、美的这样的优秀企业坚持使用它？原因是平衡计分卡对公司的战略执行力有着十分重要的促进作用。

佐佳咨询集团有限公司（简称"佐佳咨询"）曾经发布的中国企业战略绩效管理调查的数据也充分地证明了这一点。该调查报告显示了战略绩效与战略执行之间的逻辑关系。该调查报告基于对856份有效问卷的统计分析，在被调查的856家中国企业中，有710家企业认为自身的战略执行存在一定问题，大约占受调查企业总数的82.9%。调查分析表明：战略执行与战略绩效管理状态呈十分明显的线性关系，在被调查的、已实施绩效管理的810家企业中，有254家企业根据企业战略的要求实施战略绩效管理（占30%

左右），这254家企业中认为其对战略执行有帮助的有198家，占77.9%；但是在实施一般绩效管理的556家企业中，仅有14%的企业认为其对战略执行有帮助。

上述调查数据表明：运用专业工具实现战略与绩效对接后，正确实施绩效管理与战略执行力的线性关系可见一斑，战略绩效管理对战略执行的支持作用十分明显。战略绩效管理与战略执行力存在因果线性关系，平衡计分卡能够实实在在地推动战略执行力的提升，这也吸引越来越多的中国企业开始关注战略绩效管理体系的建设。在平衡计分卡的实践中，很多企业如华润、华为等还将平衡计分卡与OKR成功地结合在一起操作，也取得了很好的实践效果。

佐佳咨询一直致力中国企业战略执行力提升的积极探索，对平衡计分卡与目标管理（Management by Objective，MBO）、KPI、OKR等工具在中国企业的适应性进行了反思与整合，将战略地图分析与利益相关者理论相结合，突破四个维度的局限性，将PEST分析法、波特五力分析法、价值链分析法、SWOT[①]分析法等与战略地图开发步骤融合在一起；将"自上而下"的KPI与"自下而上"的OKR结合起来……这些积极有益的探索都在佐佳咨询服务过的中国企业的实践中得到了检验、认可。

本书的主要读者对象是：

政府机构经济管理部门（国有资产监督管理委员会）

大中型国有和民营集团型企业中高级经理

---

① SWOT分析法又称为态势分析法，是一种能够较客观而准确地分析和研究一个单位现实情况的方法。SWOT分别代表：strengths（优势）、weaknesses（劣势）、opportunities（机会）、threats（威胁）。

中小型企业的中高级经理

企业战略管理部门、人力资源管理部门等专业人员

平衡计分卡咨询顾问（仅指对落地操作感兴趣者）

大学教授、高级管理人员工商管理硕士（EMBA）、工商管理硕士（MBA）、企业管理硕士、管理研修班学员

其他平衡计分卡、战略执行、战略与绩效管理研究者

我们真诚地期望本书能对中国企业的战略规划与运营执行研究和实务操作起到一定的推动作用，同时也期待理论界、管理咨询界和企业界朋友和我们就该方面的专题进行深入探讨。

秦杨勇

上海佐佳企业管理咨询有限公司首席管理顾问

南京佐佳卓越企业管理咨询有限公司主管合伙人

目录
CONTENTS

第一章 组织绩效管理利器

▶ 中国企业战略执行解密　003
案例1 华为缘何要在2017年引入平衡计分卡　008
▶ 平衡计分卡的前世今生　013
案例2 卡普兰与诺顿的战略管理六个阶段　016
▶ 平衡计分卡的理论交锋　017
案例3 运用KPI价值树演绎因果逻辑链　025
案例4 OKR在英特尔与谷歌公司的起源　027
▶ 平衡计分卡导入步骤　033

第二章 平衡计分卡导入前期准备

▶ 如何发起变革建议　045
▶ 如何组建推进团队　046
▶ 如何编制推进计划　048
▶ 如何进行绩效管理系统建设前期调查　048
▶ 如何开展前期宣传，组织培训与学习　050

- 如何收集所需信息资料　051

第三章　开发公司战略图卡表

- 描述使命、价值观与愿景　057
- 开发公司战略地图　063
  - 案例5　欧洲EDD（中国）公司战略图卡表　072
- 转化公司平衡计分卡　090
- 编制公司行动计划表　101
  - 案例6　法国LILLE（中国）公司战略图卡表　107

第四章　开发部门战略图卡表

- 部门战略图卡表开发　121
  - 案例7　卡萌互联网科技公司人力资源战略地图　122
- 设定部门财务维度目标与指标　129
  - 案例8　北京控股集团有限公司价值树模型分解实例　131
- 设定部门客户维度目标与指标　134
  - 案例9　某公司部门协同分析表填写规范　135
- 设定部门内部运营维度目标与指标　136
  - 案例10　某公司内部运营分析矩阵填写规范　136
- 设定部门学习与成长维度目标与指标　137
  - 案例11　中Ｘ智能信息技术有限公司部门战略地图　138

第五章 设计个人业绩承诺书

▶ 设计高管个人业绩承诺书　151
- 案例12　某高科技发电公司总经理个人业绩承诺书　153
- 案例13　深圳 M 高科技股份有限公司总经理个人业绩承诺书　159

▶ 设计部门经理个人业绩承诺书　162
- 案例14　EDD 集团部门经理指标解释表（部分）　168
- 案例15　中国某热电有限公司生产运营部经理业绩承诺书　173

▶ 设计员工个人业绩承诺书　175
- 案例16　某装备制造公司员工个人业绩承诺书　177
- 案例17　某装备制造公司个人学习与成长计划　183

第六章 平衡计分卡运行切换

▶ 平衡计分卡运作系统架构　189
▶ 平衡计分卡运作流程设计　190
- 案例18　某制造企业平衡计分卡与绩效管理流程　190

▶ 平衡计分卡运作制度设计　195
- 案例19　某制造企业平衡计分卡制度定义解释　199
- 案例20　某制造企业三级绩效指导与监控体系　211
- 案例21　某制造企业员工考核流程　217
- 案例22　某制造企业员工薪资回报接口　220

- 案例23 某制造企业平衡计分卡运作制度　225
- ▶ 平衡计分卡运作表单设计　229
- 案例24 某制造企业平衡计分卡表单　230
- ▶ 平衡计分卡切换实施　231
- 案例25 某制造企业平衡计分卡切换实施　232

第七章 战略地图与 OKR 融合实操案例

- ▶ 案例基本背景介绍　237
- ▶ 公司战略地图开发　238
- ▶ "4×4 原则"筛选公司季度 OKR　243
- ▶ 将公司 OKR 分解到部门或团队　252
- ▶ OKR 制度　259
- ▶ OKR 分解与创意流程　269

第一章

组织绩效管理利器

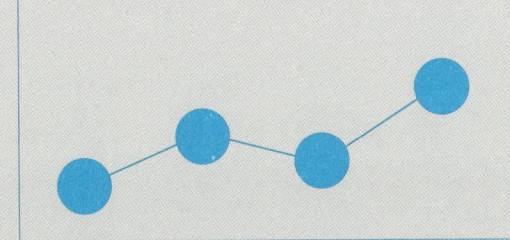

欢迎进入平衡计分卡的世界，我们将分享中国企业战略执行的成功经验，共同研究如何运用平衡计分卡来推动战略绩效管理，提升企业战略执行力。我们将重点探讨基于平衡计分卡的战略绩效管理实践操作步骤、方法与工具，探讨平衡计分卡在我国优秀企业中的运用。

中国企业战略执行解密

当今中国正由一个区域性大国发展成为国际性大国，积极融入国际市场竞争。这彻底改变了中国企业原有的竞争边界，让我们强烈地感受到国际市场的竞争波涛汹涌。外部竞争环境的不确定性要求我们更加擅长对企业未来发展做前瞻性思考，要求我们认真思考自己企业未来的战略。

然而，就在我们关注战略思考的时候，战略执行议题悄然在全球范围内兴起，目标管理、OKR、KPI、PBC、平衡计分卡、流程再造、六西格玛（Six Sigma）、敏捷管理等这些源自西方的管理方法与工具的真正目标只有一个，那就是提高企业的战略执行力。自2000年以来的20多年时间里，中国企业管理的理论界与实务界对战略执行也倾注了巨大的热情，今天我们似乎不难发现，战略执行已经成为中国企业不可回避的管理议题。因为每个中国的企业家都知道，如果自己那些伟大的、激动人心的战略无法有效地得以执行，那么企业就会失去奋斗的目标与未来的发展。

中国企业缺乏的往往不是伟大的战略思想，而是有效的战略执行，多年来众多战略执行的问题一直困扰着中国企业。很多企业经理试图从管理书籍中寻找答案，却发现那些看似令人热血沸腾的管理理论在企业中操作时总是寸步难行；他们也试图去寻求管理咨询公司——"外脑"的帮助，却发现看似严密、完美的方案在自己的企业中根本无法实施……

战略执行如此重要，我们的企业却如此缺乏战略执行力！如何才能提升战略执行力，正确地执行自己的战略？

我们对战略执行力进行剖析后发现，企业战略执行力由三个方面的决定性要素构成，那就是目标与责任、愿力、能力（图1-1）。这三大要素是企业战略执行力高低的决定性因素。

图1-1 战略执行力图解

为此，我们还总结出了战略执行力公式：

战略执行力 = 目标与责任 + 愿力 + 能力

目标与责任

战略执行力的第一个构成要素是目标与责任。很多中国企业在创业初期的时候，往往是采取隐式战略来管理企业。企业并没有对战略进行主动思考与规划，但是企业家无时无刻不在思考企业未来如何获得生存与发展，战略隐藏在企业家的大脑之中，他们通过向各部门布置任务的方式进行"隐式推进"。企业也没有主动思考长期的使命和愿景，生存并赢利成了企业的唯一目的。这种战略管理方式在特定的时期内确实促进了部分中国企业的发展，但是我们很快就发现：在今天的快速迭代的VUCA[①]外部环境面前，隐式战略再也无法适应激烈的市场竞争了。显式战略已广泛被中国企业的领导者认同，他们开始自觉、认真地思考企业存在的价值，思考企业发展的长期目标，主动澄清企业的战略规划（Strategic Planning，SP）。

但仅仅澄清了战略规划并不会让企业内部每个人都拥有一致的步调、清晰的目标，企业的战略规划必须转化为企业内部每个人的实际活动才具有现实的意义。而要想让企业内部每个人的行为能与战略规划的要求保持高度一致，企业家就需要擅长将战略转化为经营计划（Business Plan，BP），并落实企业内部每个人的"目标与责任"。因为如果只有企业层面的战略规划与经营计划，没有配套的责任机制，执行就会成为一句空话。我们相信："当我们评价什么，我们就能得到什么！"

愿力

如果你在企业内部建立了与战略相匹配的"目标与责任"，但是员工没有执行的意愿，你那伟大的战略同样不能取得良好的执行效果，因此"愿力"是企业战略执行力的第二个重要构成要素。所谓"愿力"，是指员工是否愿意主动做事，它表明员工完成工作的愿望有多强烈。企业的最高领导者要善于激发员工主动而不是被动地完成自己的目标，只有员工有主动性，他才能主动思考工作中存在的问题，才能不断改进与提高。

构建员工的"愿力"是一个系统的工作。我们坚信"利益问题"是

[①] VUCA指易变性（volatility）、不确定性（uncertainty）、复杂性（complexity）和模糊性（ambiguity）四个英文单词的首字母缩写。

"愿力"非唯一但首要的决定要素。为此，我们先要解决"企业利益"与"员工个人利益"的有效结合问题。这可以通过与平衡计分卡相连接的薪酬管理来解决，通过与平衡计分卡相连接的员工职业发展系统来解决。除了解决"利益问题"，精神层面的激励也是不容忽视的，我们还可以通过企业文化的培育来实现精神激励，提升员工的"愿力"。改革开放以来，众多中国企业的凝聚力来自领导者的个人魅力，但是当企业发展到一定规模后，这种个人魅力能发挥的作用及其影响范围就十分有限了，这个时候企业就需要共同的、积极的、向上的价值观来凝聚企业里的每个人。在特定的条件下，它比物质激励更加有效。

能力

能力是企业战略执行力的第三个构成要素，即使你的企业有了"目标与责任"，具备战略执行的"愿力"，但是如果缺乏执行的能力，同样不能取得预期的战略执行效果。

我们通常可以将"能力"区分为组织能力和个人能力，组织能力是指组织内部所具有的能力。组织管控模式、管控流程与组织架构对组织能力会产生重要的影响，同时组织管控模式与管控流程、组织架构之间存在重要的互动逻辑：在组织管控模式下，管控流程实际上就是总部与子公司管控的具体运行方式，任何管控模式都需要通过管控流程来实现；而组织架构则是落实管控流程的重要前提、载体，如果组织架构与管控流程不配套，管控流程就无法得到贯彻实施，组织管控模式也无法落地。

个人能力是指员工个体的能力。提升战略执行的"能力"要求我们必须思考一个问题：我们的员工到底需要具备哪些与企业核心能力相匹配的个人能力，才能保障公司战略的有效执行？"基于能力素质模型的任职资格体系"能很好地解决这个问题，它通过分析组织的核心能力，然后将这些能力分解到组织的各个岗位，结合岗位所需的一般能力，来建立一个胜任岗位的能力模型。"基于能力素质模型的任职资格体系"实际上就是企业打造核心能力，建立与战略要求相匹配的人才梯队，实现良好执行的"能力标杆"。对比员工实际能力与能力标杆后，我们还需要通过公司的人力资源招聘与培训体系来弥补员工能力的差距。

战略执行公式的三大要素相互影响、相互支持，共同决定着企业战略执行的有效性。失去了"目标与责任"，即使企业拥有一个有强大执行能力的人才队伍，拥有实现战略的强烈愿望，其战略决策也得不到良好的执行，因为缺乏一个有效的"目标与责任机制"来引导企业里的每个人"做正确的事情"；即使企业拥有与战略一致的"个体目标与责任"，员工也有"能力"去执行战略，但是如果缺乏执行的"愿力"，那么战略也会在执行中被大打折扣；如果缺乏战略执行的"能力"，无论"目标与责任"如何清晰，即使员工拥有满腔热情，企业也无法达到预期的战略执行效果。

佐佳咨询基于企业战略执行力的三个构成要素，提出了中国企业战略执行力提升的基本理论框架：在明晰企业战略的基础上，澄清组织管控模式，优化管控流程与组织架构，设计人力资源管理与企业文化体系，以此来提升中国企业的战略执行力。对此，基于平衡计分卡的战略绩效管理（从战略到执行）则是最为核心的主线，其中，平衡计分卡等整合工具则是最为核心的管理工具。

案例1：华为缘何要在2017年引入平衡计分卡

1987年，华为成立；2020年，华为的销售收入达到了8914亿元，面对美国的持续打压，华为的业绩不降反增。如此令人震撼的业绩增长与抗风险能力，华为依赖的是什么？答案是，华为对从战略到执行的持续关注，对绩效管理工具的不断迭代。

早在1996年，华为就开始了其战略研究之旅，出炉了《华为基本法》，明确了华为战略坚守的阵地；2002年，华为引入基于价值转移驱动的业务设计（Value Driven Business Design，VDBD），用来制定创新性增长战略，它主要包含"价值转移和业务设计假设""优先的产品和服务/业务设计""深入研究""战略性业务设计和业务组合选择方案""关键途径实施"等。

2006年，华为又与IBM咨询公司合作，引入了业务领先模型并整合原有的公司战略规划、年度经营计划及PBC等，为企业提供了统一的战略执行框架。BLM主要包括差距分析、明确企业战略意图、进行市场洞察、澄清战略意图、聚焦创新焦点、细化业务设计、安排关键任务，以及落实组织、文化、人才等能力支撑内容，最后通过PBC落实业绩管理，围绕企业愿景、年度经营目标、岗位职责设定各自的KPI与重点任务。

2011年，华为以BLM作为理论基础，开发了从战略到执行的流程。从战略到执行是华为17个业务流程中的一个一级流程，从战略到执行包括三个二级流程：战略规划流程、年度经营计划和战略执行与监控。从战略到执行的主要输入为"市场洞察"，主要输出为战略规划、经营计划、财务预算、人力预算、关键任务、组织KPI、执行监控报告。从战略到执行实现了战略、计划、预算、绩效、监控的无缝连接。

2013年，华为向韩国三星学习，引入了业务执行力模型（Business

Execution Model，BEM），BEM在华为从战略到执行流程中主要应用于战略解码环节，即华为通过对战略的逐层逻辑解码，导出可衡量的组织KPI及重点工作任务活动。华为的战略解码主要分为7个步骤：

第1步：描述战略目标。根据华为战略规划文件对战略目标进行归纳以求精练。

第2步：识别关键战略举措。分析并推导支持战略目标的关键战略举措。

第3步：导出战略KPI。根据关键战略举措识别出对应的战略KPI。

第4步：确定年度经营计划。分析差距，确定年度业务目标与行动计划。

第5步：分解年度经营计划。分解出下一级组织的年度经营计划。

第6步：推导组织KPI与任务。根据年度经营计划导出组织KPI与重点任务。

第7步：分解组织KPI与任务。分解出下一级组织的KPI与重点任务。

2015年，华为以部分研发部门作为试点，尝试引入OKR。经过两年的学习与探索，2018年5月，华为正式推行OKR，推行范围与对象首先是从最具内驱力的群体，研发体系的8万名员工（当时华为员工总数近18万人）开始的。华为的OKR是学习了谷歌公司的做法，同时结合华为自身的需求，在OKR周期、修改机制、结构上进行了一定的创新。华为OKR是让员工进行自我管理的工具，而绩效考核交给了同行评审（Peer Review）。根据华为总部的要求，组织绩效必须要用KPI，而员工层面各个业务的领导可以自由选择是否使用OKR及Peer Review。

2017年，华为在公司年报上明确提出引入平衡计分卡，"以平衡计分卡为组织绩效管理工具，通过战略解码，将公司战略目标转变为各层组织的组织绩效目标"。那么，在经历了多次从战略到执行变革，从PBC、KPI到OKR、Peer Review，再到平衡计分卡，华为为何多次调整绩效管理工具？华为缘何要在2017年引入平衡计分卡？

这要从战略解码的挑战说起，华为引入BEM实施战略解码后发现，战略解码的最大挑战之一，就是在其第一步"描述战略目标"中，如何根据华为战略规划文件对战略目标进行归纳以求精练。也就是要实现华为战略规划的简单、集成与有效。简单、集成与有效包含基本的含义解释如下：

简单

公司战略规划文件进行解码后必须是简单、便于阅读的。传统战略规划的方法是把战略规划报告编制成长篇大论式的毕业论文，这势必会造成公司内部战略沟通的障碍。战略规划的文本也最终会因为不便于阅读而被束之高阁。

集成

把公司战略意图集成地展现出来，正所谓"一张图胜过千言万语"。公司战略规划的集成与简单是相辅相成的，只有把数百页的战略规划报告压缩、集成起来，才能实现战略规划文件的简单、易读。

有效

在集成基础上确保战略解码文件的有效性，既能实现集成、直观地展现公司战略，又能有效地将公司战略意图在文件中展开并充分、完整地表述出来，要能够将战略转化为可操作的年度经营计划与目标，并将其与财务预算、绩效评价相连接。

战略解码的这一挑战促使华为选择了平衡计分卡作为战略解码的工具，尤其是平衡计分卡工具中的战略地图，满足了华为战略解码简单、集成和有效的需求。战略地图是由哈佛商学院教授罗伯特·卡普兰（Robert S. Kaplan）和复兴全球战略集团（管理咨询公司）总裁戴维·诺顿（David P. Norton）提出的，他们是平衡计分卡的创始人，在对实行平衡计分卡的企业进行长期指导和研究的过程中，两位大师发现，企业由于无法全面地描述战略，管理者之间及管理者与员工之间无法沟通，对战略无法达成共识。2004年1月，两位创始人的第三部著作《战略地图——化无形资产为有形成果》出版，在该著作中，两位创始人对战略地图的概念、使用价值及内涵、操作方法进行了详尽的说明。战略地图是在平衡计分卡的基础上发展而来的，但是与早期的平衡计分卡相比，它增加了两个层次的内容，一是战略目标，战略地图既呈现了简单、集成的战略目标，也呈现了有效的KPI与行动计划，每一个战略目标都可以分解为很多要素，如KPI、支持KPI的行动计划等；二是动态逻辑，即战略地图中的各战略目标是相互依存的逻辑关系，这种逻辑关系随着时间推移可以动态滚动调整。

战略地图文件主要包括"战略地图""平衡计分卡""行动计划表"三个组成部分，这三个部分相互支持（简称"战略图卡表"）：战略地图将简单、集成的战略目标展现出来并勾勒出战略目标之间的逻辑关系，平衡计分卡则将战略目标分解为年度甚至季度、月度的KPI并与预算连接起来；而行动计划表把支持KPI实现的行动编制成计划，通过层层解码实现战略的有效执行。战略地图文件主要在四个方面满足了华为战略解码集成、直观的要求。

对战略目标进行有效的解码

战略地图将战略规划文件才能描述清楚的企业战略目标以一张图的形式集成地展现出来，它要求战略规划人员按照战略地图的结构逻辑进行战略分析，并进行公司战略关键问题的思考。在战略地图的开发过程中，战略目标被有效地分配于每一个操作环节，因此战略地图使得原本复杂的战略解码过程变得简单而有效。

使战略沟通变得顺畅，促进协同

很多企业战略沟通不畅的根本原因是长篇大论式的战略规划文件不仅晦涩难懂、难以阅读，更无法有效地在集成与直观之间实现平衡，而长期被束之高阁,描述战略、衡量战略、管理战略根本无从谈起,战略执行成为无本之木,战略中心型组织成为无水之源。而当企业通过战略地图文件来演绎自己的战略时,战略地图起到了提纲、目录的作用,使得战略沟通变得相对简单、有效。而当沟通需要涉及每一个战略主题的深度目标与行动计划时,平衡计分卡、行动计划表又能有效地协助展开战略沟通。战略地图文件拥有的集成与直观的特点,使得企业内部战略的沟通变得顺畅,能有效地促进战略协同。

促使战略、计划、预算、评价、监督与评估一体化

战略规划能否落地往往取决于战略、年度经营计划、财务预算、绩效评价、执行监督与评估能否保持高度的一致性,只有保持五者的联动,才能把本来务虚的远景转化为有着明确目标、预算的务实的计划任务,才能将远期与近期有效匹配起来。而战略地图文件则能够把着眼于中长期的战略远景,通过战略地图、平衡计分卡、行动计划表进行时间与空间维度的分解,有效地实现战略解码,作为经营计划编制的输入,最终实现与财务预算、绩效评价、执行监督与评估的连接。

使得战略执行监控变得适时、动态化

战略规划文件能否落地需要我们能够适时、动态地监督战略执行情况,这也是众多企业的战略管理所追求的目标之一。战略地图文件能够帮助企业适时、动态地监督与评估战略的执行情况,通过建设战略管理办公室(Office of Strategy Management, OSM)来改造企业的战略管理部门,将企业战略执行的监督与评估变得流程化、模板化、工具化、有序化。战略文件能够确保企业通过清晰的战略管控流程与组织体系监督子公司、部门的战略执行,并及时根据竞争状况的变化对既定战略加以检验并做出相应调整,使战略执行的监督与评估变得更加适时、动态化。

平衡计分卡的前世今生

尽管原全球平衡计分卡协会的调查显示：很多欧美企业的平衡计分卡实践都是由战略管理部门来推动，但是很多中国企业的平衡计分卡却是由企业内部的人力资源部门来实施，很多人提到平衡计分卡都还错误地认为它仅仅是一个绩效评价工具。产生这种现象其实也不并让人感到奇怪，因为平衡计分卡诞生时的主要功能就是"突破财务指标考核的局限性"。而事实上，平衡计分卡经过30多年的发展已经演变成一个战略管理工具，它能有效地使战略规划、年度计划、财务预算、执行监控与绩效评价无缝连接。下面我们来看看平衡计分卡的发展历程，看看它是如何一步一步地演变成战略管理的工具的。

在平衡计分卡得到推广之前，欧美国家的所有企业都在沿袭以往的单一的财务指标对其职业经理进行评价。然而，随着企业全球竞争步伐逐渐加快，越来越多企业的高级经理们认识到：即使最好的财务体系也无法涵盖绩效的全部动态特点，很多企业开始质疑只依靠财务指标对绩效进行考核的合理性，他们开始意识到传统的财务考核存在缺陷。

从1990年开始，卡普兰和诺顿在总结十几家绩效管理处于领先地位的公司的经验的基础上，向全世界开始推广平衡计分卡的方法，使平衡计分卡在全球的管理实践中得到了广泛的运用。卡普兰和诺顿的平衡计分卡模板最初从财务、客户、内部运营及学习与成长来平衡设定目标和考核企业各个层次的业绩。

财务维度

从财务角度来看，企业战略管理的问题是：我们怎样满足股东、满足投资者的利益需求，实现股东价值的最大化？由此产生的第一类指标即财务类绩效指标，它们是公司股东、投资者最关注的反映公司绩效的重要参数。这类指标能全面、综合地衡量经营活动的最终成果以及公司创造股东价值的能力。

客户维度

为了满足股东、满足投资者的利益需求，使他们获得令人鼓舞的回报，我们必须关注我们的利益相关者——客户，关注我们的市场表现。因为，向客户提供产品和服务，满足客户需要，企业才能生存。客户关心时间、质量、性能、服务和成本，企业必须在这些方面下功夫，提高服务质量、保证服务水平、降低定价等。

内部运营维度

为了满足客户需要，获得令人鼓舞的市场价值，我们需要从内部运营角度思考：我们应具有什么样的优势？我们必须擅长什么？一个企业不可能样样都是最好的，但是它必须在某些方面满足客户需要，在某些方面拥有竞争优势，这样它才能立足。把企业必须做好的方面找出来，并把这些方面坚持做好，企业就能练出过硬本领。

学习与成长维度

为了提升企业内部运营的效率、满足客户需要、持续提升并创造股东价值，企业必须不断成长，由此需要提升组织学习与创新能力，其意义在于衡量相关岗位在追求运营效益的同时，是否为长远发展营造了积极健康的人才梯队、信息系统与企业文化。

平衡计分卡推广者们还认为：财务、客户、内部运营及学习与成长四个维度是相互支持、相互关联的，由此而开发的业绩指标也实现了"四个平衡"，即"财务与非财务""内部与外部""超前与滞后""结果与动因"的平衡。

平衡计分卡作为突破财务指标考核局限性的绩效评价工具被推出后，受到了企业界的广泛关注，并在实践中逐步演化为企业战略管理的工具。从历史发展来看，平衡计分卡体系经历了三个阶段的发展。

第一个发展阶段：平衡计分卡

平衡计分卡时期是平衡计分卡体系的第一个发展阶段。该阶段平衡计分卡的显著特征就是"研究如何突破财务指标考核的局限性"，即强调从财务、客户、内部运营及学习与成长四个互为关联的维度来设计考核指标，以平衡设定目标和考核企业各个层次的绩效水平。

第二个发展阶段：平衡计分卡 + 战略地图

该阶段平衡计分卡体系的显著特征是：对第一阶段突破财务考核局限的功能进行扩展，强调运用战略地图来规划企业的战略。在实际操作中，战略地图的构成文件主要是图、卡、表。图、卡、表分别指"战略地图""平衡计分卡""行动计划表"，是运用战略地图来描述战略的三个必备构成文件。战略地图是公司战略描述的一个集成平台；平衡计分卡则是进一步解释战略地图的表格，它由战略目标与主题、核心衡量指标、战略指标值（3~5年）、单项战略行动计划表所构成；而行动计划表则是对平衡计分卡中罗列出的一个个单项战略行动计划的进一步演绎，它将"务虚的战略"落实为一步步可操作的具有明确时间节点、责任归属、资源安排的行动计划。

第三个发展阶段：平衡计分卡 + 战略地图 + 战略中心型组织

引入战略中心型组织的概念与操作是第三代平衡计分卡体系的显著特征，在这一阶段，卡普兰与诺顿认为，在今天的商业环境中，战略不仅仅是规划，更重要的是如何有效地执行。而执行战略需要企业建立起以战略为中心的流程、制度、组织架构与文化导向。在实际操作中，第三代平衡计分卡体系除了第二代中的图、卡、表，还包含全新的战略管理流程、制度设计以及战略管理部职能的改造等诸多内容。

案例2：卡普兰与诺顿的战略管理六个阶段

卡普兰与诺顿把他们的第三代平衡计分卡的战略管理体系分为有序进行、循环往复的六个阶段：制定战略、规划战略、组织协同、规划运营、监控与学习、检验与调整。平衡计分卡战略管理六个阶段的逻辑关系如图1-2所示。

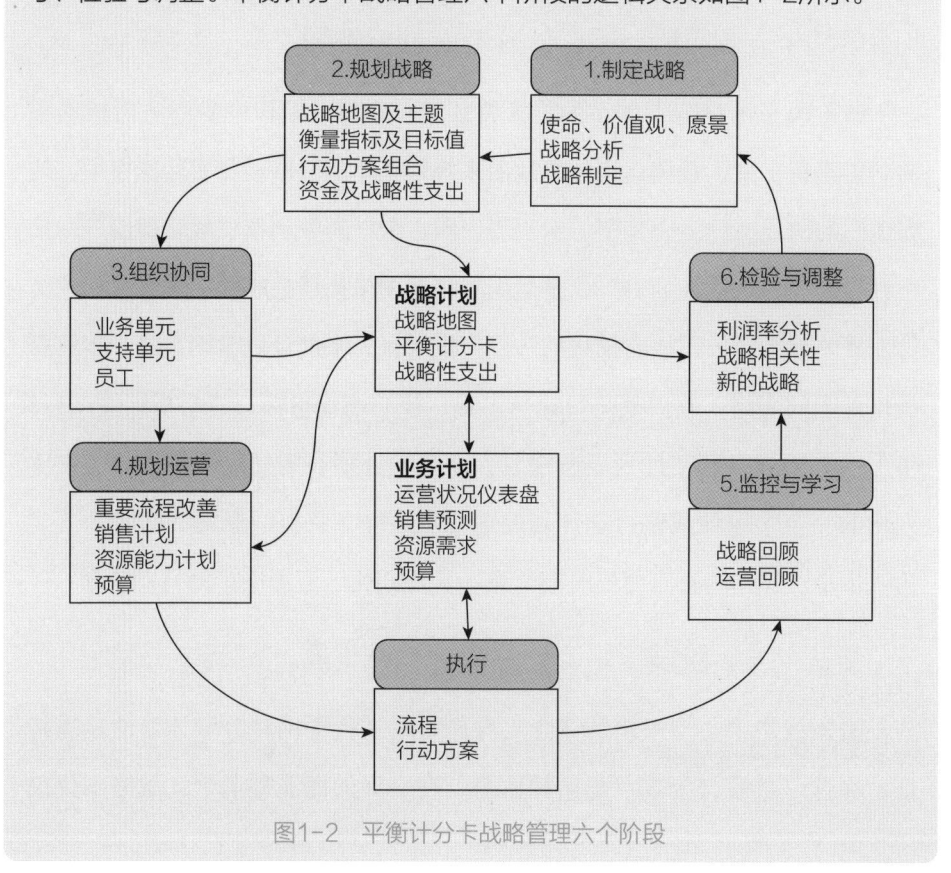

2.规划战略
战略地图及主题
衡量指标及目标值
行动方案组合
资金及战略性支出

1.制定战略
使命、价值观、愿景
战略分析
战略制定

3.组织协同
业务单元
支持单元
员工

战略计划
战略地图
平衡计分卡
战略性支出

6.检验与调整
利润率分析
战略相关性
新的战略

4.规划运营
重要流程改善
销售计划
资源能力计划
预算

业务计划
运营状况仪表盘
销售预测
资源需求
预算

5.监控与学习
战略回顾
运营回顾

执行
流程
行动方案

图1-2　平衡计分卡战略管理六个阶段

平衡计分卡的理论交锋

在平衡计分卡获得管理成就的同时，部分主流的战略绩效管理工具［如利益相关者理论、经济增加值（Economic Value Added，EVA）、目标管理、KPI考核、OKR等］的推崇者与平衡计分卡的推崇者展开了理论交锋，互相质疑与批判。

平衡计分卡与利益相关者

质疑平衡计分卡的声音首先来自利益相关者理论推崇者。在了解利益相关者理论推崇者对平衡计分卡的批判与质疑之前，我们有必要先了解管理学发展史上关于企业目标研究的两个学派：新古典产权学派和利益相关者学派。

新古典产权学派认为，企业目标是追求财务业绩，强调股东价值最大化——企业的目标就是实现股东的价值，满足股东的投资期望，确保股东投资收益的最大化。与新古典产权学派对应的是利益相关者学派，他们主张企业的利益应当由那些能够影响企业目标实现的团体或个人分享，这些团体和个人包括出资者、债权人、员工、消费者、供应商、政府等，它强调利益相关者价值最大化（图1-3）。近年来，所谓的客户价值最大化、员工价值最大化等观点都属于利益相关者学派的理论延伸。

利益相关者理论的推崇者认为："对于一家企业来说，实现长期生存与繁荣的最好途径是考虑其所有重要的利益相关者并满足他们的需求。因此，企业在设定自己的目标时，应该考虑那些对自己来说十分重要的其他利益相关者的需要。原因是其他利益相关者能够影响企业的组织业绩，对其发展有着十分强大的影响力。"

他们指出平衡计分卡四个维度的真实面目是：无论推崇平衡计分卡的

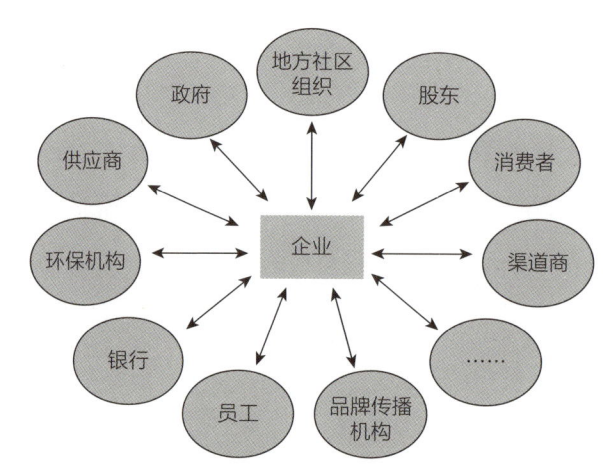

利益相关者——企业发展过程中，任何能够对其生产经营活动产生影响的团体或个人；
重要利益相关者——企业发展过程中，任何能够对其生产经营活动产生重大或决定性影响的团体或个人

图1-3　满足利益相关者需求——企业获得生存和发展的关键要素

组织与个人如何试图解释、变换平衡计分卡维度的作用和内涵，四个维度实际上是在关注股东、客户、员工三个与企业密切相关的利益相关者的需求。财务维度关注股东需求；客户维度关注企业客户需求；学习与成长维度则主要关注企业内部员工的需求；内部运营维度则体现企业的内部运营战略举措，它反映如何支持实现客户目标与财务目标。

揭示平衡计分卡四个维度"真实面目"的利益相关者理论推崇者进一步质疑平衡计分卡："四个维度，够吗？无论现在还是未来，对于企业而言实现长期生存与繁荣的途径是考虑并满足所有重要利益相关者的需求。而一个企业如果仅仅关注两到三个利益相关者，仍旧不能实现长期生存与繁荣，因为处于不同行业中的企业、在同一行业中的不同企业甚至是在不同发展阶段的同一企业要关注的利益相关者是不一样的，从来就不存在放之四海而皆准的利益相关者标杆，因此平衡计分卡也不应当存在放之四海

而皆准的所谓'四个维度模板',四个维度并不能完全、充分地描述、解释企业的战略。"

面对利益相关者理论推崇者的质疑,一些平衡计分卡的推崇者试图将供应商、政府、社区公众这些重要利益相关者纳入客户维度,但是利益相关者理论推崇者认为这种解释有牵强附会之嫌。卡普兰和诺顿在他们关于平衡计分卡的第一本专著《平衡计分卡——化战略为行动》中也阐述过他们对突破四个维度的认同,"四个维度足够了吗?平衡计分卡的四个维度在各种类别的公司和行业中的应用都被证明是有效的。但是这四个维度应当被看成样板,而不是紧身衣,没有数学定理规定这四个维度既是必要的,又是充分的……利益相关者的利益,只要对经营单位战略的成功是重要的,就可以被纳入平衡计分卡……"

由此,我们不难看出,人们对平衡计分卡的质疑从另一个方面推动了平衡计分卡的发展。随着工业经济时代的结束和知识经济时代的到来,从"一个利益相关者的利益最大化"到"多个利益相关者的利益最大化"也是中国企业管理必然的发展趋势。丢掉"紧身衣"的平衡计分卡体系不再局限于"四个维度,四个平衡"!

平衡计分卡与 EVA

EVA是20世纪90年代末期在中国得到广泛传播的一种绩效评价方法,被《财富》杂志称为"当今最热门的财务观念,并将越来越热"。据说,可口可乐、西门子等世界500强企业均采用了EVA评价体系,并因此而取得了非凡的财务业绩。著名管理大师彼得·德鲁克(Peter F. Drucker)曾经对EVA评价体系做出过非常肯定的评价:"……你一定要赚到超过资本成本的钱才算有利润,阿尔弗雷德·马歇尔(Alfred Marshall)早在1896年就说过这句话，我在1954年和1973年也这么说过，现在EVA这个理念终于得以系统化。"

经济增加值的计算公式是在减除资本占用费用后企业经营所产生的剩余价值（图1-4）。与大多数其他绩效指标不同的是，EVA考虑了产生企业利润的所有资金的成本。EVA的假设是，作为一个职业经理人，如果你经营的企业所创造的价值不能够抵冲资金成本的话，实际上你没有为股东创造任何价值。

一、从报表中计算EVA：

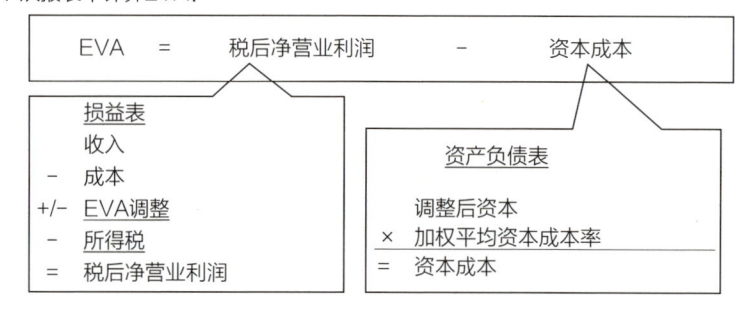

EVA ＝ 税后净营业利润 － 资本成本

损益表
　收入
－成本
+/- EVA调整
－所得税
＝税后净营业利润

资产负债表
　调整后资本
× 加权平均资本成本率
＝资本成本

二、用于财务分析的EVA：

EVA ＝（资本回报率 － 资本成本率）× 资本 ＝ EVA率 × 资本

销售利润率 × 资本周转率

图1-4　经济增加值计算公式

与平衡计分卡的发展相类似，EVA理论经过不断发展已经不仅仅是一种公司绩效评价工具，更重要的是，它还是一个企业管理的架构，是经理人和员工薪酬的激励机制，是决策与战略评估、资金运用、兼并或出售定价的基础理论。

事实上，EVA遵循的基本原理是股东价值最大化，它倡导集中管理股东价值。一些EVA文章和专著与平衡计分卡针锋相对，"卡普兰和诺顿的目标是在平衡计分卡中通过多达二十几个与组织战略紧密相关的指标同时反映公司过去的和未来的预期表现，而这恰恰就是我对平衡计分卡的怀疑所在：平衡计分卡为了能使公司的战略有效实施，（强调）公司里的每个人必须明确理解自己需要做什么，其表现将如何衡量，对自己的奖惩将如何与衡量指标挂钩。但是，如同我们在前文中介绍的关于利益相关者的例子中所看到的，在没有一个整体的目标时，这种决策无法做出合理的选择（即明确自己需要做什么）"……

EVA的推崇者批判平衡计分卡的主要理由是：平衡计分卡试图通过二十几个与企业战略相关联的指标来衡量、管理企业的战略，但是这些指标却存在相互矛盾的地方，例如质量美誉度指标的要求和成本控制指标的要求相违背。同时，平衡计分卡没有提出一个能反映企业终极目的的战略指标，在这种情况下，运用平衡计分卡来管理战略将使企业无法在矛盾的指标中做出正确的战略决策，例如当追求质量和成本控制发生矛盾的时候企业将无法权衡哪个更重要。在对平衡计分卡进行批判的基础上，EVA的推崇者继续提出运用EVA衡量组织绩效的观点，他们认为EVA应当是一个企业所要追求的终极战略目标，平衡计分卡上那些互相矛盾的指标都必须让位于EVA。

平衡计分卡推崇者对EVA推崇者的攻击似乎没有做出主动的、正面的回答，但是他们用事实做出了回应：EVA与平衡计分卡并不是矛盾的，在一些跨国集团的平衡计分卡中出现了一个财务指标，那就是EVA！

平衡计分卡与目标管理

目标管理是一种成熟的绩效管理模式，其创造者是著名管理大师彼得·德鲁克（图1-5）。

目标管理的全球实践已有几十年的历史，它被广泛应用于各种营利性

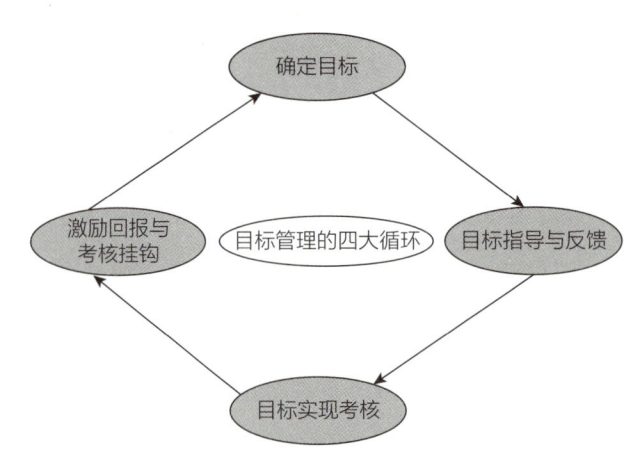

图1-5 目标管理的思想精髓——目标管理循环

与非营利性组织。目标管理的基本理论是：为了保证目标的实现，确立目标的程序必须准确、严格；目标管理应该与预算计划、绩效考核、工资、人力资源计划和发展系统结合起来；要弄清绩效与报酬的关系，找出这种关系之间的动力因素；要把明确的管理方式和程序与频繁的反馈相联系；绩效考核的效果取决于上层管理者在这方面所花费的努力程度以及他对下层管理者在人际关系和沟通方面的技巧水平；下一步的目标管理计划准备工作要在目前的目标管理计划实施的末期之前完成，年度的绩效评价作为最后参数输入预算之中；绩效评价需要与回报结合起来。由此我们可以看出目标管理的贡献不仅在于目标的确定，还在于它强调"管理"的概念，从而将绩效管理与绩效考核区别开来。

目标管理源自彼得·德鲁克幼年的学习经历，1909年彼得·德鲁克出生在维也纳，幼年时辗转到修道院读书。修道院中的修女运用目标管理方法对包括德鲁克在内的学生的学习进行管理：在每学期开始时确定本学期的学习目标，在日常学习中强调对他们学习的动态指导与反馈，并在每个学期末对该学期的学习成绩进行测试、评价，最后还将回报激励与成绩挂钩。彼得·德鲁克在这段学习经历中因此而受益，当他步入管理的殿堂后，成功地将目标管理的方法运用到企业管理之中，提出目标管理的方法论。有人因目标管理的伟大贡献而这样评价彼得·德鲁克："在彼得·德鲁克之前，企业是没有管理的！"

平衡计分卡与目标管理的理论交锋主要表现为平衡计分卡对目标管理的抨击，一些平衡计分卡的推崇者认为目标管理缺乏战略思维："目标管理要求企业员工将目标集中于少数几个目标，而战略最重要的几个关键面却没有得到特别体现。"一些平衡计分卡管理咨询公司对目标管理提出了更为激进的批判，他们甚至在一些公开场合宣称："与平衡计分卡管理工具相比，传统的MBO除了存在与战略联系不紧密的问题外，还只注重纵向的目标分解，没有注重横向的目标协调与统一；同时，传统MBO考核一年只做一两次，没有进行动态的绩效管理。"

MBO的推崇者认为这种批判并不能否认MBO在管理界的伟大贡献，因为任何一个管理工具的诞生都有其特定的时代背景，他们指出："MBO理论并非短视的，20世纪80年代中期，企业外部环境开始复杂多变，企业管理进入战略管理时代后，各种战略管理的思想被众多企业青睐。而在此之前很长一段时期里，MBO的创始人彼得·德鲁克就一直强调将企业战略与MBO实现对接的重要性。"MBO的推崇者还认为，MBO的伟大贡献在于将绩效考核与绩效管理区分开来："它强大的管理功能源自其绩效管理的四个循环步骤，它强调管理者对下级员工的管理应当'明确目标、动态指导、期末考核、激励回报'，这是将考核与管理区分开来的'一次划时代的管理变革'。"

一些中国的MBO推崇者也对平衡计分卡进行过攻击，他们认为平衡计分卡操作过于复杂，不适合中国企业。在管理咨询的实践中我们经常遇到这样的情形：一些企业的职业经理人质疑平衡计分卡操作的复杂性，他们认为自己的企业目前的管理水平很低，而平衡计分卡只适用于管理基础比较好的国外企业。需要特别指出的是，持这种观点的不仅仅有企业，一部分管理咨询公司也会大肆宣扬平衡计分卡操作太复杂，不建议企业选择平衡计分卡服务，而去选择他们提供的MBO（或KPI考核）服务。

平衡计分卡与KPI考核

平衡计分卡推崇者也在不断地对KPI考核进行抨击。

KPI考核又称为战略KPI，其精髓就是它也提出了企业绩效指标设置必须与企业的战略挂钩，其"关键（key）"的含义是指，在某一阶段一个企业战略上要解决的最主要的问题。以目前中国企业为例，由于众多的中国企业处于超常增长状态，业务迅速增长带来企业组织结构快速膨胀、员工队伍极力扩充、管理及技能短缺、流程及规范不健全等问题，这些问题成为制约众多中国企业发展的一个瓶颈。从战略执行的维度来看，解决这些问题便成为部分中国企业提升战略执行力的关键驱动要素。因此必须针对这些问题设计绩效管理指标。我们可以看出：和平衡计分卡一样，KPI考核要求公司将注意力放在绩效指标与企业战略挂钩上。

平衡计分卡的一些中国推崇者指出："虽然传统的KPI考核也强调非财务指标的重要性，但是平衡计分卡的各个指标实际是一个具有因果关系的链条，它们相互支持、相互依赖，这是传统KPI考核没有关注的。"但是，KPI考核的实践者认为，造成对KPI考核的因果逻辑关系产生怀疑的根本原因不是其原理和操作技巧，而是大量不正确的KPI考核操作实践。很多操作KPI考核的人并不了解KPI考核的操作方法的精髓，把KPI考核变成毫无逻辑的KPI推导过程。

案例3：运用KPI价值树演绎因果逻辑链

KPI考核中有一个非常有价值的管理工具——KPI价值树模型，它从以前的"单一财务价值树"逐步发展成为"财务与非财务结合价值树"，它实际上是一个强调因果逻辑关系的分析工具。KPI价值树模型的功能可以详尽地反映价值创造的过程，因此不能说KPI考核不强调因果逻辑关系（图1-6）。

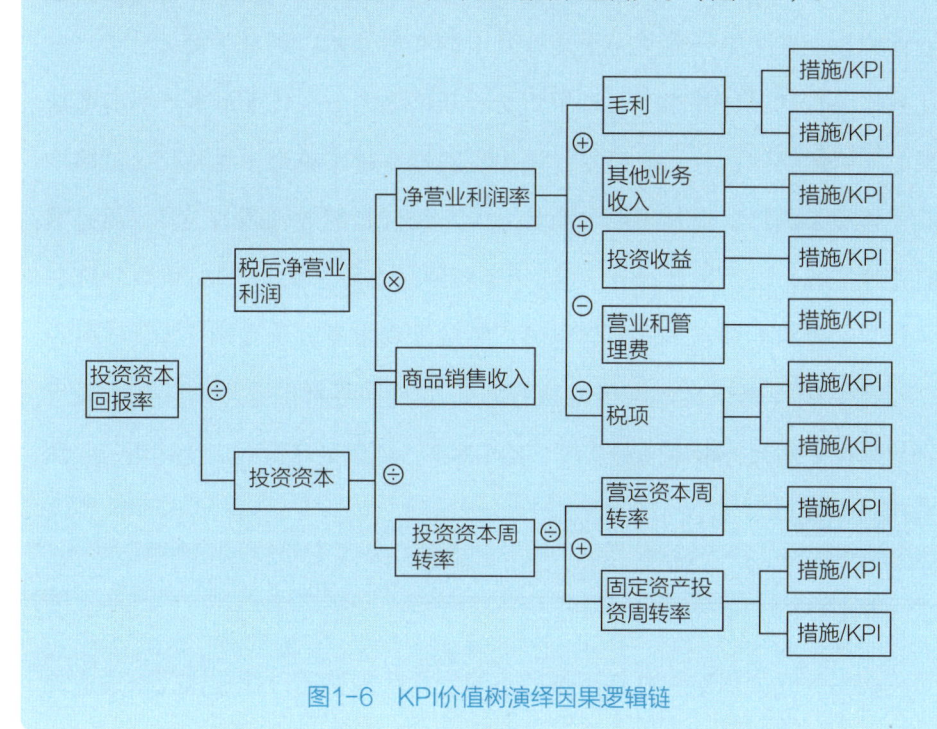

图1-6 KPI价值树演绎因果逻辑链

从KPI考核推崇者对平衡计分卡推崇者批判的回应中我们不难看出，很多企业不正确地运用了KPI考核，从而导致众多平衡计分卡的推崇者对其操作产生了疑问："一堆杂乱的、毫无因果逻辑关系的KPI如何能反映企业的价值创造过程呢？"

在理论交锋的过程中，部分平衡计分卡的推崇者还试图把KPI纳入平衡计分卡，他们是这样说的，"平衡计分卡中有KPI，不同的是平衡计分卡强调因果逻辑关系……"但是KPI考核的实践者认为，不能仅仅将KPI考核理解为一个名词，更重要的是将它理解为一个操作方法：KPI考核有着其独特的操作流程与操作工具，所以大喊"平衡计分卡包含KPI"的说法是十分滑稽、可笑的。

有些平衡计分卡的推崇者为了将平衡计分卡与KPI等工具区别开来，强调平衡计分卡在战略管理功能上的独特性："从卡普兰与诺顿在《哈佛商业评论》上发表第一篇关于平衡计分卡的文章开始，到《平衡计分卡——化战略为行动》《战略中心型组织》《战略地图——化无形资产为有形成果》《组织协同》，'战略'一词出现的概率越来越高，尤其是《战略中心型组织》的出版更加表明平衡计分卡不仅仅是绩效管理的工具，更是战略管理工具，这是平衡计分卡与KPI考核的最本质区别。"然而，部分KPI考核实践者对此观点根本不屑一顾：绩效管理本身就是战略管理的工具，"没有绩效管理，又何谈战略执行？"其实，两者本身没有什么本质区别，而在平衡计分卡刚刚起步时，KPI考核已经在全球得到广泛运用，强调运用KPI来定义、管理企业的战略！

平衡计分卡与OKR

OKR关注如何应对外部环境的不确定性，强调通过快速执行来适应外部环境的不断更新与迭代，面对不确定性且鼓励员工试错。为了预防因为考核而扼杀员工创新，OKR实施结果不与考核奖惩挂钩，让员工在一种自然状态下用OKR进行自我管理。根据OKR全球实践经验，有些公司如脸书（Facebook，现更名为Meta）甚至不强制员工使用OKR。OKR就是强调用这种十分宽松的氛围来促进知识型员工的创新。

案例4：OKR在英特尔与谷歌公司的起源

1979年年底，英特尔公司开发的16位微处理器8086遇到了较大的市场危机，可能会被速度更快且更容易实现编程的摩托罗拉68000微处理器取代。英特尔公司要如何用一手烂牌打赢强大的对手？这是当时英特尔公司新掌门人安迪·格鲁夫（Andrew S.Grove）执掌英特尔公司后的重要使命之一。安迪·格鲁夫首先与摩托罗拉进行对标分析，他认为尽管形势非常严峻，但英特尔公司与摩托罗拉相比仍旧有几个方面的优势。安迪·格鲁夫拟定具体的实施方案，配置英特尔公司优势资源以应对摩托罗拉带来的挑战。安迪·格鲁夫把这场战役命名为"粉碎行动"，要"建立一种紧迫感，并启动关键决策和行动计划，以应对威胁生命的竞争挑战"，其目标就是"使8086微处理器成为性能最好的16位微处理器系列"。在这场战役中，安迪·格鲁夫使用了自己的秘密武器助力"粉碎行动"，这个秘密武器就是目标管理。目标管理犹如一个涡轮增压机为英特尔公司进行动力增压，推动英特尔公司飞速前行。

英特尔公司当时将这个目标管理工具称为英特尔目标管理（Intel Management by Objectives, IMBO），后来称为OKR。安迪·格鲁夫向英特尔公司每一位经理解释说，秘密武器IMBO的两个关键词是"目标"（Objectives）和"关键成果"（Key Results, KR），目标是方向，关键成果需要得到评估。安迪·格鲁夫的秘密武器IMBO确保当时的英特尔公司将整个组织的力量聚焦于"粉碎行动"的目标上，进而获得了巨大成功。

虽然OKR的方法论是由英特尔公司首创的，但在实践中真正将它发扬光大的是谷歌公司。谷歌公司在成立不到一年时就引入了OKR，当时是随着原英特尔公司负责产品开发、市场与销售的约翰·道尔（John Doerr）投资谷歌后引入的，约翰·道尔在1974年加入英特尔公司，1999年将OKR介绍给当时

> 谷歌公司联合创始人兼首席执行官（CEO）拉里·佩奇（Larry Page）。约翰·道尔在专著《这就是OKR》中描述了当初把OKR介绍给拉里·佩奇的场景。谷歌公司在实践过程中发现OKR十分适用于公司、团队和个人，是一种简便易行的目标管理工具。它一直伴随着谷歌公司成长，直到今天，谷歌公司仍旧将其作为一个主流的内部绩效管理工具。
>
> 谷歌公司认为实施OKR的基本方法是：首先要设定"目标"，目标必须达到明确、可衡量的标准，例如，"我想把公司做得更好"就不符合明晰、可衡量的标准，而"让公司销售收入提升30%""让公司利润提高30%"则是符合明确、可衡量的标准；其次，在清晰地设定并定义目标后，还需要围绕目标的实现进行必要的驱动因素分析，设定若干支持目标实现的可以量化的"关键工作成果"。

在很多OKR推崇者眼里，OKR是一个全新的员工自我管理工具，而平衡计分卡与KPI是落伍的、过时的管理工具。在VUCA时代，平衡计分卡与KPI考核似乎显得十分的机械、笨重，尤其是对于创新型企业而言，他们认为KPI考核等传统绩效管理手段扼杀了很多优秀企业的创造力。而OKR诞生时间早于平衡计分卡与KPI考核，也没有绩效考核的功能，同时尽管实施中存在各种问题，但是KPI考核曾经极大地推动了中国绩效管理的进步，促进中国涌现了类似华为、阿里巴巴这样的优秀企业。阿里巴巴将KPI考核与价值观考核相结合，孵化出支付宝、淘宝等优秀产品；华为坚持使用的PBC实际上也是KPI考核的一种，它帮助华为成长为销售收入达8900多亿元的世界级企业。

管理启示：水火不容还是整合操作

上文是迄今处于主流地位的战略绩效管理工具的推崇者之间的理论交锋。具有讽刺意味的是，就在一些平衡计分卡推崇者自称90%以上的世界500强企业是因为采用平衡计分卡而获得突破性财务业绩的同时，EVA的推崇者也声称所有的世界500强企业是因为使用EVA管理体系而获得鼓舞人心的股东价值；而MBO、战略KPI等战略绩效管理工具的推崇者们也不甘示弱，都纷纷表示这些500强企业的突破性财务业绩与管理工具的理论与思想密切相关。有些推崇者甚至还通过一些专业媒体出具了所谓的调查报告，所有数据似乎都让人感觉：打造一个世界500强企业没有其他诀窍，只要使用某某战略绩效管理工具就可以了。

不过，这种"理论交锋秀"并没有阻挡平衡计分卡、战略KPI、利益相关者理论及目标管理各自在全球的传播步伐，战略执行管理科学的实践正在全球兴起。企业管理是一个实践活动，不是象牙塔里的理论研究，这也是管理学教授与企业家和职业经理人的根本区别。我们也许不用去关注这些理论之间"无聊的斗争"，但是我们无法回避一个事实：在中国，在我的企业中，我们应当选择何种战略绩效管理工具？是平衡计分卡、目标管理，还是战略KPI，或者是OKR？并且，我们选择的这种管理工具是简单、有效的吗？

如何选择战略绩效管理工具？我们首先需要明确：平衡计分卡与MBO、战略KPI、OKR等管理工具在操作上是否水火不容？当我们选择或者运用其中一种管理工具后，是否就意味着我们不能再运用其他管理工具的原理了？

根本上，西方管理工具引进成功的关键在于在实践中得到合理地运用，我们没有必要片面地夸大一个管理工具而排斥其他管理工具。很多管理工具的案例告诉我们：在中国从事管理实践，只有博采百家之长，将复杂的问题简单化才能取得成功。

佐佳咨询在多年为中国企业提供管理咨询的服务中，将平衡计分卡与MBO、KPI、OKR等理论相融合并结合业务领先模型、商业模式画布等战略分析工具，对战略绩效管理工具进行整合，该咨询解决方案包含以下5个方面的战略绩效管理方法与工具的整合。

1. 平衡计分卡

平衡计分卡属于战略绩效管理体系中的主体工具，特别是运用战略地图转化企业战略目标，并转化为平衡计分卡，再进行KPI分解。为挖掘员工创新能力，佐佳咨询在战略地图开发中采取"众筹""围观"等创新方法，充分挖掘基层员工的创意，包括企业的任务系统描述、战略目标与考核指标、指标值、行动计划，旨在实现绩效对企业战略的承载。佐佳咨询深化战略地图的操作，为描述战略提供系统的方法：将战略分析工具如差距分析、PEST、波特五力、SPACE分析、BCG矩阵、GE矩阵、SWOT分析等融入战略地图的操作步骤。

2. 利益相关者理论

佐佳咨询根据企业及其所在行业的特点，从利益相关者对企业的期望出发，突破最初提出的四个维度，灵活地调整平衡计分卡的维度。超越一些平衡计分卡推崇者对客户维度牵强附会的解释：客户维度包含企业、政府、社区公众、供应商等外部"客户"，让客户/市场维度变成了容纳其他三个维度以外所有战略主题的大杂烩。

3. 目标管理

佐佳咨询吸收目标管理的理论精髓，鄙弃平衡计分卡对目标管理不合理的批判，在体系设计中坚持绩效计划、指导与反馈、绩效考核、回报激励的四个循环：把平衡计分卡与战略KPI融入目标管理的循环，在平衡计分卡开发后的管理中，运用绩效会议和针对平衡计分卡的监控表对平衡计分卡中的战略KPI进行管理，而这些都得益于目标管理的伟大贡献。

4. 目标和关键成果法

在部分强调传统业务效率与高质量转型创新结合的企业中，佐佳咨询引入保留OKR创新的合理内涵，选择将60%的自上而下战略分解的KPI与40%自下而上的OKR相结合。为预防考核扼杀创新，OKR完全放给基层员工自由设定，充分挖掘基层员工的创造力，同时OKR并不是从目标完成度进行评价，而是评价每一个OKR与战略的匹配度，是否具有挑战性、实施行动力等。

5. 能力素质模型

佐佳咨询根据受约人在能力素质方面实现计分卡指标的差距，编制受约人的个人学习与成长计划，为实现计分卡指标提供能力保障。将能力素质模型建模纳入行动计划，有效地支持对"关键岗位人群"的分析，等等。

从上面5个方面的内容你也许不难看出，经过整合后的战略绩效管理解决方案包含以下几个方面的重点内涵。

1. 以战略为源头并强调平衡

战略是企业管理的核心，战略地图为我们描述企业战略提供了一个简单、集成与有效的平台；战略KPI及目标管理能有效地帮助我们明确公司、部门乃至员工个人的绩效指标与计划；战略KPI价值树模型也为我们进行战略地图绘制提供了支持；KPI指标检查与指标解释等操作工具是对平衡计分卡的有效补充。在现实中，我们完全可以将这些操作方法与工具整合在一起。

2. 可适应不同行业、不同企业

事实上，平衡计分卡体系一直没有对战略地图的维度设计给出明确的操作方法，而利益相关者理论为平衡计分卡维度设计提供了理论帮助。利益相关者计分卡的核心思想是：企业要想实现股东价值的最大化，就必须满足重要利益相关者的需求。因此战略绩效指标的设定必须围绕重要利益相关者的需求，以及满足这些需求的关键战略举措而展开。

3. 包括绩效管理的持续改进循环

一些平衡计分卡研究人员对目标管理提出过疑问，但是这并不能否认目标管理的伟大贡献。目标管理的精髓实际上就是它的绩效循环，即强调计划的制订、绩效的指导与反馈、考核评价与回报。管理者可以通过绩效循环的过程有效地实现对其下级的管理，帮助他们不断提升绩效，从而达到完成各自绩效、目标的目的。在现实的操作中，我们将平衡计分卡操作融入绩效管理的四个相互联系、不断循环的环节中。

4. 注重部门与员工层面的责任落地

在部门与员工层面，重点强调部门指标与公司指标的"落地"，强调员工指标与部门指标相互依存、相互支持、相互影响的逻辑关系。

我们通过建立部门计分卡与员工计分卡，把战略执行的责任机制进行层层分解、层层传递。在管理咨询项目中，为了确保计分卡能够真正在企业里生根，我们强调采用分步实施的方法，通过有计划地推进，逐步将

"目标与责任"机制落实到每一个部门，再落实到每一个员工。

5. 强调创新能力培育与氛围打造

OKR认为人是积极的、有自我追求的，因此OKR的关键词是员工自我管理与创新，鼓励员工将目标设定得有雄心、有挑战性，强调"自下而上"设定目标。按照马斯洛需求理论，OKR能够极大地激发员工"自我价值实现"的动机，比较适用于外部环境复杂多变，关注"创新导向"，战略管理模式特别强调"方向×试错"的创新型应用场景，员工绝大部分是知识型员工的企业。

6. 着眼于员工个体能力素质的提升

虽然平衡计分卡强调人力资本的准备度，并要求企业从关键流程上通过建立战略工作组群及能力评估来完成人力资本的准备，但是它毕竟是从企业的维度出发的。我们认为，平衡计分卡除了着眼于企业整体的人力资源管理，还应当站在受约人，即员工个体的维度来帮助他们管理自己的能力素质，这和对目标管理的观点是一致的。因此在操作中，我们还应将员工的学习与成长计划制订纳入平衡计分卡的操作之中，而学习与成长计划则和能力素质模型的构建有着十分紧密的逻辑关系。

平衡计分卡导入步骤

以平衡计分卡为核心工具的战略绩效管理解决方案分为五个相互联系、相互影响的操作步骤。

步骤一　平衡计分卡导入前期准备

"成功总是偏爱有准备的人",前期准备是平衡计分卡实战推进的第一步。如果你已经有了良好的开始,那么恭喜你,你已经成功地走完了以平衡计分卡为核心工具的战略绩效管理实践道路的一半。

前期准备工作的主要活动内容有组建变革团队、编制变革计划、宣传与培训等。组建变革团队需要得到企业高层的充分授权,这样才能充分调动企业内部的资源来支持变革,比较理想的情况是让企业的高层直接参与组建变革团队。同时,变革团队中还必须包括战略规划和绩效管理设计的技术专家,只有这样的团队组合才能保证团队对管理变革有强大的推动力;编制变革计划的目的是明确战略绩效管理变革的推进时间表,对变革的每个步骤、需要配置的资源及期望的产出进行详细的规划,它能够帮助变革团队明确推进工作的行动安排,确保变革工作有条不紊地进行;宣传与培训也是前期准备阶段必不可少的活动,它的主要作用是通过宣传与培训向企业全体员工推介变革的重要意义,以获得企业全体员工的支持,它还有利于后期设计人员有针对性地展开设计工作。同时,还可以让企业的中层干部掌握战略绩效管理设计方法与操作技巧,以便在变革中获得他们的帮助。

步骤二　开发公司战略图卡表

平衡计分卡文件是通过"图、卡、表"来描述公司战略的,图是指战略地图,卡是平衡计分卡,表则是行动计划表,一般而言可以再细分为三个相互支持的操作步骤。

1. 差距分析与环境扫描

差距分析分为业绩差距与机会差距分析,是指对公司过往的经营业绩与机会自觉地定期回顾，以找到经营目标与实际的差距，并详尽地分析差距所形成的原因，为下一轮周期的战略修订与解码提供必要的依据。同时，我们还要进行战略环境扫描。首先，我们要对公司内部资源与能力进行定期自检，以找到公司内部资源与能力的优劣势。其次，我们还要对公司外部环境进行扫描分析，寻找外部环境的机遇与威胁。最后，我们要对公司内外部战略环境进行综合评估，通过对内部优劣势和外部机遇与威胁的组合分析以寻找公司战略的启示，把握公司未来战略的机会点。

2. 开发公司战略地图

在完成差距分析与环境扫描后就进入公司战略地图的开发阶段，该阶段也可以理解为将公司战略转化为公司战略图卡表的活动，因为战略地图本身就是简单、集成与有效的描述战略工具。在战略地图开发之前需要运用战略决策工具（如BCG、GE矩阵、利益相关者理论、市场细分、核心能力界定等）对战略进行年度的滚动修订，华为每年在9月30日之前完成该项工作，输出修订后的战略计划。在实践中，我们遗憾地发现一些咨询顾问开发战略地图时根本没有系统地开展前期战略分析，只是简单地和高层访谈后就"照葫芦画瓢"地"绘制"出战略地图，这种方法是不可取的，也是不负责任的。

3. 转化图卡表文件

公司战略地图开发出来后，我们需要将战略地图转化为对应的平衡计分卡行动计划表。图卡表可以与财务预算表等融入年度经营计划书中，作为年度经营计划书的一个组成部分发布出来。

步骤三　开发部门战略图卡表

完成公司战略图卡表后，我们同样还可以开发部门战略图卡表。

1. 差距分析与环境扫描

差距分析分为部门业绩差距分析、机会差距分析，是指对部门过往的KPI业绩与机会自觉地定期回顾，以找到经营目标与实际的差距，并详尽地分析差距所形成的原因，为第二年部门战略图卡表开发提供必要的依据。首先我们要对部门资源与能力进行自检以寻找优劣势。其次我们还要对部门外部环境进行扫描分析，寻找部门外部环境的机遇与威胁（如人力资源部门的人力资源外部环境等）。最后，我们要对部门内外部战略环境进行综合评估，通过组合分析以寻找部门战略启示。

2. 设计部门战略图卡表

在完成部门差距分析与环境扫描后就进入部门战略地图的开发阶段，该阶段包括设计部门"战略地图"、部门"平衡计分卡"及部门"行动计划表"，与公司层面原理一致。部门图卡表可以与部门财务预算表等融入部门年度经营计划书中，作为部门年度经营计划书的一个组成部分发布出来。

步骤四　设计个人业绩承诺书

公司与部门的图卡表呈现的是组织绩效，而高管、部门经理与员工的平衡计分卡呈现的则是个人绩效。所谓组织绩效又称经营绩效，即公司绩效、部门绩效，在多元化集团公司则是集团绩效、子公司绩效、部门绩效，监控该绩效的职能部门一般是计划管理部门即企业经营计划的管理部门；而个人绩效则有财务部银行会计的绩效等，监控该绩效的职能部门一般是人力资源部门。两者虽然有区别但又有关联：个人绩效实施得好坏影响到部门乃至公司绩效的实现，而公司当期绩效的实现又影响到公司整体战略的实现。因此通常我们把个人绩效看成经营绩效的支持因素。

综上所述，该环节实际上是将组织绩效（图卡表文件）转化为个人绩效（高管、部门经理与员工个人业绩承诺书）的过程。

步骤五　平衡计分卡运行切换

本步骤主要涉及两方面的重点工作：一是设计基于平衡计分卡为核心工具的战略绩效管理的流程制度；二是平衡计分卡运行切换，流程管理制度融于平衡计分卡运行切换步骤中。

战略绩效管理流程制度设计的总体原则是"以流程为核心，制度与表单相配套"，它主要由三个方面的内容构成。

一是以平衡计分卡为核心工具的战略绩效管理流程。
二是以平衡计分卡为核心工具的战略绩效管理制度。
三是以平衡计分卡为核心工具的战略绩效管理表单。

上述三个方面的内容之间是相互联系、相互支持的：以平衡计分卡为核心工具的战略绩效管理运作是按照一定的流程规则来执行的，所以它是日常运作系统的核心；而制度与表单则能支持设定的运作流程，所以我们又将其称为战略绩效管理日常运作的支持性文件。与前文中设计部门战略图卡表环节相同的是，该步骤仍旧整合了平衡计分卡、目标管理、战略KPI、能力素质模型等操作方法，例如我们将目标管理的绩效循环纳入运作系统，保留计划、指导反馈、考核评价、激励回报四个环节的操作方法。同时，我们还可以将战略管控的流程与运作连接起来。

在平衡计分卡运行切换时要将设计的方案付诸实践，它是一个十分重要的推进环节。在该步骤中有以下几项活动应当特别注意。

1. 组织设计方案的学习

战略绩效的设计方案确定后，最终需要通过实施才能发挥效果。而实施的好坏与实施人员对方案的学习、理解与消化程度有着最直接的关系，因为新的设计方案可能打破了公司原有的利益平衡，对每个人的思想观念及管理技能都提出新的要求。我们遇到过一些企业在进行管理变革时方案设计得很好，但是在推进中却忽视了方案的学习而导致方案实施的失败，因此组织设计方案学习在实施中是一项非常重要的活动。

在设计方案的组织学习中，公司中层经理的参与程度往往是最重要的。因为中层干部是公司的中流砥柱，在公司中起着承上启下的作用。也可以这样说，管理变革中每个环节的工作都和中层经理们的参与程度息息相关，因为战略绩效管理工具最终是要他们在日常的管理中操作、使用。根据我们的经验，一个公司中层经理能不能掌握平衡计分卡的基本理论原理、方法与工具的使用，往往是管理变革实施成功与否的关键！

2. 试运行

所谓试运行是指对设计的方案进行"运行试验"。任何一个设计方案的好坏最终是需要通过运作来检验的，为了防范战略绩效管理变革所带来的风险，验证方案的可行性，发现设计方案可能存在的偏差，在完成设计方案的学习后，有必要进行设计方案的试运行。

一般情况下，平衡计分卡方案的试运行至少需要3个月甚至更长时间，其时间长短往往和推进的范围（例如中层以上岗位人员推进还是公司内部全员推进）有着最直接的关系。

3. 评估与修正

在完成试运行后,需要对原设计方案的可行性进行全面评估,如有必要可以对原设计方案进行必要的修正与调整。事实上,修正与调整原设计方案就是调整在试运行阶段所发现的问题,因此该项工作一般在完成试运行后就可以开展。可以通过组织召开评估与修正会议的方式来完成该项工作。事先还可以运用调查问卷等工具广泛征求意见,收集公司内部的意见以发现试运行所暴露出的问题。

第二章

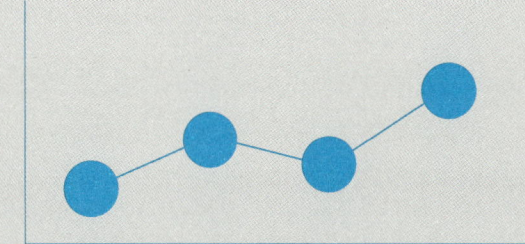

平衡计分卡导入前期准备

现实中有很多平衡计分卡导入失败的案例，这些失败案例给予我们警示：准备阶段工作的好坏将直接影响后期平衡计分卡运行的成效。所以，千万不要认为在这个阶段工作上花费精力是一件不值得的事情，因为我们无法回避复杂的文化背景所带来的企业内部挑战。因此，在导入平衡计分卡工具之前，我们应当对其推进计划的每一个细节反复推敲，对团队成员进行认真安排，对每一次宣传与学习都要悉心组织，对相关资料认真收集与准备。

前期准备活动是以平衡计分卡为核心工具的战略绩效管理设计的第一个操作步骤，它按照一定的先后顺序开展，进一步又可细分为6个小的操作环节，如图2-1所示。

1	2	3	4	5	6
发起变革建议	组建推进团队	编制推进计划	进行绩效管理系统建设前期调查	开展前期宣传，组织培训与学习	收集所需信息资料

图2-1　前期准备活动的一般内容

1. 发起变革建议

如果你是令人尊敬的变革发起者，那么就需要一个好的书面建议来帮助你获得公司全体人员的共识。书面建议之所以十分重要，是因为你不能肯定公司所有人目前都和你一样能看得那么远。你所要做的是寻求好的方法来说服他们，尤其是公司的最高领导，只有让他意识到管理变革的意义，你才能在后面组建起一个具有强大推动能力的团队。

2. 组建推进团队

在前期准备活动中，你还要建立一个推进团队。这个推进团队一定要能保证对战略绩效管理系统建设具有强有力的推动力，只有当他们将战略绩效管理系统建立起来后，你才能解散这个临时团队，将日常运作监控与维护交给相对固定的部门或团队来执行。

3. 编制推进计划

在组建推进团队后，你和你的推进小组就要制订战略绩效管理系统变革的计划。该计划一般会制订得比较详细，计划中对每一个活动在什么时间完成，责任人是谁，产出的成果是什么等都应当有清楚的界定。

4. 进行绩效管理系统建设前期调查

为了获得公司绩效管理系统的现状，你还有必要组织一次大面积的前期调查活动，最常规的调查手段是访谈和问卷调查，当然在后面的步骤中你还可以通过调阅资料来获得一些有关公司绩效管理系统的信息。

5. 开展前期宣传，组织培训与学习

为了获得公司全体人员的支持、参与并帮助他们理解整个平衡计分卡与绩效管理系统的建设，你和推进小组还要做好宣传工作并组织相关人员（特别是公司中、高层的管理者）参加培训与学习。

6. 收集所需信息资料

在开始构建平衡计分卡与绩效管理系统之前，要收集相关信息以作为整合平衡计分卡体系的输入。这些信息资料既包括公司战略、财务、生产、质量等方面的信息，也包括公司所处行业外部环境等方面的信息。信息的来源包括公司内部及外部两个方面。

如何发起变革建议

几乎每一次进行内部管理的变革我们都会遇到反对的人，他们的理由可谓五花八门。即使有的时候我们甚至觉得他们的理由是那么的滑稽可笑，但是我们每次还是要花费大量的精力来影响、改变他们。因为如果不去影响和改变他们，我们的变革几乎就不可能获得成功，每一次管理，内部各个层级人员都在经历着思想改变的巨大挑战。

首先，管理变革需要公司的高层，特别是最高领导的倡导。因为高层是企业的大脑和指挥部，他们应当是管理变革的首要发起人。他们应当充分地倡导，这种倡导不是仅仅停留在口号上，而应落实到行动上，以自己的行动来充分表明他们对管理变革的重视程度，为管理的变革提供足够的人力、物力与财力上的支持。其次，管理变革还要求企业的中层干部能够充分参与，因为中层干部在企业中起着承上启下的作用。也可以这样说，管理变革每个环节的工作都和中层干部的参与程度息息相关。根据我们的经验，一个企业中层干部能不能掌握管理变革的基本理论原理、方法与工具的使用，往往是管理变革成功与否的关键！最后，基层的理解和配合也是管理变革成功实践的保证，正是基层的员工在中高层干部的领导之下，创造着企业一次又一次的辉煌创举。试想，如果员工不能够理解变革的意义，甚至是抱着封闭、抵制的心态，那么管理的变革又能获得多少来自基层的支持？又能在多大程度上获得成功？

如果你是一个职业经理人，有着强烈的变革冲动与意愿，当你发现只有战略执行的变革才能确保你的企业获得可持续发展，需要说服公司的每一个高级经理，尤其是公司的最高领导，那么建议书或许是一个极好的文字材料，它可以帮助你将你要变革的理由、变革的步骤、变革的资源需求阐述得一清二楚。

如何组建推进团队

任何管理变革都不可能由某一个人来独自推进，或由组织的全体成员来共同推进。因此你必须组建一个推进变革的团队，这个团队可能是由不同工作背景的人组合在一起。虽然在不同的组织中，团队的构成人数有很大差异，但是团队要想确保变革的成功，它必须具备一个基本的特征，那就是"强有力的推动能力"！无论人员如何搭配，一个具备"强有力的推动能力"的变革团队应当具备以下特征：

1. 具备掌握推动战略绩效管理系统所需要的权力与资源

推进团队必须具有组织、调动公司相关资源的权力，这样才能够给战略绩效管理系统建设提供足够的人力、物力及财力上的支持。那么你的企业里谁具有权力和资源呢？几乎所有人都会异口同声地回答："最高领导！"的确，只有他才具备绝对的调动组织资源的权力。因此，要想尽一切办法把他拉入到你的推进小组里来，让他亲自担任项目指导委员会的主任，也只有借助他的力量才能保证公司管理变革的成功。

2. 了解公司的整体运作，熟悉各个职能领域的现状

推进团队除了具备所需要的组织权力，还应当有一部分成员对自己所在的职能领域的运作十分熟悉，并具备相当的专业知识。一般来说，能满足这个条件的最佳人选是公司各个部门的经理，让他们加入战略绩效管理系统建设推进小组最大的好处就是：他们因为对各自的职能领域十分熟

悉，所以就能够及时提供有关职能领域的信息并与你一道去分析它们；同时，他们还具有在部门内调动相关资源的权力。

3. 拥有平衡计分卡所需要的专门知识与技术

推进团队中必须还有一部分成员是平衡计分卡与绩效管理建设的专家，他们应当精通战略绩效管理建设所必须具备的专门知识与技术。这些专家绝对不是仅仅接受两三天培训，对战略绩效管理半懂不懂的非专业人士，也不能是某一理论体系的布道者（理论家），他们必须具备的基本条件如下：

（1）掌握研发、生产运营等方面的知识，熟悉企业战略管理、市场营销、财务管理、人力资源管理知识，精通战略绩效管理的各种方法，如战略规划、战略地图、平衡计分卡、战略KPI、目标管理、利益相关者理论，等等；

（2）有过一个以上战略绩效管理系统建设的成功项目经验，十分熟悉其战略执行变革实际操作的程序；

（3）具备强有力的沟通与演讲能力；

（4）了解公司实际运作特点（或具备在短时间内了解公司实际运作特点的能力）。

应当指出，在中国企业内部往往很难找到满足上述条件的"战略绩效管理建设的专家"，因此很多企业会考虑邀请外部的管理咨询机构。但无论是从内部选拔还是外部聘请，"任职资格"都是选择的不二法则！

推进团队一般由指导委员会和工作小组构成。如果公司与外部咨询机构展开合作，咨询机构一般会与公司共同组建联合推进小组，该小组里既有咨询机构的技术专家也有公司的高层经理。在一般情况下，咨询机构会要求公司董事长（或CEO）来担任项目指导委员会的项目总监（客户方），项目总监在咨询项目中主要担任指导、监督及推动支持的职责；而公司工作小组的组长被称为客户方项目负责人（一般是公司的战略或人力资源总监），他在项目中主要承担与咨询技术专家具体的项目沟通、技术交流工作并配合咨询技术专家主持战略绩效管理系统建设的整个推进工作；而公司工作小组成员主要是在项目负责人的带领下，在咨询技术专家的指导下，收集分管领域内的与项目相关的资料并参加研讨。

如何编制推进计划

在这个阶段，你和你的推进小组要对后期战略绩效管理系统的建设做出周密的安排，如果有咨询机构介入，他们将与你们共同编排推进计划。

推进计划主要包含工作活动内容、时间进度安排、责任人和产出成果四个方面的内容。你应当详细罗列出项目推进的各大步骤及大步骤中的每一项活动；同时，计划表还应当清楚地表明这些步骤活动的开始时间和结束时间；应当明确每一步骤及活动中各方担当的责任；最后还需要确定在各个步骤或活动结束后，你们应当获得什么样的结果（即界定产出）。

如何进行绩效管理系统建设前期调查

在正式开始推进以平衡计分卡为核心工具的战略绩效管理系统建设之前，我们建议你最好和你的推进小组在公司内部组织一次大面积的前期调查活动，它能够为你们在后期的宣传与方案设计上提供很好的帮助，组织这次调查活动主要是为了澄清以下四个方面的问题：

了解员工对战略绩效管理的认知与认同

由于平衡计分卡是落实公司战略，引导公司战略执行的重要方法，因此你和你的推进小组在以后的设计过程中必然会与总部、子公司各个管理层级的员工进行战略沟通。事先掌握他们对公司战略的认识与认同程度的意义在于：有助于你事先决定要做好哪些战略宣传的准备工作；同时还有助于你正确地估计在目标分解中要花费多大精力给公司的各级经理和员工来解释战略。

了解员工对平衡计分卡的认知与认同

战略绩效管理实施成败的一个重要影响因素是总部及分子公司各级主管与员工对它的认识与认同程度。首先，如果公司全体员工不理解它的作用，甚至对其产生排斥与反感，那么战略绩效管理实施的效果会怎么样，我们会不得而知。其次，如果公司员工特别是各级主管没有掌握必要的战略绩效操作知识，那么你们在后期的实施中推进的难度会加大。因此在前期调查中，了解公司全体员工对战略绩效管理的认识与认同程度，可以促使你提前做好准备，避免上述问题出现。

掌握公司现在的绩效管理实施状况

如果公司以前曾经展开过战略规划、经营绩效与个人绩效管理的工作，在前期调查中你和推进小组还需要对其实施的情况进行一次全面的调查。这样做的意义在于：首先，通过调查可以掌握现在战略规划、绩效管理与考核中存在的问题，以便在后期设计中寻求避免同样问题再次发生的方法；其次，通过调查你还可以发现原有战略规划、绩效管理或考核中一些比较适合公司的方法，发现这些好的方法可以促使你将其融入战略绩效管理的设计方案，因为变革并不意味着你要将一切都推倒重来。

发出一个信号：公司即将进入战略绩效管理时代

开展以平衡计分卡为核心工具的战略绩效管理前期调查，实际上也是向公司员工发出一个信号：公司即将引入战略绩效管理，我们即将进入战略绩效管理时代！这个信号实际上也是为你们展开前期宣传做的一个铺垫。同时，要想确保前期调查工作顺利展开，你和你的推进小组还必须掌握前期调查的方法。我们建议你可以选择两种方法来进行前期调查：一是访谈法；二是问卷调查法。

如何开展前期宣传，组织培训与学习

为了获得公司全体人员的支持、参与及理解整个平衡计分卡与绩效管理系统的构建活动，你还需要领导你的推进小组做好实施的前期宣传、培训与学习工作。在这个环节上你们有以下几个方面的工作要做：

（1）召开动员大会。召开动员大会的目的是向公司全体员工传递一个信号：公司的决策层领导已经下定决心将战略绩效管理的革命进行到底！动员大会上公司最高领导的发言显得尤为重要，因为中国企业的最高领导在公司有着最高的影响力与号召力，只有当最高领导竭力去倡导的时候，企业其他的员工才会重视并参与、配合。

（2）开展网站宣传。中国很多企业的网站往往被当成单一的广告性商业网站，而事实上，公司的网站也是一个和员工沟通比较好的渠道。你和你的推进小组可以在公司的网站上发表关于战略绩效管理方面的文章及公司新闻，你还可以运用公司的BBS论坛和广大员工进行以平衡计分卡、目标管理、战略KPI等为重点的互动沟通。特别是那些在异地工作的员工，他们可以从网站上了解、学习和下载关于战略管理和绩效管理方面的信息。

（3）组织培训。你和你的推进小组可以组织几次培训。如果公司人数众多，参加培训的人可以是公司的管理骨干人员。根据我们在中国企业服务的经验，中国企业的管理者普遍缺乏战略绩效管理相关的知识与技能，可能你的公司也有同样的现象。通过前期的培训，你们可以使公司骨干人员初步掌握战略绩效管理相关的基础知识，便于你们在后期的推进中进行更便捷的沟通。

（4）发放宣传资料。各种宣传资料能够使得公司的员工在参加培训、动员大会之后，更加详细地了解战略绩效管理与平衡计分卡。因此你和你的推进小组应当准备好战略绩效管理相关的学习与宣传资料，打印装订培训教案，购买战略绩效管理书籍并发放到公司的全体员工手中。

（5）分小组学习。你和你的推进小组还可以向公司各部门的经理提出分小组学习的要求。为确保分小组学习不流于形式，你还可以让他们编制学习计划并根据计划检查监督他们的执行情况。这里我们需要强调的是：公司的各级主管，特别是中层的部门经理对战略绩效管理知识的吸收与理解程度，往往会直接影响到公司战略绩效管理推进的结果。

如何收集所需信息资料

在开始构建平衡计分卡与绩效管理体系之前，要收集相关资料作为信息输入。因此，你和你的推进小组需要准备资料收集信息核对表。这个核对表能够帮助你正确地开始战略绩效管理信息的获取与使用。核对表上的信息实际上来源于两个方面：公司内部及外部。

公司内部有关的信息资料有：战略规划、市场计划、财务计划等各类经营计划文件；企业发展史；以往管理咨询公司所提交的各种报告；财务年报、分析报告及财务预算；其他各种类别的工作报告（例如公司内部所进行的关于市场方面的调查报告）；组织设计方面的资料；研发、采购、生产、质量、售后服务及营销等方面的资料文件；企业文化方面的报告，等等。

公司外部信息资料有：各种报刊上关于行业方面的报告；通过其他途径收集的关于行业基本状况的资料、行业趋势分析报告、竞争分析报告、科技趋势分析报告及市场销售趋势方面的分析报告；标杆企业研究报告，等等。这些资料实际上都是公司进行战略分析与规划，设计绩效指标与计划的重要信息来源之一。

应当指出，从资料收集的经验上看，公司可能难以完整地收集到清单上罗列的所有资料。如果在实际工作中出现资料难以收集上来的现象，你首先要检查一下上述资料的名称在公司中是否与核对表中所列出的名称有出入，有些资料、文件的名称可能与你事先所罗列的名称不一样，但内容还是具有一定价值的。

当把这些名称完全不同的资料文件收集上来后，就可以利用资料收集信息核对表来核对哪些信息资料还没有完全收集上来。对于那些在初次收集中没有收集上来的信息资料，你和你的推进小组还可以考虑采取问卷调查或内部访谈的方式展开第二轮的信息收集。

在战略绩效管理的实际运作中，你可以根据信息资料核对表及公司的实际情况事先编制一个资料收集清单，让相关部门帮助你们收集资料。完成这些工作后，你和你的推进小组就可以准备进入最激动人心的时刻——进行战略分析并绘制战略地图！

第三章

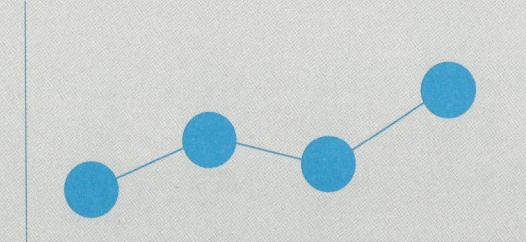

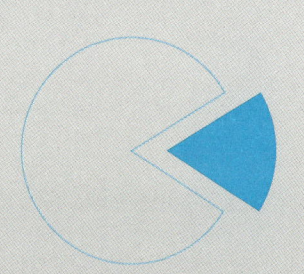

开发公司战略图卡表

平衡计分卡最大的功能就是帮助我们描述战略并将战略转化为可操作的语言，本章我们将探讨平衡计分卡导入的第二步，开发公司层面"战略地图""平衡计分卡""行动计划表"，即开发公司战略图卡表。

同时由于集团型企业组织架构的层次化（即存在集团、子集团/子公司等多层架构），集团战略在纵向与横向协同上的复杂程度远比单体公司更高，因此集团与单体公司图、卡、表开发的程序有差异：对于集团型企业而言不仅要描述集团战略，还要描述子集团/子公司战略，以及集团甚至子集团/子公司的职能战略。而单体公司由于层次结构相对简单，因此战略图卡表开发也相对简单。但是，不同组织类型公司的图卡表与编制操作技巧又存在一致性。因此，为了便于读者理解，我们谨慎选择阐述单体公司战略图卡表开发的操作思路。

开发公司战略图卡表首先要了解需要开展的工作重点是什么，一般来说主要有四个方面：

（1）明确公司的使命、价值观与愿景是什么；

（2）明确未来几年结果型的财务维度和客户维度的战略目标有哪些；

（3）明确驱动型的内部运营维度及学习与成长维度的战略目标有哪些；

（4）最后整理出"战略地图""平衡计分卡""行动计划表"。

描述使命、价值观与愿景

如果你学习过MBA的课程，相信你对使命、价值观与愿景并不陌生，它们在战略管理教材中经常出现。也许你已经发现，中国的企业界和管理界在此方面的陈述可谓五花八门，有的将愿景当作使命，有的将使命当作愿景，有的称它们为经营宗旨，有的叫作经营目标，甚至很多企业直接用价值观或者经营理念来概括。这充分说明目前中国企业引进西方管理理论的混乱局面，同时也反映中国企业缺乏对企业存在的理由、意义或者价值等的企业哲学高度上的思考。为了便于理解，我在这里给出关于使命、价值观与愿景的定义和描述方法。

使命

每一个企业从其建立开始，就应当承担相应的责任并履行相应的使命，确定使命是制定公司战略的第一步。所谓的使命就是一个公司区别于其他类型的公司而存在的根本原因或目的，它不是公司经营活动具体结果的表述，而是公司经营应当坚持的一个原则。

历史上企业使命曾经有广义和狭义之分。狭义的企业使命是以产品为导向的。例如，一家准备进入管理咨询领域的公司可以将其使命定义为"为中国企业提供咨询服务"。这种表述虽然明晰了公司的基本业务领域，即以生存为目的，但同时也限制了公司的活动范围，甚至可能失去发展机会。

广义的企业使命则是从公司实际条件出发，从更高的角度来看使命，可以从提供的产品开始不断地去问"为什么"，例如"为什么要为中国企业提供咨询服务？为了提升中国企业的管理能力，助力打造中国企业的航空母舰"。一个好的使命应当具备以下四个方面的特征：

（1）应该明确公司生存的目的；
（2）应该范围宽泛以允许公司进行创造性发展；
（3）应该明显区别于其他公司并长期有效；
（4）应该清楚明白，容易理解。

图3-1是两种优劣使命表述对比。

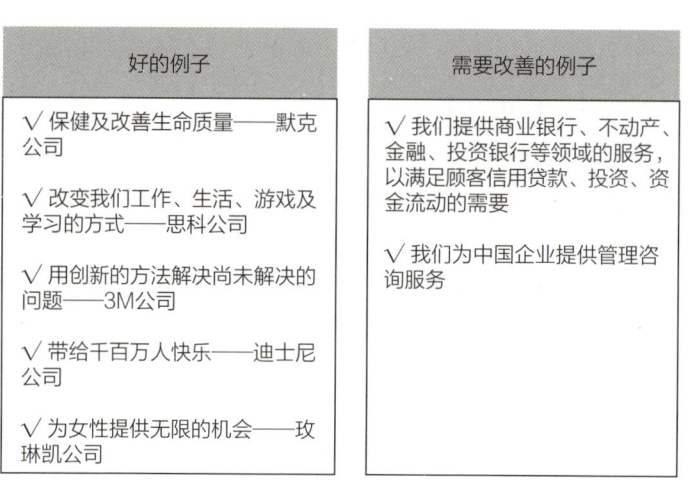

好的例子	需要改善的例子
√ 保健及改善生命质量——默克公司 √ 改变我们工作、生活、游戏及学习的方式——思科公司 √ 用创新的方法解决尚未解决的问题——3M公司 √ 带给千百万人快乐——迪士尼公司 √ 为女性提供无限的机会——玫琳凯公司	√ 我们提供商业银行、不动产、金融、投资银行等领域的服务，以满足顾客信用贷款、投资、资金流动的需要 √ 我们为中国企业提供管理咨询服务

图3-1　两种优劣使命表述对比

在开发战略图卡表的过程中，优秀的使命描述的真正意义在于公司可以检查战略图卡表设置的目标与指标是否与公司的使命保持一致，比如3M公司提倡"用创新的方法解决尚未解决的问题"，那么在设置学习与成长类指标的时候,"合理化建议数量"这个指标就可能使得它的使命得到落实,而"削减研发创新开支"可能就违背了使命的要求。

价值观

如果说使命是解决方向的问题,那么价值观则是为实现使命而提炼出来并指导公司员工共同行为的准则。它是一种深藏在公司员工心中的东西,决定、影响着公司员工的行为,并通过公司员工日复一日的行为而表现出来。价值观也是用以判断公司行为和员工个体行为正确与否的根本原则,它表明了公司要提倡什么、反对什么。例如,宝洁公司的价值观是领导才能(leadership)、主人翁精神(ownership)、诚实正直(integrity)、积极求胜(passion for winning)和信任(trust)。

事实上,所有的企业组织都应当有自己的价值观。对于中国企业来说更是如此,因为中国企业在全球竞争环境下面临着文化挑战。我们在第一章中就曾经提到,全球竞争意味着市场竞争的范围大大地扩展,意味着中国的企业将会走出去,也意味着国外的企业将走进来。在走出去与走进来的过程中,我们比以往任何一个时候都更有必要回答这样一个问题:当我们的企业在各种环境中面临成功与挫折的时候,是什么样的信念与精神支持着我们?无论我们的员工在哪里,无论他们在国内还是远在国外,我们都要让他们知道什么可以做,什么不可以做,应当弘扬什么,应当摒弃什么。只有明确了这些,我们才有可能凝聚和引导公司的全体员工向着设定的目标迈进;也只有明确了这些,才有可能使我们的员工在西方企业文化的挑战之下,避免发生文化信仰危机。

企业价值观建设最难的不是提炼出价值观的标语,这并不是一件很难的事情,难的是将它公布出来后,如何真正地倡导下去。我们发现众多中国企业在价值观的建设上陷入了一个非常糟糕的误区：他们只重视做表面文章，忽视了对价值观的倡导。很多中国企业没有真正挖掘自己多年的沉淀，甚至还有企业一边把价值观挂在墙上，一边却在做另外一套。我曾经接听过很多企业领导者打来的咨询电话，他们在电话中说，他们希望咨询公司能为他们的公司建设企业文化，其中最重要的就是为他们建设价值观。我这样回答他们："企业文化也好，价值观也好，都不是哪个咨询公司能够为你们建设出来的！因为企业文化不是咨询公司交给你们的一本本文件，价值观不是咨询公司写出来给你们挂在墙上的标语！它们是倡导出来的，而你们就是倡导者！"

我们认为真正的企业价值观必须符合如下标准。

发自内心并竭力倡导

如前所述，价值观不是挂在墙上的那些口号，它必须是公司高层真正想要倡导的，同时体现在员工的行为上。我们经常发现一些企业的价值观中有"尊重人"的字眼，但是内部的管理制度与管理行为并没有体现出任何"尊重人"的行为，那么"尊重人"就不是他们的价值观，因为它没有被公司真正地倡导。

价值观是深藏在员工心中指导员工行为的准则，所以它必须被全体员工所接受并认同。价值观必须被员工接受并认同并不是说企业不能提出新的、适应企业战略发展的新价值观；相反，价值观虽然保持一定的稳定性，但客观依据环境发生变化后，也要做相应的调整。但不管是新价值观，还是已有的价值观，是否被员工接受并认同都是必要标准之一！

基于传统积淀并与使命相一致

价值观不是去追求时尚，简单跟风、模仿，其他公司的价值观不一定就是你所在公司的价值观。价值观要来自公司传统的沉淀，一个公司从其诞生的第一天起就开始了价值观形成与发展的历程，所以说价值观是公司在产生、发展过程中自然形成的并散落于公司的各个角落。在价值观提炼过程中，要善于广泛征求公司员工的意见并结合关键事件仔细推敲；另外，还必须考虑公司的使命，要能使价值观支持公司最为根本的存在意义。

正确地树立价值观在平衡计分卡构建中的指导意义在于：一方面，目标与指标的设定不能与公司所倡导的价值观违背，而应保持一致；另一方面，价值观引导着公司员工如何去设定实现平衡计分卡目标的行动计划，使其行为与价值观保持高度的一致。

愿景

如果说用使命来定义公司存在的目的，用价值观来表述员工共同行为的永恒准则，那么你还要用愿景来定义公司未来的发展方向。愿景是对公司未来5~10年甚至更长时间最终想成为什么样子的描述，对于开发平衡计分卡来说，这是比使命、价值观更重要的一个步骤。

一个好的愿景应该具备以下特征：

愿景应当是鼓舞人心和可实现的

愿景应当是一个鼓舞人心的，展现在公司全体员工面前的目标，这种目标通常会使人不由自主地被它的力量所感染。愿景的力量在于它既可实现又具有挑战性，既是宏伟的又是激动人心的。当有的企业家跟我说实现愿景有一定的难度时，我会问他，假如愿景是那么轻易就可以实现的话，它又怎么会鼓舞人心呢？因此当你们在讨论公司的愿景时，你要让每一个参会者思考这些问题：它是否能经常让你热血沸腾，甚至热泪盈眶；能否经常让你为它彻夜难眠；它能否让你有一种热情、一股冲动，想将它分享给你的员工。

愿景的描述应当简洁

对愿景的描述应当尽量简洁明了，例如"成为中国房地产行业的领导者"让员工十分容易记忆和理解，这样一句话就可以让他们激情澎湃。我们想想看，当你让员工面对那一页页的令人生厌的长篇大论的时候，他们还会有激情吗？他们会花几个星期的时间去背诵你的"杰作"？所以应当尽量用简洁的句子去描述你的愿景，让它简单、可记并且能切中要害。

愿景应当能吸引利益相关者

企业不关注利益相关者就能获得股东价值最大化的日子一去不复返了，公司的愿景应当能吸引他们的注意力。如果你的愿景也能够让他们热血沸腾的话，你可以想象他们会在多大程度上支持你。

和使命、价值观保持一致

愿景是在一定的使命与价值观之下设定的企业发展目标，经过一段时间后，公司的愿景可以随着环境的变化而调整，但是使命和价值观则应该在相当长的时间内保持不变。愿景是公司的使命和价值观在特定时期的一种反映，它应当与使命、价值观保持一致，而不应当相违背。

由于愿景反映出公司期望的经营活动领域、结果及在利益相关者心目中的形象，它对于你设定平衡计分卡体系的战略目标与指标都有很大帮助。任何目标、指标都不能与愿景相违背。

开发公司战略地图

本节我们将分别阐述战略地图、平衡计分卡与行动计划的编制方法。

战略目标模板

卡普兰和诺顿曾经就战略地图四个维度的目标与指标的基本模板进行过详细的解释，下面我融合自己的一些观点来进行阐述。

财务维度

财务类战略目标来自公司的战略主题，在设置财务目标时，你应当引导公司的高层团队结合公司的战略主题认真思考一个问题：你们应当采取什么样的财务目标来衡量这些财务性战略主题的实现？这些财务目标的设定应当与平衡计分卡上的指标保持一致，一个财务性战略目标也许会对应一个或数个财务指标。

卡普兰和诺顿指出，战略地图不是要废弃财务目标，与此相反，财务目标为战略地图其他维度的目标提供了支持。战略地图所有目标与指标都有内在的因果逻辑关系，对于企业来说，财务目标一方面是确定战略预期的财务绩效，另外一方面也是战略地图其他维度目标与指标的最终目标。同时他们还认为，设定财务目标应当考虑企业所处的生命周期，他们把企业的生命周期简单化划分为三个时期：成长期、保持期和成熟期。如图3-2所示。

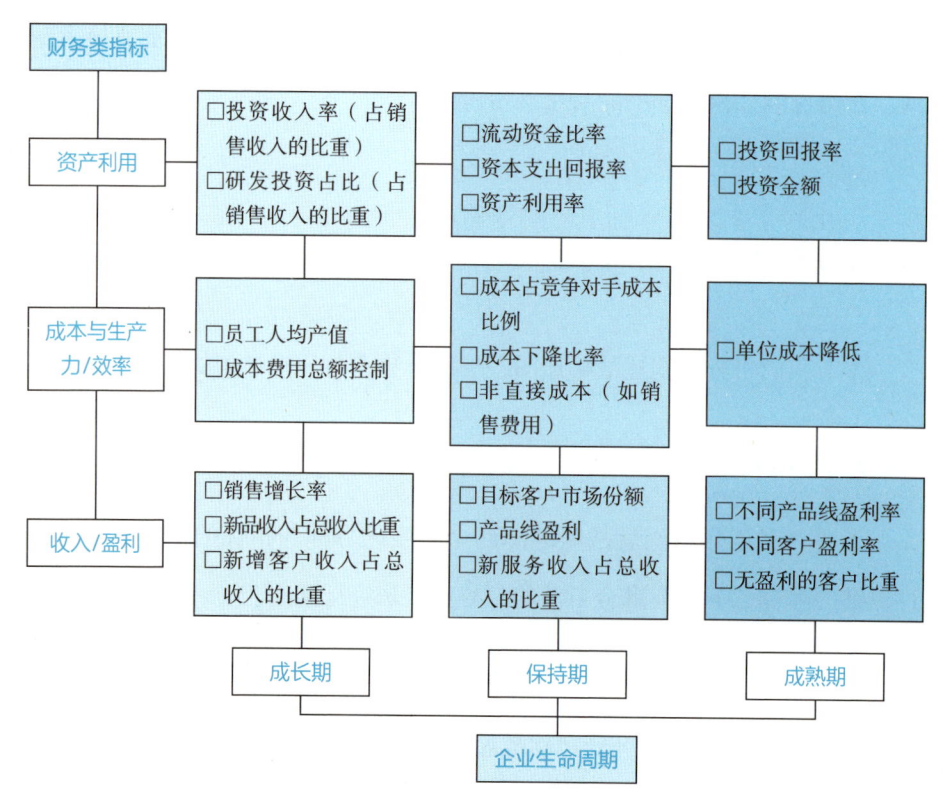

```
财务类指标
┌─────────┐
│ 资产利用 │──□投资收入率（占销售收入的比重）   □流动资金比率       □投资回报率
│         │  □研发投资占比（占销售收入的比重） □资本支出回报率     □投资金额
└─────────┘                                    □资产利用率

┌─────────┐
│成本与生产│──□员工人均产值          □成本占竞争对手成本比例  □单位成本降低
│力/效率  │  □成本费用总额控制      □成本下降比率
│         │                         □非直接成本（如销售费用）
└─────────┘

┌─────────┐
│ 收入/盈利│──□销售增长率           □目标客户市场份额     □不同产品线盈利率
│         │  □新品收入占总收入比重 □产品线盈利          □不同客户盈利率
│         │  □新增客户收入占总     □新服务收入占总收入  □无盈利的客户比重
│         │    收入的比重            的比重
└─────────┘
              成长期               保持期                成熟期
                                 企业生命周期
```

图3-2 财务类指标选择与企业生命周期的关系

　　成长期的特点：企业处于生命周期的最初阶段，产品或服务有着巨大的增长潜力，企业需要投入大量的人力、物力与财力来实现增长；需要建设并扩大再生产；需要增强管理能力；需要投资于企业的业务发展和基础设施建设并扩大营销网络；需要培育客户满意度。处于成长期的企业，其现金流可以是负数；投资回报率可能很低；利润也很可能是负数，因为它的投入可能大于支出。因此这个时期的财务目标是增加销售收入，并主要依靠新市场、新客户、新产品与新服务。

　　而一个处于保持期的企业，虽然有所投资，但是已经开始获得丰厚的利润；市场占有率可能不再增长，而更多地考虑如何维持；投资方向是改变企业管理中的短板，如生产能力的提升、管理体系的改善等。处于这个时期的企业都关注于与企业获利能力相关的一些财务目标与指标，股东对经营层的要求是实现投入产出的最大化，所以投资回报率、经济增加值、利润、收入等是其典型指标。

企业进入成熟期后，更加关注前面两个阶段的投资收益。企业的大部分投资基本已经停止，只要企业的设备与生产能力能够维持就不需要扩大生产规模；即使有一些投资项目，其投资回收期也一定很短，企业的现金流需要实现最大化的回流。企业的整体财务目标与指标是实现现金流动（在扣除折旧之前）和减少运营资本方面的需要。

卡普兰和诺顿还指出，处于不同生命周期的企业都可以尝试从收入/盈利、成本与生产力/效率、资产使用三个方面进行考察。收入/盈利是指增加产品与服务的提供、获得新客户或新市场、调整产品与服务的结构以实现增值，以及重新确定产品与服务的价格；成本与生产力/效率则是指降低产品与服务的所有相关成本，以及在经营多个战略业务单元（Strategic Business Unit，SBU）时实现有效的资源共享；资产使用是指要关注企业的运营资本水平，通过新业务来利用空闲的生产能力、提高资源的使用效率及清除盈利不足的资产等。

应当指出，企业处于不同的生命周期，其财务目标在上述三个方面的关注点也是不一样的，推导出的战略目标也应当具有很大的差异。例如，处于高速成长期的企业在收入/盈利方面关注的是销售收入的增长，而处于成熟期的企业关注的则是不同产品线的盈利情况。

当然在实际确定财务目标时，并非一定要局限于上述三个方面，你还可以将财务维度目标延伸到会计系统之外，例如股票价格、智力资产价值等。在战略地图的财务目标设置中，最为关键的就是使它们和公司的战略保持高度的一致。财务目标是战略地图目标设置的第一步，它一般位于战略地图最上端和公司战略的最末端，因此财务目标的设置也是非常重要的一步，它是滞后/结果性目标，往往会对其他维度目标的设置产生重大的影响。

客户维度

卡普兰和诺顿指出，在确定客户目标之前，首先要进行目标客户定位。他们认为不同类型的客户对产品或服务有着不同的偏好，在价格、质量、性能、形象、商誉及服务等方面的价值主张存在差异。价值主张的差异性不仅体现在不同的最终消费群体上，对于一些中间商也是这样。例如手机电池制造商的客户，高端市场的客户，如国际级企业的代工、直接出口业务客户往往关注电池供应商的质量、性能、形象、商誉和服务；而低端市场则更加关注价格等。

对目标客户进行定位是今天众多的中国企业应当重视的，我们经常可以看到很多企业的产品曾经辉煌一时，但最后却因为市场定位模糊而失败。

卡普兰和诺顿认为，客户目标可以澄清企业财务目标的收入来源。它们需要从两个维度来考量选择，一是客户核心成果；二是客户价值主张。

客户核心成果是企业在客户、市场方面要获得的最终成果，它包括很多企业都希望采用的五个方面：确保市场占有率、实现老客户保有率、提高新客户增加率、确保客户满意度及客户利润率。这五个方面有着内在的因果逻辑关系：客户满意度支持着老客户保有率、新客户增加率和客户利润率，而老客户保有率和新客户增加率则支持着市场占有率。

而客户价值主张则代表企业透过产品和服务所提供给客户的价值，是客户核心成果量度的驱动因素和领先目标。卡普兰和诺顿强调客户价值主张的理由很容易理解：因为你只有关注客户的真正需求、价值主张，才能获得良好的客户成果！设置这个目标是为了提高目标市场中的客户忠诚度和满意度等。在今天全球性的市场竞争中，谁理解了客户的真正想法，谁就赢得了市场。客户价值主张的目标主要是关注公司产品和服务的价格、质量、属性、客户关系、形象和商誉等。在这里应当注意的是，不同行业的不同客户群体对上述要素的关注点是不同的，卡普兰和诺顿总结出一个通用的模式：产品与服务的特征、客户关系、形象及商誉。产品与服务的特征反映的是产品与服务的属性，包括产品与服务的质量、价格与性能等多方面的要素；客户关系要求公司提高交货的速度与售后服务，其中包括对客户需求的反应时间、交货时间及察觉客户购买产品的感觉三个方面；而形象与商誉则是指吸引客户购买公司产品的两个抽象因素，它除了取决于前面的两个要素外，还和企业在品牌与形象方面的建设有关。

这里要强调的是：由于客户价值主张的很大一部分驱动因素来自公司的内部运营，因此如果公司的客户价值主张不同，作为内部运营的领先/驱动性目标设置也必然完全不同。

客户目标是驱动财务目标实现的重要因素。一个不关注客户价值主张的企业一定无法获得客户的满意，也就无法获得良好的市场表现，而试想一个无法有良好市场表现的企业能持续实现良好的财务目标吗？回答显然是否定的！而支持、关注客户价值主张就需要在品质、研发、生产等内部运营方面做出改善，能够支持实现良好的内部运作的，还取决于内部运作的执行者——公司的员工，所以我们还需要关注学习与成长目标。

内部运营维度

确定内部运营目标要求你和公司的高层探讨一个问题，那就是为了实现财务目标和客户目标，在内部运营方面应该擅长哪些？在设置公司层面的内部运营目标时，应当抓住能够支持财务目标与客户目标的关键流程，这些流程还应当对你们确定战略主题有十分强大的支持作用。

卡普兰和诺顿提出有别于传统的目标设定方法，在内部运营方面，要求对公司的整体流程进行检视。他们提供了一个普通价值链模型来帮助企业确定内部流程，他们认为企业的流程可以分为创新流程、日常运营流程和售后服务流程三个基本流程。创新流程一般有两个主要步骤，首先是市场调查，企业首先需要对客户目前与未来的需要进行了解，以求发现新的市场并挖掘现有客户的潜在需要。然后，企业要根据市场调查所反馈回来的信息，决定是否设计和开发新产品（或进行产品改良），随后进行技术应用调研，考量技术应用的可能性，最后企业就可以进行产品的研发。日常运营流程是从企业接受订单开始，直至向客户发售或提供服务为止的整个活动过程。它强调的是如何及时、连续地向客户提供满意的产品与服务，包括接受订单、采购、生产加工、交货等步骤的活动。售后服务流程是卡普兰和诺顿提供的价值链模型的最后一个环节，包括提供担保、对产品进行修理和帮助客户完成结算等一系列的活动步骤。

卡普兰和诺顿提供的内部的价值链模型有效地改变并扩展了企业衡量自身内部运作有效性的视角，但是在强调"管理出效益"的今天，再好的基础运作如果离开或忽略了管理支持流程，仍旧是不可取的。在这里，我们应当在他们提供的模型的基础上进行思路扩展，将管理支持流程纳入进来，考虑针对它们进行考核指标的设置，如图3-3所示。

还应当指出的是，卡普兰和诺顿提供的只是一个通用的模型，它只是为我们提供一个如何选择内部运营目标的基本思路。实际上，企业内部流程并非如他们描述得那么简单，不同行业、不同企业在内部流程上都存在着差异。因此，我们建议在设定内部运营目标时，首先要对公司内部流程进行全面的调查与规划，这样可以得到公司整体的、分级的流程目录与核

```
         创新流程      日常运营流程   售后服务流程
      ┌─────┬─────┬─────┬─────┬─────┐
      │ 市场 │ 新产品│     │     │     │
      │ 调查 │ 开发 │ 生产 │ 营销 │ 服务 │
      │     │     │     │     │     │
      ├─────┴─────┴─────┴─────┴─────┤     支持
      │           物流              │    财务目标
      ├─────────────────────────────┤    与客户目标
   管理│           行政              │
   支持├─────────────────────────────┤
   流程│         人力资源             │
      ├─────────────────────────────┤
      │           财务              │
      └─────────────────────────────┘
```

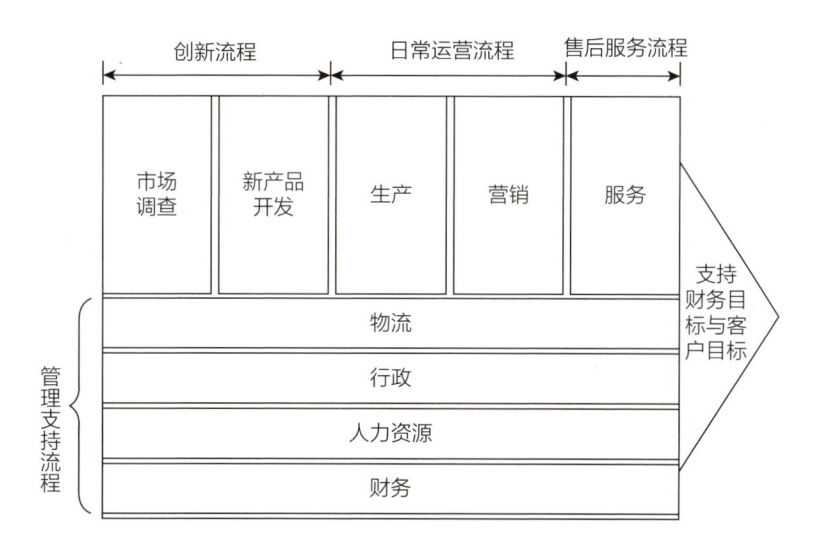

图3-3 内部运营类指标选择与企业整体流程

心业务流程清单；接下来需要对这些流程进行分析和改进，并加以描述，进而编制流程支持性文件；在流程分析、改进与描述的过程中，可以界定各个流程的绩效，推导出流程绩效目标，这些目标就是设计各个层面内部运营目标的重要参考。

学习与成长维度

学习与成长维度是战略地图的最后一项内容，它关注的是公司的长远发展能力，在设置这个维度的目标时你要回答的问题是：为了更好地改善、支持公司的内部运营，我们的员工必须擅长什么？

卡普兰和诺顿十分强调学习与成长目标的重要性，他们认为这是为了更好地实践企业的内部运营活动并确保实现财务目标与客户目标所必须具备的，它们是"企业在前三项维度上取得良好分数的动力"。传统的财务目标往往使得企业忽视对员工成长的投资，而战略地图实际上在告诉你一个事实：企业对未来的投资不能仅仅局限于传统的投资领域如建设厂房、购买设备，企业还应该关注员工成长等方面的投资。他们还进一步提出，学习与成长目标的关注点必须包括三个方面：员工核心技能与专长，资讯系统能力及激励、授权等文化氛围，如图3-4所示。

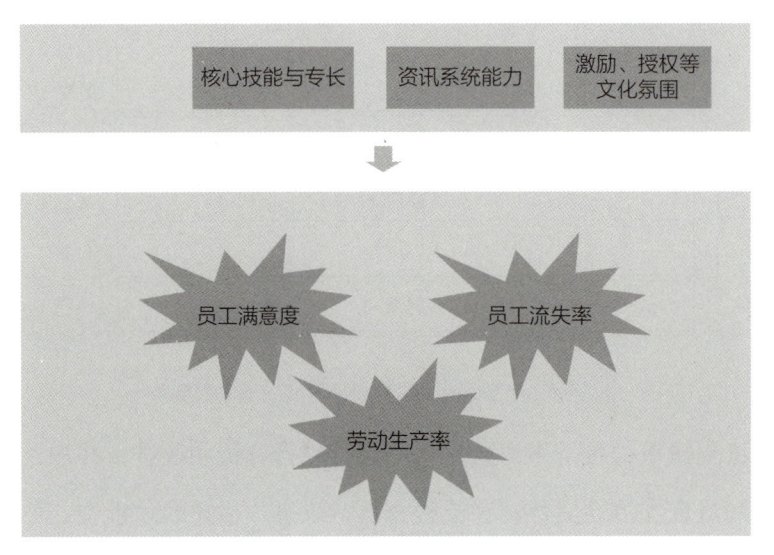

图3-4　平衡计分卡学习发展目标框架图

关注以上三个方面是为了提高员工满意度、降低员工流失率和提高员工的劳动生产率，而员工流失率和劳动生产率与员工满意度及核心技能与专长最为相关。

战略目标设定

在实践操作中，设定战略地图中的战略目标不只是参考模板那么简单。在确定了公司的使命、价值观和愿景后，你和你的推进小组可能还没有找到实现目标的方法，使命、价值观和愿景就是未来的理想，这个伟大的理想必须转化为可触及的目标才有现实意义。那么你现在要做的就是带领他们搭建一个连接理想与现实的桥梁！

梳理战略地图问题清单

连接理想与现实的桥梁是什么？答案就是战略地图问题清单！我们在开发公司战略地图之前仍旧需要澄清战略地图问题清单。战略地图问题清单一般是在差距分析与环境扫描的基础上建立的，因此在澄清战略地图问题清单之前，我们先要开展差距分析与环境扫描。

一般而言，战略地图问题清单要在12个基本的战略问题上寻找答案，以此来演绎其基本内容，清单示例如表3-1所示。

表3-1 战略地图问题清单示例

维度	战略地图问题清单
战略任务	1.业务单元的使命、价值观与愿景是什么
财务	2.业务单元需要在财务业绩上有什么表现、如何分阶段设定财务业绩
客户	3.增长路径：业务单元七大系列产品如何定位、聚焦的主要客户是谁 4.增长路径：业务单元的产品与市场的组合策略是什么 5.客户价值：客户为什么要选择我们？是因为价格、品牌、关系、服务、还是形象 6.客户价值：还有哪些外部战略利益相关者、他们有什么样的价值主张
内部运营	7.在市场调查、新产品开发、生产、营销、服务的各环节要设定怎样的目标来满足客户价值主张 8.在市场调查、新产品开发、生产、营销、服务的各环节要设定怎样的目标来加快资产的周转 9.在市场调查、新产品开发、生产、营销、服务的各环节要设定怎样的目标来支持成本费用降低
学习与成长	10.未来人才培养的战略目标是什么 11.未来如何推动标准化、数字化 12.未来如何建设企业文化、学习型组织

如果对比专业化公司与多元化公司，我们就会发现在使命、价值观与愿景的设定上，两者有着一些显著的差异：第一，由于专业化公司要求在战略、运营流程、企业文化等诸多方面强调统一性，因此其使命、价值观与愿景往往强调统一性，而其战略财务目标设定则依赖于总部对产业发展

趋势及自身产业地位的判断。第二，专业化公司还强调其专业化盈利模式的设计，而由于其一般情况下偏好涉足单一产业，因此其核心能力往往更多地与涉足的产业直接相关。第三，专业化公司的战略核心能力培育依赖于内部运营维度及学习与成长维度的战略主题和关键战略举措的设定，这更多地与产供销价值链相关。

本书阐述的公司层面战略地图是对专业化公司而言的。一般来说，公司战略地图中财务目标设定可以运用到杜邦财务分析模型、商业周期理论、经济增加值理论、时间序列法、相关分析等方法，在此我们不再赘述。下面，我们将结合案例来说明如何围绕财务维度战略目标的实现分析下一步的战略地图开发。

案例5：欧洲EDD（中国）公司战略图卡表

欧洲EDD集团是总部位于挪威的跨国集团企业，至今已有70多年的历史，是世界上最大的XX设备领域的跨国股份制集团企业之一，在XX设备的研究和制造方面一直走在世界的最前列，目前在全球范围内有几十个生产基地和销售中心。欧洲EDD集团对产品技术研发非常重视，对全球各子公司最新技术的开发及应用提供了强有力的支持。欧洲EDD集团在挪威、德国、中国都建有研发中心，强大的研发力量使得欧洲EDD集团在XX设备的研发上始终走在世界前沿，这种全球资源的利用为欧洲EDD集团保持技术领先提供了有力的保障。

欧洲EDD集团总部十分重视并尊重与投资国的关系建设，他们相信：重视、尊重与投资国之间的关系会获得政府与员工的支持。因此欧洲EDD集团一直强调子公司在设计战略使命时要充分体现战略意图。

欧洲EDD（中国）公司是欧洲EDD集团于1998年兴建的全资子公司（业

务单元），是EDD集团在中国及亚洲地区提供××设备的生产、销售以及技术服务最重要的基地之一。欧洲EDD（中国）公司在中国上海、北京、广州等地设立子公司，并在日本、韩国设有分支机构，其产品广泛应用于中国及亚洲各国的汽车、风电、机械、机车等行业领域。欧洲EDD（中国）公司自成立以来一直保持25%~40%的增长速度，其不断扩大的业务规模给公司高层带来了新的管理课题，具体表现在：

（1）如何结合全球战略制定欧洲EDD（中国）公司的业务战略，确保欧洲EDD（中国）公司与全球总部及其他子公司的战略协同；

（2）如何运用一个简单、有效的方法描述、演绎欧洲EDD（中国）公司的战略，并进行欧洲EDD（中国）公司的战略解码，将其战略转化为实际行动计划？

（3）如何改造欧洲EDD（中国）公司战略管理循环的流程，以实现在跨地域、多层次组织架构下对各分支机构战略执行的有效监控？

为解决这些问题，欧洲EDD（中国）公司总裁决定引进战略图卡表，开发战略地图。战略地图开发采取研讨会的形式，议题主要包括以下7个方面：

欧洲EDD（中国）公司的使命、价值观、愿景是什么？

欧洲EDD（中国）公司基本的财务战略目标是什么？

欧洲EDD（中国）公司的业务增长路径与战略目标是什么？

欧洲EDD（中国）公司的客户价值主张与战略目标什么？

欧洲EDD（中国）公司内部运营的关键战略举措是什么？

欧洲EDD（中国）公司学习与成长维度的战略目标是什么？

欧洲EDD（中国）公司战略图卡表文件如何编制？

最终研讨会输出了欧洲EDD（中国）公司的战略地图，如图3-5所示。

074　平衡计分卡制胜方略

使命	以科技与产业服务社会
价值观	诚信、创新、高效、服务
愿景	保持××行业亚太地区领导者的地位

Strategy Map

财务维度
- F1.确保投资回报
- F2.实现税后利润
- F3.增加销售收入
- F4.控制总成本占比
- F5.加速流动资金周转

客户维度
- C1.开发IM、IS新品销售市场
- C2.开发国内空白区域，细化老市场
- C3.开拓日本与韩国市场
- C4.维持与战略客户的良好关系

内部运营维度

持续的产品与技术创新
- I1.准确地分析产品开发的营利性
- I2.开发三大系列产品的标准化平台
- I3.有效地开发材料与新品

优良供应商管理
- I4.提高协作供应商模具与零件控制能力
- I5.改善外协件入库质量控制
- I6.降低平均采购单价

卓越生产运营
- I7.规范制程工艺、设备、质量行为控制
- I8.提升物流仓储管理水平
- I9.实施日生产计划管理模式

灵敏客服与品牌管理
- I10.顺畅及时地反馈信息与预测
- I11.提升品牌形象
- I12.提升对客诉的响应速度
- I13.推进客户分级管理

学习与成长维度
- L1.提高人力资源准备度
- L2.引入ERP系统，提高运行效率
- L3.推动企业文化认知与认同
- L4.构建卓越战略执行体系

图3-5　欧洲EDD（中国）公司战略地图

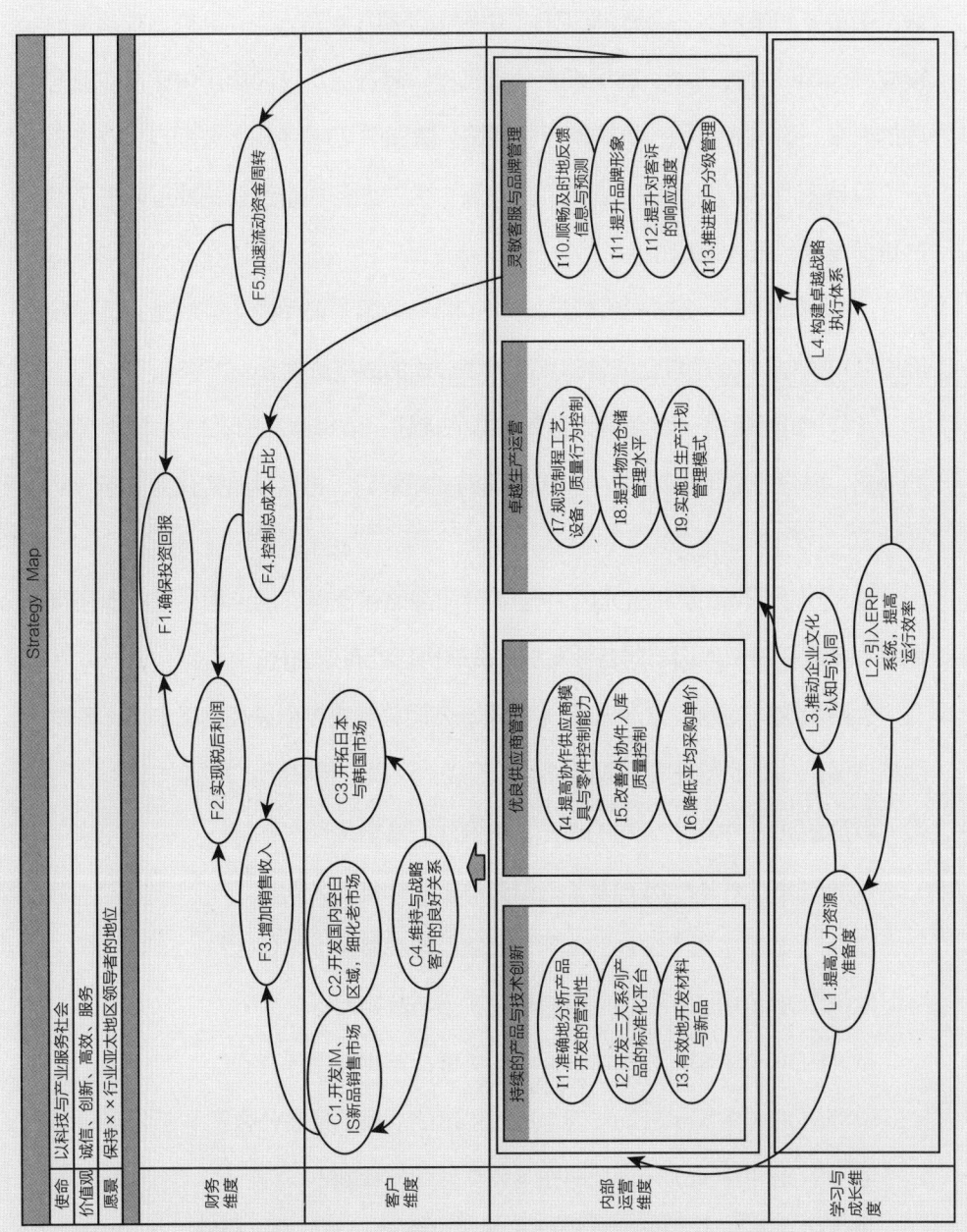

下面我们重点介绍客户维度战略目标和内部运营维度战略目标的设定。

设定客户维度战略目标

设定客户维度战略目标主要涉及两大内容：一是围绕业务增长路径进行战略目标设定，所谓业务增长路径是指主营业务收入增长的方法，战略目标设定就是要围绕此议题开展，如提高市场占有率、增加战略新客户、提高老客户保有率、确保战略新品销售增长等；二是围绕客户价值主张而设定的战略目标，如提升客户满意度、加速订单交付、降低客户投诉率、缩短客诉平均响应周期、实现客诉问题妥善解决等。

业务增长路径识别需要我们做两个步骤的操作活动。

第一个步骤就是引导公司所有高级经理结合"差距分析与环境扫描"思考公司锁定的客户是谁，即进行目标客户定位。所谓目标客户定位，是指寻找、筛选并确定目标客户并为产品找到一个与其他竞争产品相比更明确、更独特而又恰当的定位。目标客户定位分析需要使用两个工具："市场细分图"及"产品-市场分析矩阵"。

市场细分概念是美国市场学家温德尔·史密斯（Wendell R. Smith）于1956年提出来的，是集团根据客户需求的异质性把客户划分成不同群体。对于专业化集团而言，把集团的独特竞争力与产品、市场、地理位置合成一组或区分出来是战略地图开发中的一个重要环节。我们首先要做的是进行集团产品分类，然后进行市场细分。由于市场是特定需求的集合体，因此市场细分本质上是对市场需求的细分。市场细分标准非常繁杂，但是综合起来大致有五大要素：地理特征、人口特征、心理偏好特征、决策购买因素特征和消费行为特征。

（1）地理特征。对于部分客户群体来说，地理范围不同，市场需求也可能有很大差异，例如北方市场消费者和南方市场消费者对女靴的利益追求就存在很大差异。

（2）人口特征。人口特征也会影响需求的变化，它包括年龄、性别、家庭生命周期、收入、职业、教育、宗教等因素，例如对于保险种类的需求，不同年龄段人群呈现明显的差异性。

（3）心理偏好特征。心理偏好也是市场细分的一个重要维度。在物质丰裕的社会，消费者的心理偏好往往从低层次的功能性需求向高层次的体验性需求发展，他们除了对商品的物理功能提出更高要求，对品牌所附带的价值内涵和生活信息也有所期待。

（4）决策购买因素特征。客户购买某种商品是为了满足某种需求。不同客户的决策购买因素是不同的：例如消费者购买任何产品，都存在不同的利益追求，有的追求价格便宜，有的追求性能优越，有的追求完善的服务。决策购买的决定性因素不同，就会导致他们有不同的追求态度，不同的人会对同一件商品做出完全不同的评价和购买决策。

（5）消费行为特征。消费行为包括对商品的重复购买率、忠诚度等，例如可根据消费者对商品的使用量及其重复消费的比重，把消费者分为重度用户、中度用户和轻度用户，也可以分为忠诚客户和摇摆客户等。消费行为是市场数据研究最经常使用的要素。

在欧洲EDD（中国）公司业务增长路径识别活动中，市场细分是必不可少的操作环节。图3-6和图3-7是欧洲EDD（中国）公司进行战略地图开发，运用市场细分图进行客户群细分的操作实例。

第三章
开发公司战略图卡表

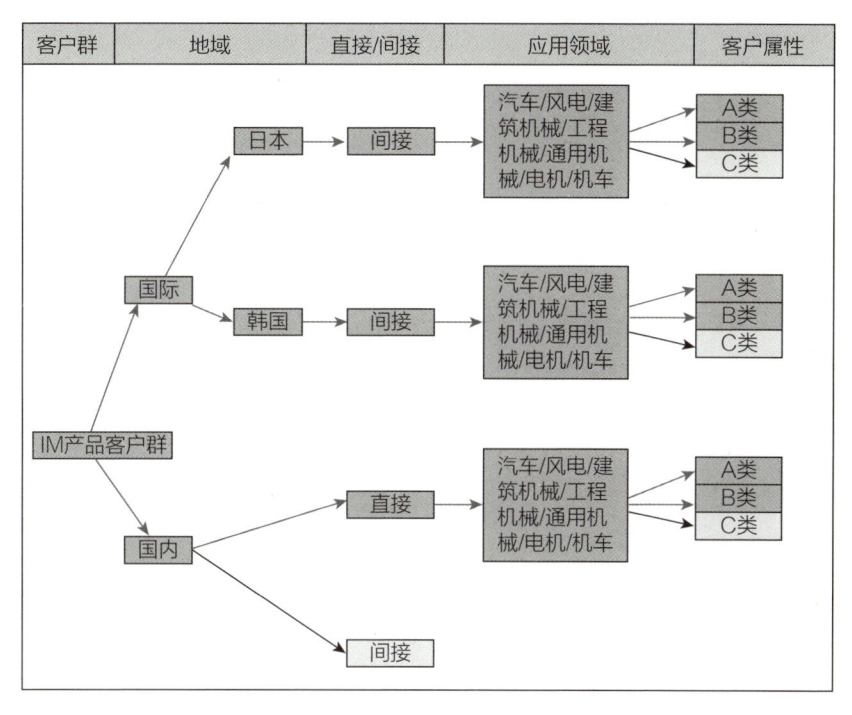

077

客户群	地域	直接/间接	应用领域	客户属性

（图示内容）

IM产品客户群 → 国际 → 日本 → 间接 → 汽车/风电/建筑机械/工程机械/通用机械/电机/机车 → A类 / B类 / C类

国际 → 韩国 → 间接 → 汽车/风电/建筑机械/工程机械/通用机械/电机/机车 → A类 / B类 / C类

国内 → 直接 → 汽车/风电/建筑机械/工程机械/通用机械/电机/机车 → A类 / B类 / C类

国内 → 间接

图例：
■ 目标市场
□ 拟放弃市场
→ 目标线路
→ 拟放弃线路

客户属性分级标准：
国内市场：
A类：外资(大集团)企业；B类：行业排名在前10名（电力行业前20名）的合资、国有与民营企业；C类：其他
国际市场：
A类：外资(大集团)企业；B类：行业排名在前10名的企业；C类：其他

图3-6　欧洲EDD（中国）公司IM系列产品目标市场细分图

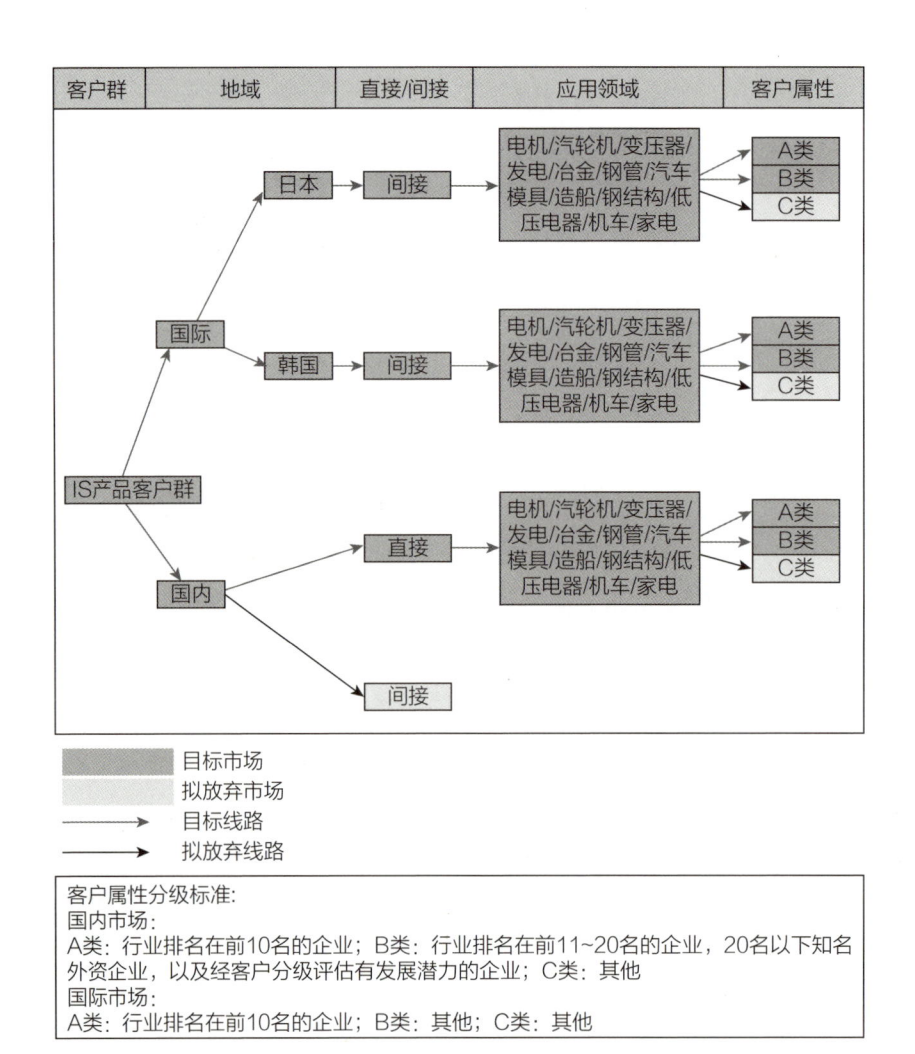

```
┌─────────────────────────────────────────────────────────────────────┐
│  客户群        地域        直接/间接      应用领域         客户属性  │
│                                                                      │
│                         ┌──────┐    电机/汽轮机/变压器/    A类       │
│                ┌─日本─→│ 间接 │→  发电/冶金/钢管/汽车  →  B类       │
│                │        └──────┘    模具/造船/钢结构/低    C类       │
│                │                    压电器/机车/家电                  │
│                │                                                      │
│                │        ┌──────┐    电机/汽轮机/变压器/    A类       │
│          国际─┼─韩国─→│ 间接 │→  发电/冶金/钢管/汽车  →  B类       │
│                │        └──────┘    模具/造船/钢结构/低    C类       │
│                │                    压电器/机车/家电                  │
│ IS产品客户群 ─┤                                                      │
│                │        ┌──────┐    电机/汽轮机/变压器/    A类       │
│                │   ┌──→│ 直接 │→  发电/冶金/钢管/汽车  →  B类       │
│                │   │    └──────┘    模具/造船/钢结构/低    C类       │
│          国内─┤                    压电器/机车/家电                  │
│                    │    ┌──────┐                                      │
│                    └──→│ 间接 │                                      │
│                         └──────┘                                      │
└─────────────────────────────────────────────────────────────────────┘

     ▓▓▓  目标市场
     ░░░  拟放弃市场
     ──→  目标线路
     ──→  拟放弃线路

客户属性分级标准：
国内市场：
A类：行业排名在前10名的企业；B类：行业排名在前11~20名的企业，20名以下知名
外资企业，以及经客户分级评估有发展潜力的企业；C类：其他
国际市场：
A类：行业排名在前10名的企业；B类：其他；C类：其他
```

图3-7 欧洲EDD（中国）公司IS系列产品目标市场细分图

运用"市场细分图"进行产业客户群的细分后，我们可以运用"产品-市场分析矩阵"进行业务收入的增长路径识别。根据"产品-市场分析矩阵"理论，公司主营业务收入增长的手段有四种策略可供选择（图3-8）：

新产品、老市场——产品开发，在现有市场中销售新产品。

老产品、老市场——市场渗透，提高现有产品在现有市场中的份额。

```
老市场
  ↑
  │  ┌─────────────────────┐  ┌─────────────────────┐
  │  │ 产品开发：           │  │ 市场渗透：           │
  │  │ 通过新产品开发或替代  │  │ 提高老产品在现有市场中的│
  │  │ 老产品实现增长       │  │ 占有率               │
  │  └─────────────────────┘  └─────────────────────┘
  │  ┌─────────────────────┐  ┌─────────────────────┐
  │  │ 业务多样化：         │  │ 市场开发：           │
  │  │ 开发新产品、新市场    │  │ 将老产品销售给新客户  │
  │  └─────────────────────┘  └─────────────────────┘
新市场
      新产品                                       老产品 →
```

图3-8　产品-市场分析矩阵图

新产品、新市场——业务多样化，在新的市场中开发、提供新的产品。

老产品、新市场——市场开发，为现有的产品寻找新的细分市场。

产品与市场矩阵组合的四种策略是由细分市场与产品线的组合而界定的。我们可以看到，进行市场细分确实不是一件很容易的事情，其中最主要的还是我们在前面所说的标准选择。为了找到目标市场，我们必须认真做好细分市场进入分析，如果一个细分市场需求比较大，公司具有进入市场的核心能力，我们可以考虑选择进入，一般来说进入细分市场的原则是：

细分市场的市场需求达到一定容量。

细分市场目前或未来的竞争预见性强。

细分市场拥有绝对或相对的竞争优势。

在此，我们可以选择一个分析工具辅助我们完成产品市场矩阵的组合分析，它就是我们经常使用的定向决策矩阵。该分析工具从两个综合的维度分析细分市场是否具有吸引力，进而决策是否需要进入：第一个维度是"市场吸引力"，它的思考维度是我们的产品是否占据了具有吸引力的细分市场，指标由一系列因子构成，这些因子需要反复讨论其重要性并确定权重；第二个维度是"企业/产品相对优势"，这个因素可帮助我们判断企业在各个细分市场是否具备内部优势，它也是由若干因子构成，可以结合具体的产品来调整这些因子的组成及其权重。如表3-2所示。

表3-2 定向决策矩阵分析表

维度	因子	因子权重	得分（1~10分）
市场吸引力	现有容量		
	增长潜力		
	进入难易程度		
	产品组合协调性		
	投资		
	……		
	合计	100%	
企业/产品相对优势	市场份额		
	品牌		
	价格		
	服务要求		
	经验		
	……		
	合计	100%	

利用表3-2，我们可以分析每一个产品在不同细分市场的市场前景，根据每个产品在市场吸引力、企业相对优势两个维度的得分情况，与图3-9中的定向决策矩阵图匹配，根据其分配的象限的建议策略，进一步进行产品-市场组合的决策分析。

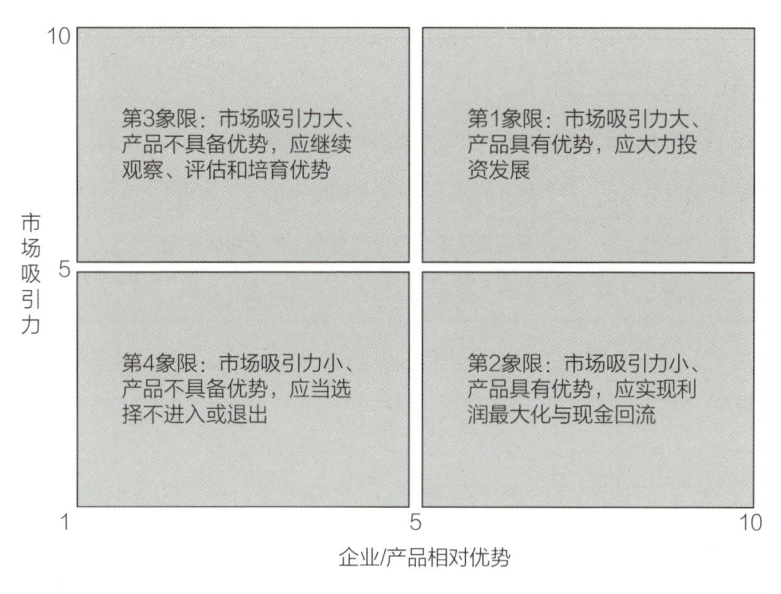

图3-9　定向决策矩阵图

定向决策矩阵图既可运用于现有产品在细分市场进入、退出等方面的决策，也可以用于全新产品开发进入细分市场的决策分析。表3-3和表3-4是欧洲EDD（中国）公司IM系列与IS系列产品分析结果的实例。

表3-3　欧洲EDD（中国）公司IM系列产品-市场分析矩阵表

产品	国内市场应用领域							国际市场	
	汽车	风电	建筑机械	工程机械	通用机械	电机	机车	日本	韩国
驱动器	▲	△	△	△	△	△	△	★	▲
转向器	▲	△	△	△	△	△	△	★	★
发动机	▲	△	△	★	△	△	★	★	★

续表

产品	国内市场应用领域							国际市场	
	汽车	风电	建筑机械	工程机械	通用机械	电机	机车	日本	韩国
传动器	▲	△	△	★	△	△	△	★	★
回转齿轮	△	▲	▲	▲	△	△	▲	▲	★
欧伏瑞德专机	△	△	★	★	△	△	△	▲	▲

★第1象限：市场吸引力大、产品具有优势，应大力投资发展

▲第2象限：市场吸引力小、产品具有优势，应实现利润最大化与现金回流

■第3象限：市场吸引力大、产品不具备优势，应继续观察、评估和培育优势

△第4象限：市场吸引力小、产品不具备优势，应当选择不进入或退出

表3-4　欧洲EDD（中国）公司IS系列产品-市场分析矩阵表

产品	国内市场应用领域												国际市场	
	电机	汽轮机	变压器	发电	冶金	钢管	汽车模具	造船	钢结构	低压电器	机车	家电	日本	韩国
米纳克机	▲	△	▲	▲	★	△	△	△	★	★	★	▲	▲
沃尔达克机	△	△	△	△	△	▲	△	△	△	△	△	▲	▲
模具淬火机	△	△	△	△	△	△	▲	△	△	△	△	▲	▲
传克机	△	△	△	△	△	△	△	★	△	△	△	▲	★
叶片淬火机	△	★	△	△	△	△	△	△	△	△	△	★	★

★第1象限：市场吸引力大、产品具有优势，应大力投资发展

▲第2象限：市场吸引力小、产品具有优势，应实现利润最大化与现金回流

■第3象限：市场吸引力大、产品不具备优势，应继续观察、评估和培育优势

△第4象限：市场吸引力小、产品不具备优势，应当选择不进入或退出

完成产品-市场矩阵分析后，我们就可以进行第二个步骤的操作，即确定战略地图中定义和设定业务增长的路径。同时我们还可以根据设定的业务增长路径来推导相应的客户成果度量指标。欧洲EDD（中国）公司设定的业务增长路径可以在战略地图中整理为三个关键战略举措：

开发IM、IS新品的销售市场。
大力开发国内空白区域，细化老市场。
大力开发日本市场、细化韩国市场。

客户价值主张分析是继业务增长路径识别完成后，客户维度战略目标设定的另外一个重要内容，它决定着业务增长路径策略能否顺利实现。

客户价值主张是指会影响客户购买决策的价值诉求，在实际操作中体现为客户选择产品或服务时的几项关键指标。如客户在采购大型设备时主要关注性能、质量、售后服务、品牌等多个方面，那么客户在选择产品时也将从这几个方面进行考察，同时对这几个方面的满意程度将直接影响其整体的满意度。满足客户价值主张本质上就是选择良好的盈利模式，这要求分析者充分考虑竞争对手：既有可和竞争对手相匹敌的共性——相似点，又有比竞争对手更优、更好的差异点。著名战略学家迈克尔·波特（Michael E. Porter）将竞争战略分为：

总成本领先战略（overall cost leadership）。
差异化战略或称别具一格战略（differentiation）。
集中化战略或称聚集战略、专一化战略（focus）。

第一种战略是采取最大努力降低成本。企业要通过满足客户在"价格"上的价值主张,来维持其低成本的竞争优势。企业要做到成本领先,就必须在管理方面严格控制成本,尽可能降低成本费用。处于低成本地位的公司可以获得高于行业平均水平的收益,在与竞争对手竞争时,由于自身的成本底线远远低于竞争对手,因此一旦打起行业价格战,当价格突破竞争对手的底线时就意味着对方出局。

第二种战略是指提供别具一格的产品或服务。这种战略往往强调满足客户对产品或服务的性能、质量、功能、技术参数等价值主张的领先性或差异性。这种战略强调别具一格,一旦实施成功,企业就会获得超过行业平均水平的收益,因为企业能利用客户对品牌等方面的忠诚度而在竞争中处于优势地位。

第三种战略是将产品或服务聚焦于某个特定的客户群,或聚焦于某产品系列的一个细分区段或某一个地区市场。实施该战略的前提是:产业专业化集团拥有以更高的效率、更好的效果为某一狭窄对象提供服务的能力,从而超过更广阔领域内的竞争对手。企业实施该战略往往有很多机会获得超过行业平均水平的收益。

在战略地图开发时,我们应当擅长运用客户价值主张做战略选择,可将其分为三步。

(1)分析客户价值主张现状与发展趋势,如果有必要,可以开展客户需求与价值取向的调查。

(2)根据分析与调查结果罗列出客户所有价值主张的评价指标,并按照其优先程度进行排序。

(3)结合企业内部优劣势分析,确定企业的客户价值主张。

在第三步中,我们需要区分三个不同战略层级的客户价值主张。

第一层级是差异化的客户价值主张。该层级表明企业满足客户需求的能力达到行业一流水平，这是企业战略核心能力的主要来源之一。

第二层级是一般水平的客户价值主张。该层级表明企业满足客户需求的能力保持在行业一般水平。

第三层级是有待提升的客户价值主张。该层级表明企业满足客户需求的能力需要提升，这是企业能力的短板。

卡普兰和诺顿在其专著《战略地图——化无形资产为有形成果》中给出了一般企业客户价值主张的分类元素。你在确定客户价值主张时需要引导公司的高级经理回答一个问题：客户为什么要购买我们的产品？或者说他们在购买我们的产品时关注什么？（这些关注点就是客户价值主张）

事实上，你在确定客户价值主张时，应当重点考虑你罗列出的所有客户价值主张中，哪些在战略规划期内是优势，哪些是短板。所谓的优势就是客户价值主张中已经达到或通过培育便能达到行业一流水平的；所谓的短板是指客户价值主张中低于行业一般水平的。

设定内部运营维度战略目标

尽管各类企业在核心能力界定操作程序上有一定类似性，但是专业化公司与多元化公司在战略核心能力的要求上有很多本质不同：前者的核心能力一般主要是产业运作能力，如成本控制能力、技术产业化能力、市场运作能力等，这些能力的培育需要我们从股东、客户及其他利益相关者的价值出发；而多元化公司的核心能力不仅涉及多产业驾驭能力，还会更多地涉及产融投资组合、战略资本运营等能力。虽然专业化公司也会要求培育资本运营能力，但一般和多元化公司不同，它不会成为其战略核心能力。同时，即使是专业化公司，由于涉足行业不同，其战略核心能力的要求也完全不同，例如地产公司与电力公司、重型机械制造公司在核心能力上有着十分显著的差异。

在识别出战略核心能力后，我们需要进一步引导高级经理们讨论如何通过内部运营策略来培育核心能力、提升短板能力，最终设定内部运营维度战略目标。我们需要将核心能力与内部运营流程结合起来进行分析，我们可以运用内部运营分析矩阵表来完成确认过程。在战略环境扫描阶段，SWOT分析结果将为我们完成内部运营分析矩阵表提供参考、帮助。

内部运营分析矩阵表填写包含三个操作步骤。

第一步：公司流程规划

所谓"流程规划"是根据公司所涉足行业的特点和公司自身的特色，对其内部价值链所有环节按照一定的逻辑关系进行分类，并厘清各流程的内在联系以确定流程框架。流程规划要求规划人员很快地了解和分析公司所处的行业特点，并熟悉其整体运作环节。我们要组建以高层团队为主的流程规划团队，这是因为他们在管控运营方面有着其他管理层级的人员所无法具备的、有效理解行业特质的宏观视角。根据佐佳咨询战略地图开发的项目经验，为了确保公司的流程规划效果，最好采取讨论会形式，这可以集思广益。

价值链分析法被广泛地运用于流程规划，该方法的基本理论前提是价值链理论。20世纪80年代初期，价值链理论作为一种战略分析方法而被提出。其创造者迈克尔·波特指出，任何企业的价值链都是由一系列相互联系而又相互分离的活动构成的，他列举了典型制造型企业的价值链活动（包括产品的设计、生产、营销、分销以及对产品起辅助作用的各种活动），同时他还指出不同行业中的企业的价值链有很大差异。

迈克尔·波特认为企业在价值链的各项活动中，一方面需要创造出有价值的产品或劳务；另一方面也负担着各项活动所产生的成本，而企业经营的主要目标应当是获取顾客对产品或劳务所愿意支付的价格与价值链活动所消耗的成本之间的差额，即利润。所以，企业价值链分析就是要确定企业活动中哪些是"增值"的，哪些是"不增值"的。价值链理论一开始在战略分析中被广泛运用，最后被延伸到流程再造的项目中去。

在专业化公司流程规划活动中，我们应当注意组织的不同层面其主导的流程有所不同。同时还需要用流程清单或流程规划图的形式来表现流程规划的结果。

第二步：交叉矩阵表分析

分解战略能力（包括战略核心能力、维持一般水平能力、提升短板能力）构成元素，主要是对专业化公司战略的核心能力进行元素分解。例如表3-5中，欧洲EDD（中国）公司将"成本控制能力"按照成本类型拆分为"材料成本控制能力"和"制造费用/直接人工成本控制能力"两大元素，然后再运用内部运营分析矩阵将其与内部运营流程连接，开展交叉矩阵分析。

表3-5 欧洲EDD（中国）公司内部运营矩阵分析

成本控制能力	研发管控流程	供应与采购管控流程	生产制造管控流程	营销管控流程
材料成本控制能力	1.组织研发立项，明确新材料替代计划并确保实现；2.开发三大系列产品研发平台	规范评估供应商、制定合同、制造过程及检验管理流程与制度，降低平均采购单价，减少连带的内外部质量损失成本	制定成本标准，提高成本标准的覆盖率	

续表

成本 控制能力	研发管控流程	供应与采购 管控流程	生产制造管控流程	营销管控流程
制造费用/直接人工成本控制能力	开发三大系列产品共享平台	规范评估供应商、制定合同、制造过程及检验管理流程与制度，减少连带的内外部质量损失成本	1.设备与操作工艺执行控制； 2.防止非常规停工事故（设备、生产事故、质量事故、生产准备不足）； 3.降低内部质量损失	大客户质量监控体系运作，以减少生产制程质量返工损失

内部运营分析矩阵是佐佳咨询在大量的公司战略绩效管理咨询项目中开发出来的一个分析工具。该工具能帮助我们实现公司战略能力与内部运营等维度对接，它的操作步骤是：

根据流程规划的结果，将专业化公司所有价值链的流程列入矩阵的横栏；

将客户价值主张及相关财务目标列入矩阵纵栏；

检查前期战略分析结果，尤其是SWOT分析的结论；

进行流程驱动因素分析，将流程对客户价值主张及相关财务目标的驱动因素的每一个改进举措列入相对应的栏目中。

第三步：整理关键战略举措

运用内部运营分析矩阵表进行战略能力驱动因素分析后，我们能够得到很多内部运营维度和学习与成长维度的"举措"，这些"举措"并不需要全部转化并在战略地图上呈现，我们仍旧需要筛选出"关键战略举措"，将"关键战略举措"转化为战略目标。筛选"关键战略举措"可考虑选择"交互式分析法"或"层次分析法"来完成。

识别出"关键战略举措"并将其转化为"内部运营战略目标"后，我们可以采取合并同类项的方法将若干性质相似的"内部运营战略目标"归纳、整理在一起，识别出"战略主题"。其中我们特别要注意：战略主题中的"内部运营战略目标"不能交叉重复。

所谓战略主题，是指能使公司战略成功的主题，它是连接公司使命、愿景与实际行动计划的纽带。战略主题反映了公司高级经理们认为的必须完成的东西，它往往关注为了获得战略成功所必须做的事情，由此它主要体现在公司的内部运营上。每一个战略主题都对应着一个或者更多的目标，它主要来自你对财务目标与客户目标的理解。一般来说，战略主题应具备以下几个方面的特征：

战略主题切合公司实际，并可以实现。
由战略主题可以分解出次级的战略目标。
战略主题关注并指明什么是最重要的。
每个战略主题是互相独立并且不同的。
战略主题限定在战略时限的范围内，它不能是无时限的战术。
战略主题与公司的使命、价值观及愿景保持一致。

你可以将召开研讨会作为确定战略主题的方法，在召开研讨会之前，你要给每一个参会者制定一个规则：每个人可以选择的战略主题最多控制在3~5个。你可以对每个人选择的战略主题进行投票数量统计，将那些投票数量最多的战略目标作为备选的战略主题。对备选的战略主题再进行数次反复的研讨后，你们就可以得到连接战略地图的战略主题了！

接下来，我们需要将本阶段推导出的"战略主题"与"战略目标"在战略地图中展现出来。

转化公司平衡计分卡

记得有人曾经把平衡计分卡形容成飞机的仪表盘,飞机驾驶员并不一定要监控飞机的所有飞行参数,他主要监控那些决定飞行目标的几个关键控制点,而对于其他参数,等它发出报警时才会去关注。这样做可以使飞机驾驶员集中精力于飞机飞行的主要方面,以确保飞机顺利达到预定的飞行地点。

在开发过公司的战略地图后,你就可以寻找平衡计分卡的KPI了。你可以分两个步骤来完成KPI的设置:

第一步,直接从战略地图的战略目标中提炼出指标;

第二步,将流程绩效指标与战略目标连接,找出直接相关指标。

经过上述两个步骤后,你实际上可以得到两种类型的指标:滞后/结果性指标和领先/驱动性指标。所谓滞后/结果性指标是指在平衡计分卡某个维度中属于结果性的指标,而领先/驱动性指标则是滞后/结果性指标的绩效驱动要素,它们之间有着原因与结果的内在逻辑关系。一般情况下,大部分财务指标都是滞后/结果性的;客户、内部运营类指标既有滞后/结果性的,也有领先/驱动性的;学习与成长类指标大部分是领先/驱动性的。

在设置指标的时候,你需要用到战略目标转换表,如表3-6所示。

表3-6 中国××股份有限公司战略目标转换表

战略目标		战略目标设定	核心衡量指标
编号	内容		
1	实现股东满意的投资回报	2011年净资产回报率达到x%,2012年达到……2013年……2014年……2015年……	净资产回报率
2	实现良好的税前利润	2011年税前利润300000万元,2012年达到……2013年……2014年……2015年……	税前利润

续表

战略目标 编号	战略目标 内容	战略目标设定	核心衡量指标
3	保持良好的销售收入增长率	2011年产品销售收入增长率达到x%，2012年达到……2013年……2014年……2015年……	年销售收入增长率
4	控制成本费用率	2011年成本费用率控制在x%，2012年达到……2013年……2014年……2015年……	成本费用率
5	提升总资产周转速度	2011年总资产周转天数控制在x天，2012年达到……2013年……2014年……2015年……	总资产周转天数
6	保持良好的资产结构	2011年资产负债率控制在x%，2012年达到……2013年……2014年……2015年……	资产负债率
7	提高国际市场销售比重，提升国内市场占有率	2011年国际市场销售收入x亿元，2012年达到……2013年……2014年……2015年……	国际市场销售收入
		2011年重点产品销售收入x亿元，2012年达到……2013年……2014年……2015年……	重点产品销售收入
		三大新产品市场表现综合评价分数不低于95分	产品市场表现综合评价
		2011年新市场销售收入增长率x%，2012年达到……2013年……2014年……2015年……	新市场销售收入增长率
8	保持与客户的良好关系	2011年综合客户满意度达到80分，2012年达到……2013年……2014年……2015年……	综合客户满意度
9	……	……	……

经过战略目标的转换并将其与流程绩效指标连接后，你现在手中已经有了几十个甚至上百个指标了，也许你会问：这些指标都要放到公司层面的平衡计分卡中吗？事实上，和飞机飞行仪表的道理一样，尽管你的指标有很多，但并不是所有指标都要纳入平衡计分卡中进行衡量。你现在要做的是选择能充分体现公司战略重心的最为关键的适用指标，一般来说，从战略目标直接推导出的指标及直接驱动其实现的流程指标可纳入公司层面平衡计分卡中。

下面仍旧结合欧洲EDD（中国）公司的平衡计分卡（表3-7）展开讨论。

表3-7 欧洲EDD（中国）公司平衡计分卡

维度	战略目标	核心衡量指标	目标值 第一年	目标值 第二年	目标值 第三年	行动计划	战略预算支出	主要责任人
财务	F1.确保投资回报	净资产收益率						
	F2.实现税后利润	税后利润						
	F3.增加销售收入	销售收入						
	F4.控制总成本占比	成本费用占比						
	F5.加速流动资金周转	流动资金周转天数						
客户	C1.开发IM、IS新品销售市场	IM新品新增客户数量				市场营销计划		
		IS新品销售客户数量						
	C2.开发国内空白区域，细化老市场	华北市场战略客户销售收入				市场营销计划		
	C3.开拓日本与韩国市场	战略客户锁定数量				市场营销计划		
	C4.维持与战略客户的良好关系	战略客户满意度						
内部运营	持续的产品与技术创新							
	I1.准确地分析产品开发的营利性	营利性产品销售收入比重				项目评估模式优化计划		
	I2.开发三大系列产品的标准化平台	1C-001项目计划达成指数				研发项目计划【1C-001】		
	I3.有效地开发材料与新品	4C-001项目计划达成指数				研发项目计划【4C-001】		
		5C-002项目计划达成指数				研发项目计划【5C-002】		

续表

维度	战略目标	核心衡量指标	目标值 第一年	目标值 第二年	目标值 第三年	行动计划	战略预算支出	主要责任人
内部运营	优良供应商管理							
	I4.提高协作供应商模具与零件控制能力	供应商模具与零件受控比例				供应商布局实施计划		
	I5.改善外协件入库质量控制	外协件入库检验合格率				ISO 9001推进计划		
	I6.降低平均采购单价	关键外协件平均协作单价				供应商布局实施计划		
	卓越生产运营							
	I7.规范制程工艺、设备、质量行为控制	退换货率				ISO 9001推进计划		
		A级品率						
		重大工艺与设备事故发生频次						
		生产控制规范抽检不合格次数				工艺与设备纪律检查计划		
	I8.提升物流仓储管理水平	仓库评估合格率（大客户评估）				仓库整顿计划		
	I9.实施日生产计划管理模式	订单满足率						
		战略客户订单满足率						
		平均生产周期						
	灵敏客服与品牌管理							
	I10.顺畅及时地反馈信息与预测	销售预测准确率				流程再造工作计划		
		重大市场信息不良反馈次数						
	I11.提升品牌形象	品牌美誉度				品牌推广计划		

续表

维度	战略目标	核心衡量指标	目标值 第一年	目标值 第二年	目标值 第三年	行动计划	战略预算支出	主要责任人
内部运营	I12.提升对客诉的响应速度	战略客诉平均响应周期				流程再造工作计划（售服）		
		战略客诉问题妥善解决率						
	I13.推进客户分级管理	客户分级实施计划效果评估				客户分级管理实施计划		
学习与成长	L1.提高人力资源准备度	人力资本准备度				战略工作组群梯队计划		
	L2.引入ERP系统，提高运行效率	流程优化目标达成数量				ERP系统建设计划		
		ERP系统建设计划评价						
	L3.推动企业文化认知与认同	企业文化认知度						
		企业文化认同度						
	L4.构建卓越战略执行体系	平衡计分卡计划实施评价指数				平衡计分卡实施计划		

下面我们重点讨论平衡计分卡编制中涉及的两大问题：一是平衡计分卡指标的实操性；二是对平衡计分卡指标的解释。

平衡计分卡指标的实操性

平衡计分卡指标的选择仍旧需要继续采取研讨会的形式，在研讨会之前你必须确定一个筛选标准并将其提供给参会人员。为了使他们理解并掌握筛选方法，你最好在会议开始之前详细地向他们介绍一下你选择的筛选方法。筛选平衡计分卡的指标必须考察以下几个维度的问题：

（1）指标是否与整体战略目标一致？

指标是否与某个特定的战略目标相关？

指标承担者是否清楚企业的战略目标？

指标承担者是否清楚指标如何支持战略目标的实现？

（2）指标是否可控制？

指标的结果是否有直接的责任归属？

绩效考核结果是否能够被基本控制？

（3）指标是否可实施？

是否可以用行动来改进指标的结果？

员工是否明白应该采取何种行动来对指标结果产生正面影响？

（4）指标是否可信？

是否有稳定的数据来源来支持指标或数据构成？

数据能否被操纵以使绩效看起来比实际更好或更糟？

数据处理是否会使绩效指标计算得不准确？

（5）指标是否可衡量？

指标可以量化吗？

指标是否有可信的衡量标准？

指标是否可以定期衡量？

（6）指标是否可低成本获取？

有关指标的数据是否可以直接从标准报表上获取？

获取指标的成本是否高于其价值？

（7）指标是否可理解？

指标是否是用通用商业语言定义的？

指标能否以简单明了的语言说明？

指标是否有可能被误解?

你可以借助平衡计分卡的"指标检视表"（表3-8）来完成指标的筛选。将上面列举的7个维度排列在横栏内，并将你确定的各维度指标排列在竖栏内。然后再根据7个维度检验每个指标，如果有指标与上述任何一个维度相违背，你就要考虑能否找到替代指标，如果实在无法寻找到替代指标，则取消该指标。

表3-8 指标检视表

维度	指标	筛选维度							是否需要替代	处理结果
		是否与整体战略目标一致	是否可控制	是否可实施	是否可信	是否可衡量	是否可低成本获取	是否可理解		
财务										
客户										
内部运营										
学习与成长										

平衡计分卡指标的解释

在完成初步检视后，你就初步确定了公司层面的考核指标，接下来，你还需要对这些指标进行解释。因为仅给出一个指标的名称可能使不同的人对这些指标产生完全不同的理解，而指标解释能够有效地统一大家对指标的认识，从而使所有人员对战略地图形成一致的理解。

实际上，当你构建公司各个层面的平衡计分卡并对指标进行解释后，你最终会得到一个平衡计分卡指标库。我们之所以称其为指标库，是因为它（表现为指标集合的文件）详细地罗列了公司所有的KPI的解释。建立这个指标库的作用在于：当公司任何一个部门或任何一个员工向你询问他们的平衡计分卡指标的设置目的、意义、计算方法的时候，你能够对答如流；同时你还可以事先将这些指标的解释作为他们的平衡计分卡的附件，帮助他们正确地理解平衡计分卡指标并指导他们使用平衡计分卡。下面提供两张指标解释表，供你在使用中参考：

指标解释表（一）

指标解释表（一）是将一个责任单元（比如公司、部门或个人）的指标放在一张表格里进行解释（表3-9）。

表3-9 指标解释表（一）

指标维度	指标编号	指标名称	设置目的	指标名词解释	衡量方式	目标设定	考核频率	数据来源	数据支持文件	数据收集频率
财务类										
客户类										
内部运营类										

续表

指标维度	指标编号	指标名称	设置目的	指标名词解释	衡量方式	目标设定	考核频率	数据来源	数据支持文件	数据收集频率
学习与成长类										

指标解释表（一）包含以下几个方面的内容：

（1）指标维度：主要表明指标归属的类别，要根据你设定平衡计分卡的实际维度来填写，例如我们在前文中反复强调的四个维度，也可以是更多维度。

（2）指标编号：指标编号主要是为了区分名称相同但属于不同层面的指标，例如公司、营销部门、销售人员个人层面均有销售收入，但它们在考核周期等方面有很大差异，所以在指标库中需要通过指标编号来加以区别。

（3）指标名称：与一个人、一个公司的名字一样，指标的名称要能反应指标的内涵。在确定指标名称的时候，要注意去参考现行指标的名称。

（4）设置目的：主要描述指标设置的意义是什么，它主要驱动了战略的哪些方面等，例如客户满意度指标的设置目的是实现"2015年客户满意度达到85%"的战略目标。

（5）指标名词解释：主要解释指标的计算公式、计量单位及计算过程中的部分注意事项。例如某公司某生产部门成本费用预算达成率指标的解释为：成本费用预算达成率=实际发生的成本费用/预算成本费用×100%；成本构成指标的解释为：成本构成指标=制造成本总额−中试线制造成本−固定资产折旧+事业部管理费用。

（6）衡量方式：又称数据的获得方法。衡量方式实际上一般有以下几种：

①公式计算；②统计，由内部统计系统自动生成，无须计算，如员工人数；③专项调查，需要采取特定的调查方式才能获取数据，如客户满意度；④主管直接评价，凭主管主观的直接判断，但需要罗列关键事件并详细陈述理由。

（7）目标设定：表明指标在不同考核时间节点上应该达到的值，如某公司营销部门销售收入的目标设定为：年度目标值6.5亿元；第一季度目标值1亿元，第二季度目标值1.5亿元，第三季度目标值2.5亿元，第四季度目标值1.5亿元。

（8）考核频率：指考核周期的长度，如年度、季度或月度。

（9）数据来源：主要是指提供统计数据的部门或责任人。

（10）数据支持文件：主要是指数据统计在哪个报表上，例如，月销售收入数据来源于财务部门提供的财务部KPI数据收集表。

（11）数据收集频率：主要指数据收集周期的长度，例如某部门的成本费用指标考核频率是季度，但数据收集频率是月度。

指标解释表（二）

与指标解释表（一）不同，指标解释表（二）主要是针对某一单一指标进行解释，它在平衡计分卡实践中被称为指标字典（表3-10）。

表3-10 指标解释表（二）

指标维度		指标编号		指标名称		责任人	
设置目的		滞后/领先		计量单位		极性	
指标解释：							
目标：							
考核频率							
衡量方式		数据来源		数据支持文件		数据收集频率	

它包含了以下几个方面的内容：

（1）指标维度：同表3-9所示。

（2）指标编号：同表3-9所示。

（3）指标名称：同表3-9所示。

（4）责任人：由于表3-10只集合了单一指标的信息，所以有必要阐明指标的责任归属。在填写责任人时应当注意，要填写部门名称或职位名称，不要填写姓名。有人强调用姓名来替代部门名称或职位名称，他们的理由是这样更能增强责任人的责任感。但是我们认为在指标解释上这样做毫无意义，因为员工本身就会在平衡计分卡与绩效计划上签上他们自己的姓名，在指标解释表上再填写姓名实在是画蛇添足。

（5）设置目的：同表3-9所示设置目的。

（6）滞后/领先：表明指标在平衡计分卡中是滞后还是领先的。

（7）计量单位：表明指标是以个数、吨数，还是货币价值来衡量。

（8）极性：表明指标数值是越大越好，越小越好，还是越中性越好。

（9）指标名词解释：同表3-9所示。

（10）目标设定：同表3-9所示。

（11）考核频率：同表3-9所示。

（12）衡量方式：同表3-9所示。

（13）数据来源：同表3-9所示。

（14）数据支持文件：同表3-9所示。

（15）数据收集频率：同表3-9所示。

编制公司行动计划表

现在你已经有了填写着目标、指标与指标值的公司层面平衡计分卡，但你发现计划一栏还空着。这需要你将公司各种行动计划与平衡计分卡中的指标相连接，这大致分为四个步骤，如图3-10所示。

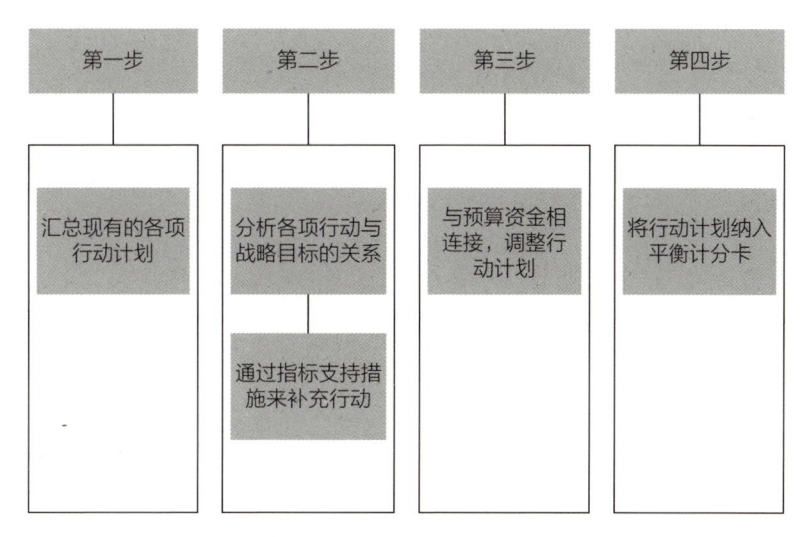

```
第一步              第二步              第三步              第四步

汇总现有的各项      分析各项行动与      与预算资金相        将行动计划纳入
行动计划           战略目标的关系      连接，调整行        平衡计分卡
                                      动计划

                   通过指标支持措
                   施来补充行动
```

图3-10　连接平衡计分卡指标与行动计划的程序

第一步：汇总现有的各项行动计划

第一步就是去公司的计划管理部门和财务部门收集相关的计划方面的信息资料（如果在信息收集阶段做得比较充分就可以省略此步骤了）。如果公司的经营计划管理体系比较薄弱，还没有现行的计划文件，那么你可以让公司分管的领导详细地罗列出他们的计划清单，然后去指定的部门收集。一般来说，你需要收集的有营销、研发、采购、生产、售后服务及人力资源与行政等方面的各个单项的计划文件。最后，检查一下你是否收集齐全目前公司所有的行动计划的名称？是否大致了解各个计划的主要内容

与目的？是否了解财务部门提供多少资金支持？上面三个方面的信息是最基本的信息，是你必须收集到的，否则你将无法推进到下一步骤。

第二步：分析各项行动与战略目标的关系并通过指标支持措施来补充行动

第二步有两项工作要做。第一项工作是对你收集上来的各项行动计划进行分析，寻找它们和战略目标（指标）之间的对应关系，这项工作最好能让各部门经理参与进来，你们可以借助行动计划界定表（表3-11）来完成这项工作。表3-11的纵栏表示各项指标，横栏则表示各项计划，你可以根据计划与战略目标（指标）的关联性在对应的空格中涂上颜色。

表3-11 行动计划界定表示例

维度	序号	指标	新材料替代研发计划	新品研发计划	供应商与采购流程优化项目	工艺改善计划	设备改造计划	一级市场开拓计划工程	客户关系管理工程	新品上市计划	任职资格体系建设计划	薪酬管理咨询项目	培训计划	……
财务	1	利润												
	2	销售收入		■										
	3	成本费用	■		■									
	4	新产品销售收入比重						■						
客户	5	一级市场目标客户数量							■					
	6	重要客户满意度								■				

续表

维度	序号	指标	支持措施									
			新材料替代研发计划	新品研发计划	供应商与采购流程优化项目	工艺改善计划	设备改造计划	一级市场开拓计划	客户关系管理工程	新品上市计划	任职资格体系建设计划	薪酬管理咨询项目	培训计划	……
内部运营	7	退换货率	■			■							■
	8	订单需求满足率			■								
	9	新产品上市周期		■									
学习与成长	10	任职资格达标率									■		■
	11	员工满意度										■	

通过行动计划界定表，你可以把与公司战略目标直接相关的行动计划挑选出来，放入公司层面的平衡计分卡中去，那些与战略目标非直接相关的计划，则可以放在下一个层级的平衡计分卡中去讨论。

在连接平衡计分卡指标与行动计划的步骤中所要做的第二项工作是：根据现有的战略目标对支持的行动计划进行讨论，主要是找出一些必要的但遗漏的行动计划，将其补充到平衡计分卡中去。这项工作你们可以借助两项活动的成果来进行，一是战略目标分析的结果，二是公司指标关键驱动流程的研讨结果。例如对于表3-7中平衡计分卡退换货率指标，其战略目标是规范制程工艺、设备、质量行为控制，行动计划是ISO 9001推进计划，那么如果公司尚未进行ISO 9000质量管理体系认证，你可以将ISO 9000质量管理体系认证补充到公司层面的行动计划界定表中去。

从理论上说，平衡计分卡的行动计划在各个层面都应当是完善的，不需要补充。但是如果公司原有的计划管理体系不是很完善，你可以根据战略地图与平衡计分卡上面的目标与指标要求，按照"无管理即偏差原则"补充识别新的行动计划。

第三步：与预算资金相连接，调整行动计划

公司层面的行动计划还不是最终确定的行动计划。因为行动计划需要资金来保障，你需要将战略预算资金在这些行动计划之间进行分配。一般情况下，你能调配的资金和初步确认的各个行动计划所需资金之间会有很大的差距。但是不必担心，这正是平衡计分卡的魅力所在！你要保障那些与战略直接相关的行动计划，你有限的财务资金应当尽量向它们倾斜。你可以将所有的行动计划按照与战略目标的相关程度进行排序，那些排在前面的、相关程度越强的行动计划，就是你优先安排资金的对象！一般来说，公司层面平衡计分卡上的行动计划是首先要保障的，然后才是部门层面的行动计划（当然有些部门层面的行动计划是公司层面行动计划的细化与分解）。

第四步：将行动计划纳入平衡计分卡

经过预算资金的分配后，最终要实施的行动计划得以确定。接下来，你要做的就是将这些行动计划纳入平衡计分卡。为了便于理解，你要按照事先确认的编码规则对各个行动计划进行编号，然后再将这些行动计划的编号写入平衡计分卡。表3-12是欧洲EDD（中国）公司行动计划表之一（其中的供应商布局实施计划）。

表3-12 欧洲EDD（中国）公司行动计划表示例

计划名称	供应商布局实施计划					
计划编号	ZGY G-2019-047					
总负责人	第一负责人： 　　　　　第二负责人：					
制订						
制订日期	2018年10月8日					
审批	××（总经理）					
审批日期						
编号	关键节点	时间	计划要求	负责单位	协同单位	战略预算支出分配	责任人
1	国外战略供应商培养	2019年1月1日—6月30日	1.目标陈述：与IM制造中心讨论、确认国外重要备件目录； 2.成功标志：将IM制造中心重要机组备件目录进行确认，并报公司领导审批	采购中心	IM制造中心		
		2019年7月1日—12月31日	1.目标陈述：通过市场调查，掌握直接供应商信息； 2.成功标志：将IM制造中心重要机组备件供应商信息进行确认，并实施采购计划，培育直接供应商	采购中心	IM制造中心		
		2020年1月1日—6月30日	1.目标陈述：将资金占用量大的重要备件与同类型单位确定共储目录； 2.成功标志：与×××、×××等同类型单位确定资金占用量大的重要备件的种类、型号、品牌及数量，并报公司领导审批	采购中心	IM制造中心		
		2020年7月1日—12月31日	1.目标陈述：将资金占用量大的重要备件与同类型单位实现共储； 2.成功标志：与×××、×××等同类型单位确定资金占用量大的重要备件的种类、型号、品牌及数量，并签订共储协议	采购中心	IM制造中心		

续表

编号	关键节点	时间	计划要求	负责单位	协同单位	战略预算支出分配	责任人
2	国内战略供应商培养	2019年4月1日—12月31日	1.目标陈述：培养国内战略供应商； 2.成功标志：对重要备件，在培养×××、×××等知名品牌有实力的供应商基础上，增加两家供应商，建立战略合作伙伴关系	采购中心	IM制造中心		
3	无图纸备件清理及档案完善	2019年1月1日—6月30日	1.目标陈述：清理IM制造中心无图纸的重要备件； 2.成功标志：建立重要备件图纸目录，并报公司领导审批	IM制造中心	集团供应商管理部		
		2020年3月1日—6月30日	1.目标陈述：对IM制造中心的重要无图纸备件补充测绘； 2.成功标志：完成重要备件测绘图，并归档保存	IM制造中心	集团供应商管理部		
4	××原料供应商	2019年3月1日—12月31日	1.目标陈述：制定××原料供应商考核细则，建立淘汰机制； 2.成功标志：到2019年12月31日前，全年发生××事故三次的供应商，终止供应合同，强制淘汰。综合评估排名在第16名以后的自然淘汰	采购中心	IM制造中心		
		2019年3月1日—2020年7月31日	1.目标陈述：制订战略供应商培育计划； 2.成功标志： A.2019年5月31日前建立与×××集团的战略合作关系，签订合作协议 B.与×××公司建立战略合作伙伴关系。力争2020年7月31日前，建立供应关系	采购中心	IM制造中心		
		2020年1月1日—8月31日	1.目标陈述：通过市场调查，掌握××地区××原料资源分布，制订直接供应商发展行动计划； 2.成功标志：××原料合格直接供应商达2个以上	采购中心	IM制造中心		

通过欧洲EDD（中国）公司"战略地图"（图3-5）、"平衡计分卡"（表3-7）、"行动计划表"（表3-12）示例，我们可以看出三者之间的联动关系：战略地图将使命、价值观与愿景，以及财务维度战略目标、客户维度战略目标、内部运营维度战略目标、学习与成长维度战略目标等众多内容集成到战略地图上；平衡计分卡则是对战略地图的进一步细化与延伸，平衡计分卡分为维度、战略目标、核心衡量指标、目标值、行动计划、战略预算支出、主要责任人七个纵列。其中维度、战略目标的内容与战略地图是相同的，但是在平衡计分卡中则需要继续细化，确定每一个战略目标所对应的核心衡量指标、目标值、行动计划（即填写行动计划名称）、战略预算支出、责任人。行动计划表则依附于平衡计分卡并对其中的"行动计划"进行细化、延伸，可以说，行动计划能否完成将决定战略目标与战略主题能否最终实现。行动计划的关键结点是绩效指标中"工作目标设定"的主要来源与依据。

案例6：法国LILLE（中国）公司战略图卡表

法国LILLE公司是总部在法国巴黎的一家从事化妆品包装材料的全球性企业，2002年收购中国广东的M公司成立了法国LILLE（中国）公司，它是法国LILLE公司全球18个全资子公司之一。法国LILLE（中国）公司专业生产各类香水瓶、香水盖、指甲油瓶、眉笔杆、口红管系列等制品，其中香水瓶与香水瓶盖为核心产品，80%以上销往国外，并与玫琳凯、雅诗兰黛、欧莱雅、宝洁等国际知名公司建立战略伙伴关系，成为其稳定供应商。2015年，法国LILLE（中国）公司决定运用战略地图与平衡计分卡工具开展中国区的战略解码工作，主要背景与动因如下：

1.公司规模快速扩张，如何确保组织对外部环境的敏感性，提高商业洞察力？

2.作为在华欧洲独资企业，如何描述中国区发展战略，确保与全球总部的战略协同？

3.公司在亚洲市场的增长路径是什么？竞争策略是什么？

4.如何把公司战略转化为可操作的年度经营计划并与财务预算相连接？

5.如何将年度经营计划与预算转化为考核指标，以确保战略计划转化为实际行动？

6.如何实现欧洲总部对中国子公司的战略执行过程与进度保持适时、有效的监控？

法国LILLE（中国）公司在开发战略地图时引入了"逻辑链"的概念，确保财务战略目标的动因能够得到充分的挖掘，其战略地图开发共分为六个操作步骤，如表3-13所示。

表3-13　法国LILLE（中国）公司战略地图开发六步法

步骤	研讨主题
第1步	差距分析与环境扫描
第2步	澄清公司战略地图问题清单
第3步	描述公司使命、价值观与愿景
第4步	设定财务战略目标
第5步	梳理财务战略目标逻辑链
第6步	汇总公司战略图卡表文件

第1步：差距分析与环境扫描

法国LILLE（中国）公司差距分析与环境扫描分为五个模块内容，分别是差距分析、宏观环境分析、产业环境分析、资源与能力分析、综合分析。差距分析又包括法国LILLE（中国）公司上一年度业绩差距与机会差距分析，进行业绩差距分析时将公司现有经营实际值和目标值之间的差距进行对比分析，同时还将几个关键业绩指标与行业平均值、标杆企业值进行对比分析，分析公司自身成长性、营利性与创新性；机会差距分析则主要分析公司的新业务机会、产品与市场机会、管理创新机会，寻找在过去一年中有哪些机会没有抓住。

第2步：澄清公司战略地图问题清单

表3-14是法国LILLE（中国）公司战略地图问题清单示例。

表3-14　法国LILLE（中国）公司战略地图问题清单

维度	战略地图问题清单
战略任务	1.使命、价值观与愿景是否需要调整？
财务	2.下一年度乃至未来三年财务目标滚动值是什么？
客户	3.增长路径：业务规模如何增长？设定哪些战略目标？ 4.客户价值：客户是谁？围绕他们设定什么样的价值主张？
内部运营	5.内部运营上（如研产供销）要设定哪些战略目标？
学习与成长	6.人力资源战略目标是什么？（人才培养目标等） 7.企业文化建设战略目标是什么？

第3步：描述公司使命、价值观与愿景

运用五问法对法国LILLE（中国）公司使命、价值观与愿景进行必要的描述。如表3-15所示。

表3-15　法国LILLE（中国）公司使命、价值观与愿景描述表

战略任务	描述	使命、价值观与愿景检讨标准（五问）					备注
^	^	是否符合业务范围？	能否鼓舞人心？	定义是否清晰？	时限是否合理？	语言是否简洁？	^
使命							
价值观							
愿景							

第4步：设定财务战略目标

法国LILLE（中国）公司采用杜邦财务模型工具，每年10月份都会在战略解码的沟通会议上运用杜邦财务模型工具设定财务战略目标（图3-11）。

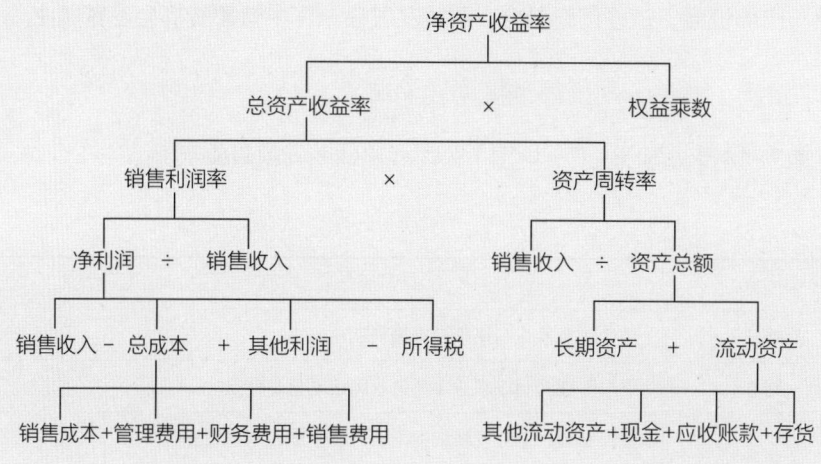

图3-11 法国LILLE（中国）公司使用的杜邦财务模型

法国LILLE（中国）公司重点关注杜邦财务模型中的净利润、销售收入、成本费用率、资金周转天数四大财务指标，并按时间序列进行规划，如表3-16所示。

表3-16 法国LILLE（中国）公司四大财务指标规划表

维度	战略主题	战略目标	核心衡量指标	2015年目标值	2016年目标值	2017年目标值	2018年目标值	2019年目标值
财务	收入增长战略	F1.实现公司规模快速增长	净利润					
			销售收入					
	生产力战略	F2.持续降低与优化成本	成本费用率					
		F3.加快资产的周转速度	资金周转天数					

第5步：梳理财务战略目标逻辑链

首先，进行"F1.实现公司规模快速增长"的逻辑链梳理。从"产品-市场分析矩阵图"中可以看到，"实现公司规模快速增长"的路径一般可以分为产品开发、市场渗透、业务多样化、市场开发四种，分别对应不同的战略目标。法国LILLE（中国）公司根据自身的业务特征选择了产品开发、市场渗透、市场开发三种增长路径并设置了战略目标，即"C1.提高中国市场占有率""C2.开发韩国、日本与东南亚市场""C3.加速新品成功上线""C5.满足法国LILLE全球子公司需求"。如图3-12所示。

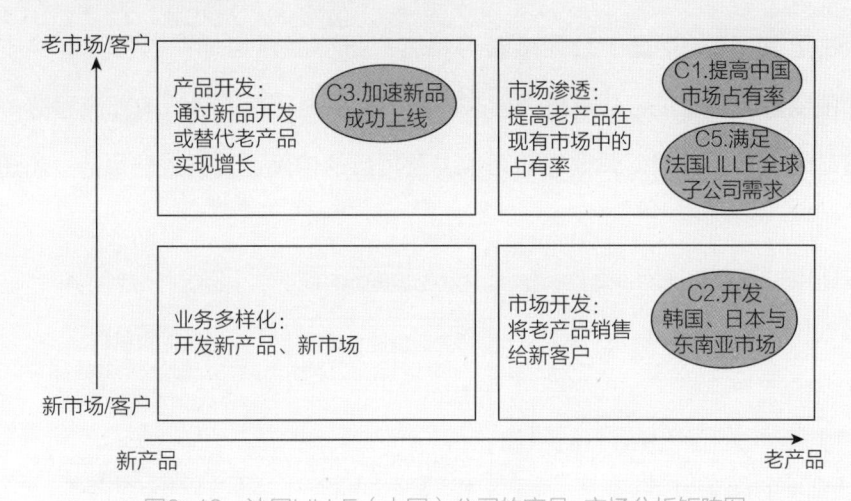

图3-12　法国LILLE（中国）公司的产品-市场分析矩阵图

识别客户价值主张后，可以设置更多的客户维度战略目标。在该环节中，法国LILLE（中国）公司高层一直在思考：我们到底擅长什么？我们的竞争优势在哪里？这些问题体现在对客户需求的价值点的衡量上，例如客户如果关心品质，创意可选择"客户满意度（产品）"；客户如果关心客情，交付可设置"客户满意度（服务）"。如图3-13所示。

```
客户价值主张分类        客户价值主张内容        客户类战略目标设定

                   ┌─ 产品属性 ─▶  1.品质        新产品上市评价
                   │              2.创意        产品调查评价
                   │                            客户满意度（产品）
                   │
    客户价值主张 ──┼─ 形象   ─▶    —              —
                   │
                   │                            客户满意度（服务）
                   └─ 关系   ─▶  1.客情        客诉次数
                                  2.交付        客诉关闭率
                                                订单交付期
```

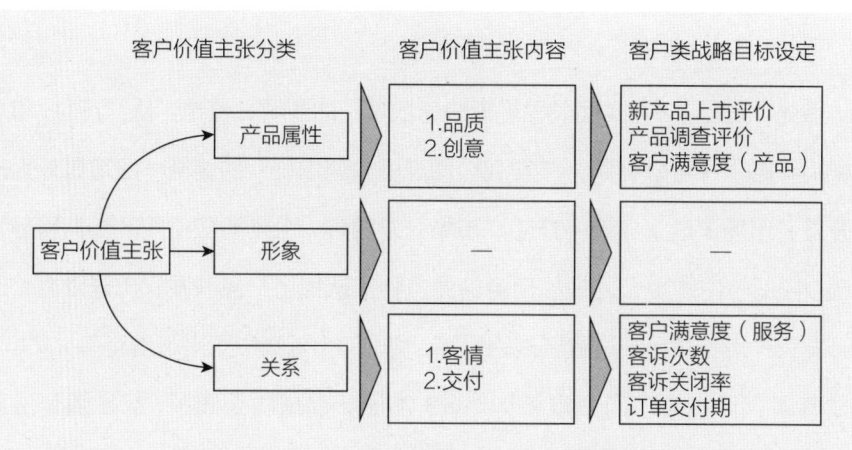

图3-13　法国LILLE（中国）公司的客户价值主张示例

法国LILLE（中国）公司接着寻找客户维度战略目标在内部运营的支撑，围绕客户价值主张分析梳理出来的客户类战略目标，进行内部流程的关键驱动因素分析，根据关键驱动因素设置相应的内部运营类战略目标。如图3-14所示。

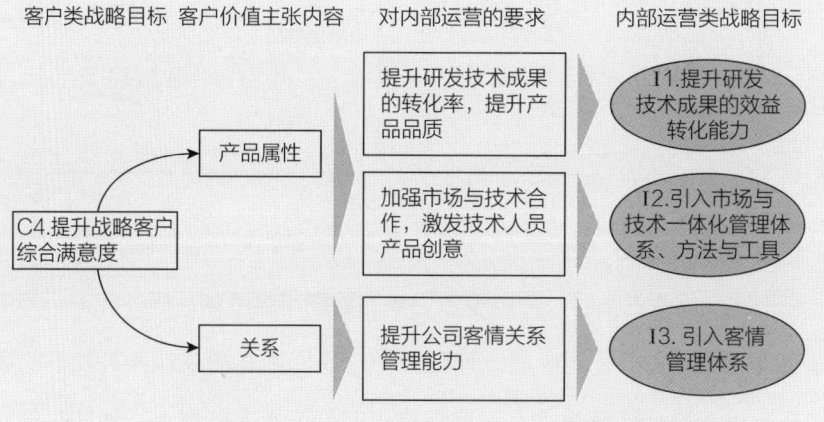

```
客户类战略目标  客户价值主张内容    对内部运营的要求        内部运营类战略目标

                ┌─ 产品属性 ─▶  提升研发技术成果    ─▶  I1.提升研发
                │              的转化率，提升产          技术成果的效益
                │              品品质                    转化能力
                │
                │              加强市场与技术合    ─▶  I2.引入市场与
 C4.提升战略客户┤              作，激发技术人员          技术一体化管理体
 综合满意度     │              产品创意                  系、方法与工具
                │
                │              提升公司客情关系   ─▶  I3.引入客情
                └─ 关系   ─▶   管理能力                 管理体系
```

图3-14　"C4.提升战略客户综合满意度"内部运营驱动因素分析

其次，进行"F2.持续降低与优化成本"的逻辑链梳理，在该环节中，法国LILLE（中国）公司识别出三个内部运营类战略目标，分别是"I4.优化供应商管控机制""I5.提升生产智能化""I6.推行作业成本分析法"。如图3-15

所示。

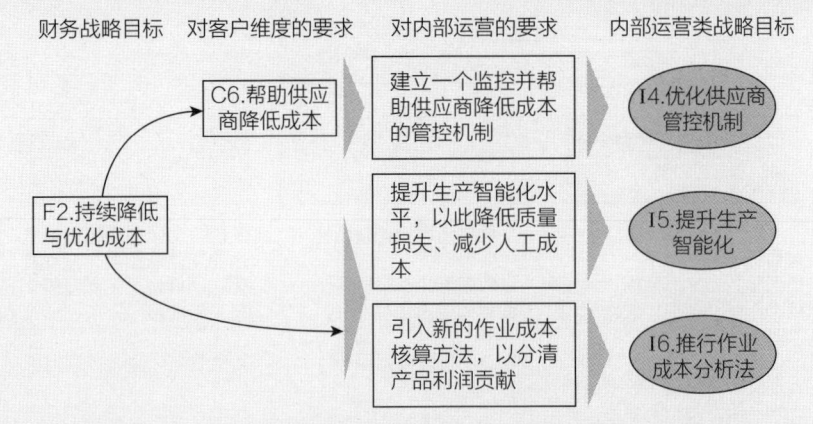

图3-15 "F2.持续降低与优化成本"内部运营驱动因素分析

再次，进行"F3.加快资产的周转速度"逻辑链梳理，在该环节中，法国LILLE（中国）公司识别出两个内部运营类的战略目标，分别是"I7.推行客户分级制度""I8.完善授信制度"。如图3-16所示。

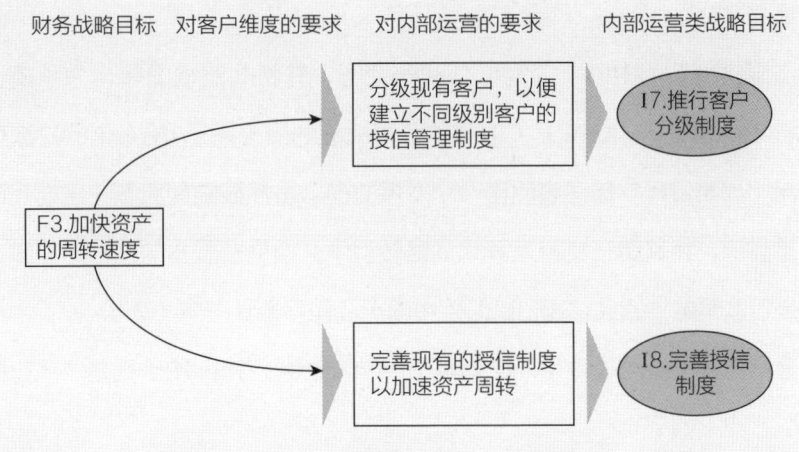

图3-16 "F3.加快资产的周转速度"内部运营驱动因素分析

最后，进行学习与成长战略目标的设定，法国LILLE（中国）公司将其模板分为三类战略目标，分别是"未来人力资源战略目标""未来推动信息化、大数据与管理创新战略目标""未来企业文化建设、融合战略目标"。如图

3-17所示。

```
                    ┌─────────────────┐
                    │ 学习与成长战略目标 │
                    └─────────────────┘
         ┌──────────────┼──────────────┐
         ▼              ▼              ▼
┌─────────────┐ ┌─────────────────┐ ┌─────────────┐
│未来人力资源战略目标│ │未来推动信息化、大数据│ │未来企业文化建设、融│
│（人才培养目标、人均│ │与管理创新战略目标 │ │合战略目标        │
│劳效等）      │ │                 │ │             │
└─────────────┘ └─────────────────┘ └─────────────┘
```

1.人力资源数量、质量、结构目标
员工总数、学历结构、年龄结构、性别结构；关键岗位人才培养目标

2.人力资源效益、效率目标
人均产值、每一元薪资成本支出产值、员工流失率、员工满意度

3.人力资源管理体系建设战略举措目标

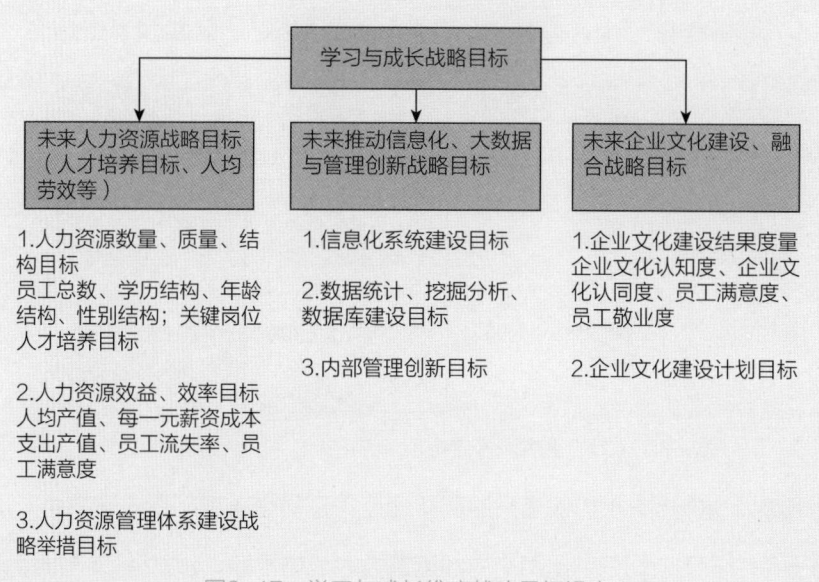

1.信息化系统建设目标

2.数据统计、挖掘分析、数据库建设目标

3.内部管理创新目标

1.企业文化建设结果度量
企业文化认知度、企业文化认同度、员工满意度、员工敬业度

2.企业文化建设计划目标

图3-17　学习与成长维度战略目标设定

第6步：汇总公司战略图卡表文件

法国LILLE（中国）公司汇总战略地图，并将战略地图转化为平衡计分卡、行动计划。法国LILLE（中国）公司战略地图（图3-18）中的"战略主题"与"战略目标"描述表明了一个发展方向。虽然鼓励创新不一定能用确切数据来表示，尤其是在实施差异化战略转型中，但是发展方向在一定时限内又必须是可度量的，因此法国LILLE（中国）公司平衡计分卡（表3-17）中的核心衡量指标、目标值是"飞行仪表盘"，行动计划（表3-18）则是"飞行的航道图"。

第三章 开发公司战略图卡表

使命：使世界更美丽；**价值观**：开放、敏捷、诚信、时尚；**愿景**：成为世界第一的香水瓶制造企业

财务
- 收入增长战略
  - F1.实现公司规模快速增长
  - F.实现股东满意的回报
- 生产力战略
  - F2.持续降低与优化成本
  - F3.加快资产的周转速度

客户
- 卓越的产品与市场组合
  - C1.提高中国、韩国、日本与东南亚市场市场占有率
  - C2.开发中国、韩国、日本与东南亚市场
  - C3.加速新品成功上线
  - C5.满足法国LILLE全球子公司需求
- 敏捷、快速的协同
  - C6.帮助供应商降低成本
  - C4.提升战略客户综合满意度（品质、交付、创意、客情）

内部运营
- 敏捷的研发管理
  - L11.提升研发技术成果的效益转化能力
- 市场与技术一体化
  - 12.引入市场与技术一体化管理体系、方法与工具
  - 13.引入客情管理体系
- 卓越的生产运营
  - 15.实现生产智能化
  - 16.推行作业成本分析法
- 供应商管控
  - 14.优化供应商管控机制
- 客户分级管理
  - 17.推行客户分级制度
  - 18.完善授信制度

学习与成长
- 人力资本准备度
  - L1.提高劳动生产率
  - L2.加强人才队伍建设
- 信息资本准备度
  - L3.推动信息化系统建设
  - L4.建立竞争情报网络
- 组织资本准备度
  - L5.鼓励创新
  - L6.落地全球文化

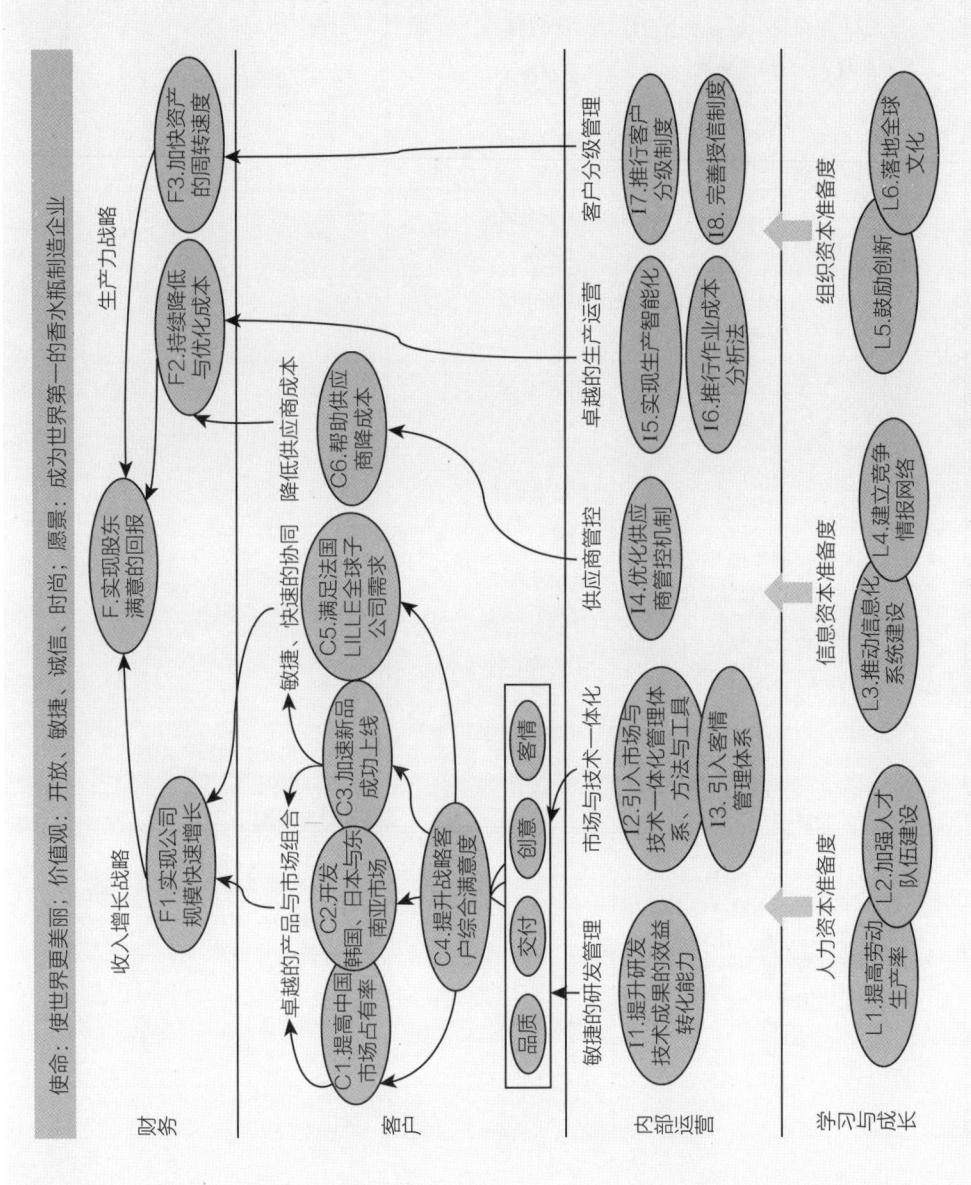

图3-18 法国LILLE（中国）公司战略地图

表3-17 法国LILLE（中国）公司平衡计分卡

维度	战略主题	战略目标	核心衡量指标	目标值	战略行动计划	预算支出	责任人
财务	收入增长战略	F1.实现公司规模快速增长	净利润	—			
			销售收入	—			
	生产力战略	F2.持续降低与优化成本	成本费用率	—			
		F3.加快资产的周转速度	流动资金周转天数	—			
客户	卓越的产品与市场组合	C1.提高中国市场占有率	中国市场占有率	—			
		C2.开发韩国、日本与东南亚市场	新增战略客户数量	—			
		C3.加速新品成功上线	新品增长率	—			
		C4.提升战略客户综合满意度	综合满意度	—			
	敏捷、快速的协同	C5.满足LILLE全球子公司需求	订单满足率	—			
	降低供应商成本	C6.帮助供应商降成本	供应商降成本目标达成率	—			
内部运营	敏捷的研发管理	I1.提升研发技术成果效益转化能力	技术成果转化数量		技术研发实施计划		
	市场与技术一体化	I2.引入市场与技术一体化管理体系、方法与工具	市场与技术一体化引进情况		市场与技术一体化建设计划		
		I3.引入客情管理体系	客情管理体系引进情况		客情管理体系建设计划		
		……	……		……		……

续表

维度	战略主题	战略目标	核心衡量指标	目标值	战略行动计划	预算支出	责任人
学习与成长	人力资本准备度	L1.提高劳动生产率	人均主营业务收入		关键人才培养计划		
		L2.加强人才队伍建设	任职资格达标率				
	信息资本准备度	L3.推动信息化系统建设	信息化系统建设情况		信息化建设计划		
		L4.建立竞争情报网络	竞争情报网络建设数量		/		
	组织资本准备度	L5.鼓励创新	A类创新成果		/		
		L6.落地全球文化	LILLE文化认同度		企业文化建设计划		

表3-18 法国LILLE（中国）公司行动计划表

战略行动计划名称	关键人才培养计划
计划编号	LILLEHR-2016-058
总负责人	第一负责人：总经理；第二负责人：人力资源总监
制订	人力资源部
制订日期	2015年9月8日
审批	总经理
审批日期	

编号	关键结点	时间	计划要求	负责单位	协同单位	战略预算支出	责任人
1	LILLE公司人才现状调研	2016年2月16日—3月25日	1.目标陈述：对LILLE公司人才现状进行调研；2.成功标志：形成《LILLE公司人才培养体系实施规划设计调研》	人力资源部	15个部门、14个单位		

续表

编号	关键结点	时间	计划要求	负责单位	协同单位	战略预算支出	责任人
2	LILLE公司人才培养组织机构组建	2016年2月16日—4月30日	1.目标陈述：建立LILLE公司人才培养组织机构并明确下属机构工作职能与工作人员；2.成功标志：公司正式行文下发	人力资源部	—		
3	完成LILLE公司人才培养体系三年规划	2016年3月25日—6月15日	1.目标陈述：完成LILLE公司人才培养体系三年规划；2.成功标志：形成《LILLE公司人才培养体系规划》，经总经理办公会通过	人力资源部	—		
4	形成规范的2016年人才培养计划	2016年3月25日—6月15日	1.目标陈述：完成LILLE公司2016年人才培养计划；2.成功标志：形成2016年人才培养计划，并通过公司领导审批	人力资源部	—		
5	LILLE公司优良作风提炼与传导	2016年2月16日—4月30日	1.目标陈述：制定LILLE公司优良作风提炼与传导规划；2.成功标志：形成LILLE公司优良作风提炼与传导规划，经党政联席会议通过	总经办	人力资源部		
		2016年2月16日—5月31日	1.目标陈述：提炼LILLE公司的优良作风；2.成功标志：形成阐述LILLE公司优良作风的正式文件	总经办	人力资源部		
		2016年5月1日—7月31日	1.目标陈述：收集LILLE公司优良作风宣传素材；2.成功标志：整理LILLE公司优良作风案例50例以上	总经办	人力资源部		
		……	……	……	……	……	

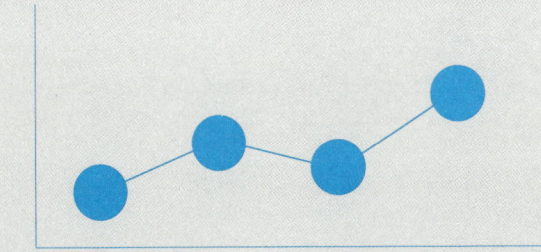

第四章 开发部门战略图卡表

从平衡计分卡全球最佳实践经验上看，呈现部门目标与指标的载体应当是部门层级的战略地图、平衡计分卡、行动计划表。但是需要指出的是，在实践中，很多公司强调操作简化而删除部门战略地图的开发步骤，直接运用部门平衡计分卡来替代部门战略图卡表文件。甚至一些中小企业，为了操作简便还将部门层面即组织层面的平衡计分卡与部门经理即个人的"业绩承诺书"合二为一，这种操作方法在中小企业的实践效果表明其是可行的。

部门战略图卡表开发

部门战略地图文件包括部门的战略地图、平衡计分卡、行动计划表，它们相互补充、相互支持，将对应的职能战略详尽地演绎出来。从理论上说，一家公司的职能应当与部门设置对应，例如，研发中心战略地图基本上反映的是研发职能战略，而信息化部门的战略地图反映的则是信息化职能战略。但是在中国企业的组织架构实践中，部门设置并不一定能与职能分工完全匹配，因此在实际操作中，往往会导致以部门为口径开发的战略地图并不能完全与职能战略相对应。这一点在中国企业显得尤为明显，因为我们很多国有企业与民营企业的部门设置在实践中会考虑内部的平衡，这也是在中国实践平衡计分卡体系时遇到的一个巨大挑战。

在绘制部门战略地图之前仍旧需要澄清分析思路。一般而言，需要重点澄清六个方面的关键问题：

（1）部门的使命是什么？

（2）部门要实现的3~5个终极目标是什么？

（3）部门的客户（内外部）是谁？如何度量成果？

（4）部门客户价值主张（内外部）的诉求是什么？

（5）部门流程如何运行，以满足内外部客户价值主张，并支持终极目标实现？

（6）部门专业人员如何培养？信息化建设如何协同？企业文化等在部门如何落地？

下面我们以某公司人力资源战略地图为例，探讨部门战略地图开发的操作技巧。

案例7：卡萌互联网科技公司人力资源战略地图

卡萌互联网科技公司（化名）是中国领先的互联网科技企业，旗下拥有卡萌App、卡萌信用管家等旗舰品牌，累计下载用户超过4.5亿。公司自2013年创立以来通过提供各种互联网财务工具打造出非凡的在线金融流量，并随后衍生出六大互联网金融业务生态版图，合作伙伴包括国有银行、外资银行、持牌金融机构、金融科技公司等。六年来，公司先后获得了来自国内外知名资本投行的多轮融资。

卡萌互联网科技公司是典型的总部、六大业务公司两级架构，随着业务的快速扩张，战略执行问题日益显现。如何有效地进行多层次组织架构下的公司战略管控，已经成为卡萌互联网科技公司所面临的主要管理课题之一。公司业务战略的差异性往往会决定着其职能战略的差异性，卡萌互联网科技公司人力资源部门组织机构按照"人力资源三支柱"的原理设置，总部成立人力资源专业知识中心（COE）部门，由于子公司都集中在上海、深圳，所以成立了上海与深圳的共享服务中心（SSC）；子公司人力资源业务合作伙伴（HRBP）都从业务部门提拔，其编制管理权属于各个子公司。卡萌互联网科技公司于2017年引入OKR工作法，在实施中发现缺乏激发员工创意的战略指南，因此又于2015年引入战略地图，并将其与OKR有效地组合在一起运用。

卡萌互联网科技公司澄清了"人力资源战略地图问题清单"，在六个基本问题上寻找答案，以此来演绎人力资源战略规划所关注的基本内容：

（1）人力资源部门的使命是什么？（部门/职能使命）

（2）人力资源部门在战略规划期内所要实现的终极战略目标是什么？（财务维度）

（3）人力资源部门服务的客户是谁？设定了什么样的战略目标？（客户维度）

（4）人力资源部门服务的客户价值主张是什么？设定了什么样的战略目标？（客户维度）

（5）人力资源流程如何满足客户价值主张？设定了什么样的战略目标？（内部运营维度）

（6）人力资源专业人员如何培养？人力资源信息化建设如何协同？如何开展人力资源管理创新？设定什么样的战略目标？（学习与成长维度）

上述六个问题是相互关联、相互支持的，卡萌互联网科技公司的思考逻辑如下。

人力资源部门使命：澄清人力资源部门在公司战略实践中不可替代的作用与价值。

财务维度：人力资源终极战略目标是F1.实现高效人才培养目标，以支持股东价值的创造。这个终极目标由两个财务维度战略目标支持：F2.实现人工成本效益合理化与F3.降低员工流失率。

客户维度：满足内部客户——其他部门/职能、子公司及员工的价值主张，满足外部客户如政府劳动监管部门的价值主张。

内部运营维度：上述战略目标实际上是通过人力资源管控流程来实现的，因此人力资源战略地图的内部运营维度需要将上述两个方面的目标、内外部客户的价值主张与人力资源管理的职能流程对接起来，借此推导人力资源战略内部运营维度的战略主题。

学习与成长维度：人力资源专业队伍的人才培养、人力资源信息化建设（协同集团信息化战略）、人力资源管理创新是学习与成长维度重点思考的三大战略主题。

图4-1为卡萌互联网科技公司人力资源战略地图，表4-1为卡萌互联网科技公司人力资源平衡计分卡，表4-2为卡萌互联网科技公司人力资源战略行动计划表。

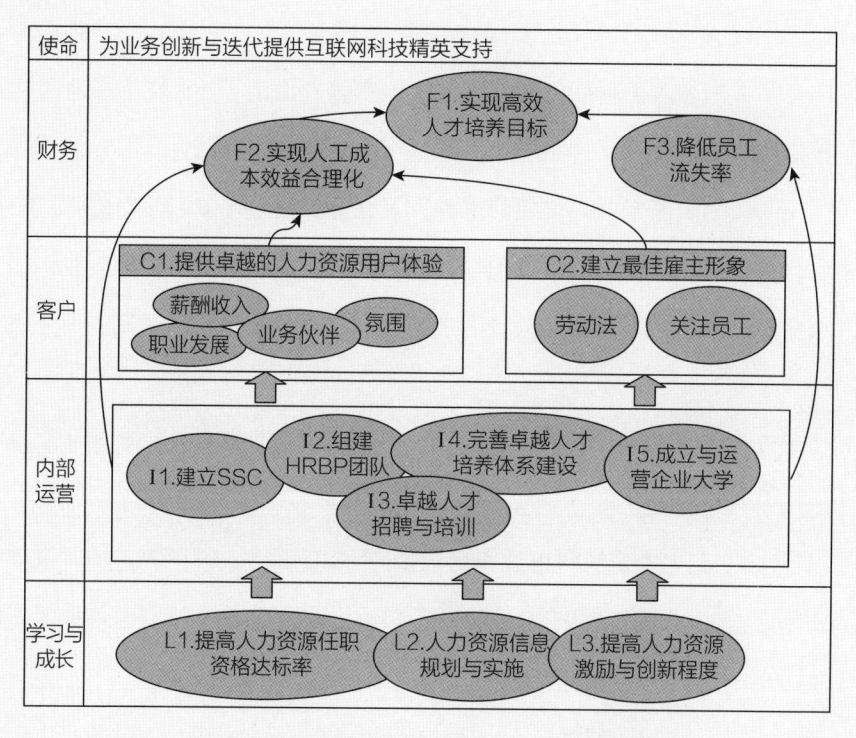

图4-1 卡萌互联网科技公司人力资源战略地图

表4-1 卡萌互联网科技公司人力资源平衡计分卡

维度	战略目标	核心衡量指标	2016年目标值 全年	第一季度	第二季度	第三季度	第四季度	2017年目标值	2018年目标值	战略行动方案	战略预算支出	主要责任人
财务	F1.实现高效人才培养目标	员工总数（根据业务预测）								年度人力资源三定计划	—	
		业务收入与员工人数增长比										
		高级互联网技术人员比例										
		关键岗位人才任职资格达标率										
	F2.实现人工成本效益合理化	每一元薪资成本支出的收入贡献										
	F3.降低员工流失率	集团员工平均流失率								年度人力资源薪酬计划	2400万元	
		集团人工成本总额										
客户	C1.提供卓越的人力资源用户体验	集团人力资源综合满意度								员工关怀计划	230万元	
	C2.建立最佳雇主形象	维护"最佳雇主"荣誉称号								—	—	

续表

维度	战略目标	核心衡量指标	2016年目标值					2017年目标值	2018年目标值	战略行动方案	战略预算支出	主要责任人
			全年	第一季度	第二季度	第三季度	第四季度					
内部运营	I1.建立SSC	见行动计划									—	—
	I2.组建HRBP团队	HRBP团队建设率									—	
	I3.卓越战略人才招聘与培训	战略人才平均培训时数								年度人力资源培训计划	380万元	
		战略人才培训成果转化率										
		战略人才平均招聘周期								年度人力资源招聘计划	—	
	I4.完善卓越人才培养方案	见行动计划								卓越人才培养体系建设计划	—	
	I5.成立与运营企业大学	见行动计划									—	
学习与成长	L1.提高人力资源任职资格达标率	人力资源部门任职资格达标率								年度人力资源培训计划	—	
	L2.人力资源信息规划与实施	人事管理系统建设计划评价得分								—	见信息部预算	

续表

维度	战略目标	核心衡量指标	2016年目标值 全年	第一季度	第二季度	第三季度	第四季度	2017年目标值	2018年目标值	战略行动方案	战略预算支出	主要责任人
学习与成长	L3.提高人力资源激励与创新程度	合理化建议数量								—	15万元	

表4-2　卡萌互联网科技公司人力资源战略行动计划表

战略行动计划名称	关键人才培养计划
计划编号	KMHR-2018-011
总负责人	第一负责人：CEO；第二负责人：人力资源部经理
制订者	人力资源部
制订日期	2017年7月8日
审批者	CEO
审批日期	

编号	关键结点	时间	计划要求	负责单位	协同单位	战略预算支出	责任人
1	卡萌互联网科技公司人才现状调研	2018年2月22日—3月21日	1.目标陈述：对卡萌互联网科技公司人才现状进行调研；2.成功标志：形成《卡萌互联网科技公司人才培养体系实施规划设计调研》	人力资源部	6个部门、6个业务子公司		
2	卡萌互联网科技公司人才培养组织机构组建	2018年2月22日—4月30日	1.目标陈述：建立卡萌互联网科技公司人才培养组织机构并明确下属机构工作职能与工作人员；2.成功标志：公司正式行文下发	人力资源部	—		

续表

编号	关键结点	时间	计划要求	负责单位	协同单位	战略预算支出	责任人
3	完成卡萌互联网科技公司人才培养体系三年规划	2018年3月2日—6月17日	1.目标陈述：完成卡萌互联网科技公司人才培养体系三年规划； 2.成功标志：形成《卡萌互联网科技公司人才培养体系规划》，经总经理办公会通过	人力资源部	—		
4	形成规范的2018年人才培养计划	2018年3月14日—6月22日	1.目标陈述：完成卡萌互联网科技公司2018年人才培养计划； 2.成功标志：形成2018年人才培养计划，并通过公司领导审批	人力资源部	—		
5	卡萌互联网科技公司优良作风提炼与传导	2018年2月13日—4月22日	1.目标陈述：制定卡萌互联网科技公司优良作风提炼与传导规划； 2.成功标志：形成卡萌互联网科技公司优良作风提炼与传导规划，经党政联席会议通过	总经办	人力资源部		
		2018年2月16日—5月31日	1.目标陈述：提炼卡萌互联网科技公司的优良作风； 2.成功标志：形成阐述卡萌互联网科技公司优良作风内涵的正式文件	总经办	人力资源部		
		2018年5月4日—7月22日	1.目标陈述：卡萌互联网科技公司优良作风宣传素材收集； 2.成功标志：整理卡萌互联网科技公司优良作风案例50例以上	总经办	人力资源部		
	……	……	……	……	……		……
	……	……	……	……	……		……

设定部门财务维度目标与指标

部门的目标与指标首先源自公司目标与指标，它们基本都呈现在公司层面的战略图卡表上，这些目标与指标实际上就是初步获取部门目标与指标的"源头"。

部门目标与指标分解可采取研讨会的形式来进行，这个会议可以由公司领导者组织，公司分管领导及部门经理参加。这样做的意义在于充分保证上级（分管领导）和下级（部门经理）在构建部门战略图卡表时充分沟通。在会议上，上级向下级传达自己的期望，而下级则及时给上级反馈意见。应当注意的是，你在组织目标与指标分解时，一定要引导他们根据各个部门的职能对这些"源头目标与指标"的驱动力进行分解，不要把一些与该部门职能毫不相关的，无任何驱动力的目标与指标分解到该部门去。例如，实现利润的目标与指标对于营销部门来说是无法完全驱动的，营销部门能驱动的是利润的领先/驱动性指标——销售收入，及成本费用的构成——销售费用。如果不根据部门对指标的驱动力来分解目标与指标，将与该部门毫不相干或无法完全驱动的指标分解下去，最终会招惹各个部门对指标的抵触；如果强行分解下去，即使各部门迫于压力而接受这些指标，他们在日常工作中也不会关注这些指标，因为他们无法驱动、控制它们，所以他们会认为"关注了也没有用，还不如不关注"。

到现在，我展现了各种分析的工具。的确，管理工具对于一个管理体系的建立起着十分重要的推动作用，没有这些工具我们什么都做不成。下面我将介绍把公司目标与指标分解到部门的工具：一是价值树模型，二是分解矩阵表。

价值树模型实际上是将公司战略目标、主题与核心衡量指标分解到部门的一个工具，是战略KPI考核体系中进行指标分解的一个工具，我们将其整合在平衡计分卡中加以运用。它在价值树模型图上分别列出公司的战略目标（或战略主题），对应的关键绩效指标（即核心衡量指标），驱动这些指标的关键驱动流程及对应的指标，在最后可能涉及的部门一栏中你还可以填入与指标关联的部门（这是你在后面运用"指标分解矩阵表"进行部门指标分解的参考依据）。

流程分析所获得的一些指标对价值树分析有极大的帮助，特别是在内部运营指标价值分解中，往往一个一级流程指标的驱动指标就是二级子流程指标。例如新品上市周期（指从研发立项至可量产）指标事实上由企业内部研发与中试两个流程驱动，规范的研发与中试流程是提高企业创新速度的关键成功因素。为此，这两个流程指标中的研发周期、中试周期、样品交验合格率等指标都是驱动新品上市周期指标的价值要素。

案例8：北京控股集团有限公司价值树模型分解实例

图4-2、图4-3、图4-4、图4-5分别为北京控股集团的财务类、客户类、内部运营类、学习与成长类价值树模型图。

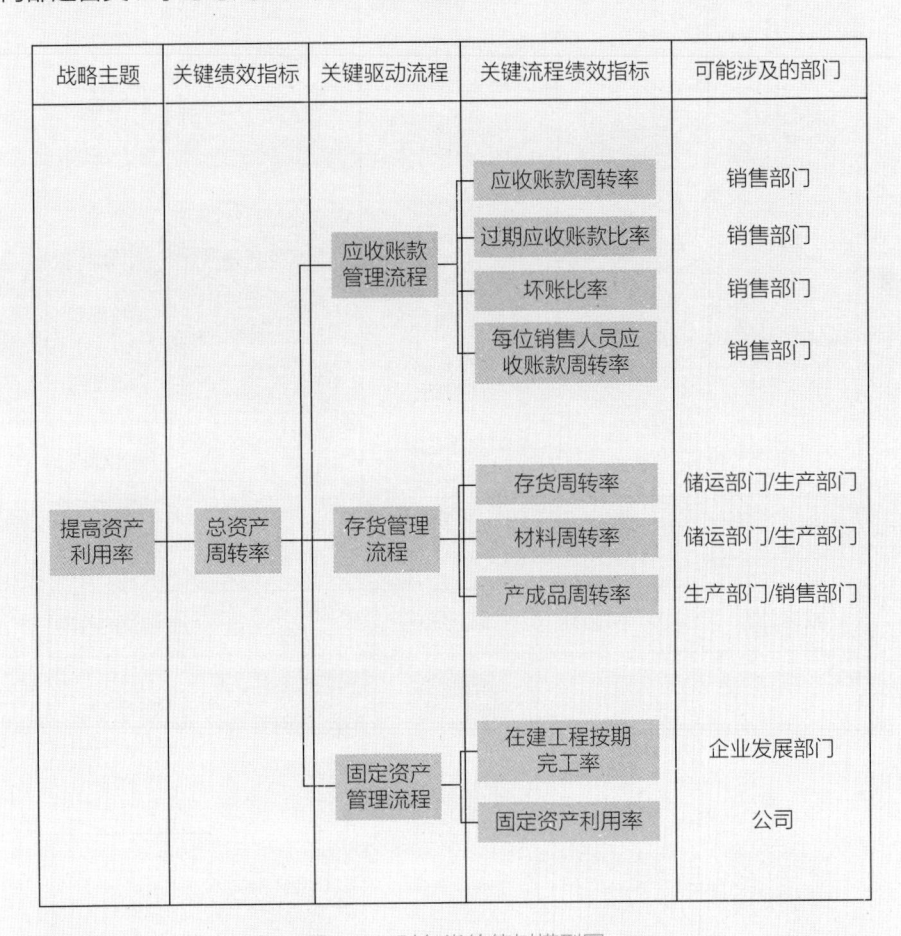

战略主题	关键绩效指标	关键驱动流程	关键流程绩效指标	可能涉及的部门
提高资产利用率	总资产周转率	应收账款管理流程	应收账款周转率	销售部门
			过期应收账款比率	销售部门
			坏账比率	销售部门
			每位销售人员应收账款周转率	销售部门
		存货管理流程	存货周转率	储运部门/生产部门
			材料周转率	储运部门/生产部门
			产成品周转率	生产部门/销售部门
		固定资产管理流程	在建工程按期完工率	企业发展部门
			固定资产利用率	公司

图4-2 财务类价值树模型图

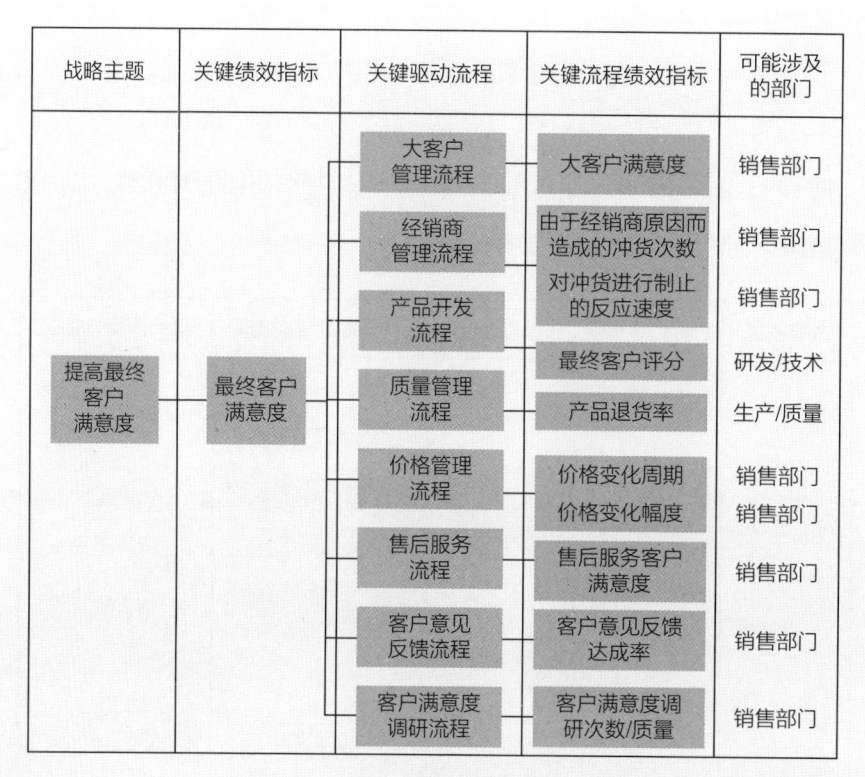

图4-3 客户类价值树模型图

战略主题	关键绩效指标	关键驱动流程	关键流程绩效指标	可能涉及的部门
提高最终客户满意度	最终客户满意度	大客户管理流程	大客户满意度	销售部门
		经销商管理流程	由于经销商原因而造成的冲货次数	销售部门
			对冲货进行制止的反应速度	销售部门
		产品开发流程	最终客户评分	研发/技术
		质量管理流程	产品退货率	生产/质量
		价格管理流程	价格变化周期	销售部门
			价格变化幅度	销售部门
		售后服务流程	售后服务客户满意度	销售部门
		客户意见反馈流程	客户意见反馈达成率	销售部门
		客户满意度调研流程	客户满意度调研次数/质量	销售部门

图4-3 客户类价值树模型图

战略主题	关键绩效指标	关键驱动流程	关键流程绩效指标	可能涉及的部门
提高企业创新能力	新品上市周期	市场资讯收集流程	市场资讯及时率 市场资讯有效率	营销中心
		科技资讯收集流程	科技资讯及时率 科技资讯有效率	研发部
		研发管理流程	研发周期 研发样品一次交验合格率 研发样品交验合格率	研发部
		中试管理流程	中试周期 中试样品一次交验合格率 中试样品交验合格率	研发部/生产部

图4-4 内部运营类价值树模型图

第四章
开发部门战略图卡表

战略主题	关键绩效指标	关键驱动流程	关键流程绩效指标	可能涉及的部门
持续提高员工技能水平	任职资格达标率	培训计划流程	培训计划制订及时性和质量	人力资源部门/各部门
			每个员工每年平均培训时间	人力资源部门/各部门
	培训体系评估指数	培训实施流程	培训参加率 培训满意度	人力资源部门/各部门
		培训反馈与评估流程	培训满意度调查频率	人力资源部门

图4-5 学习与成长类价值树模型图

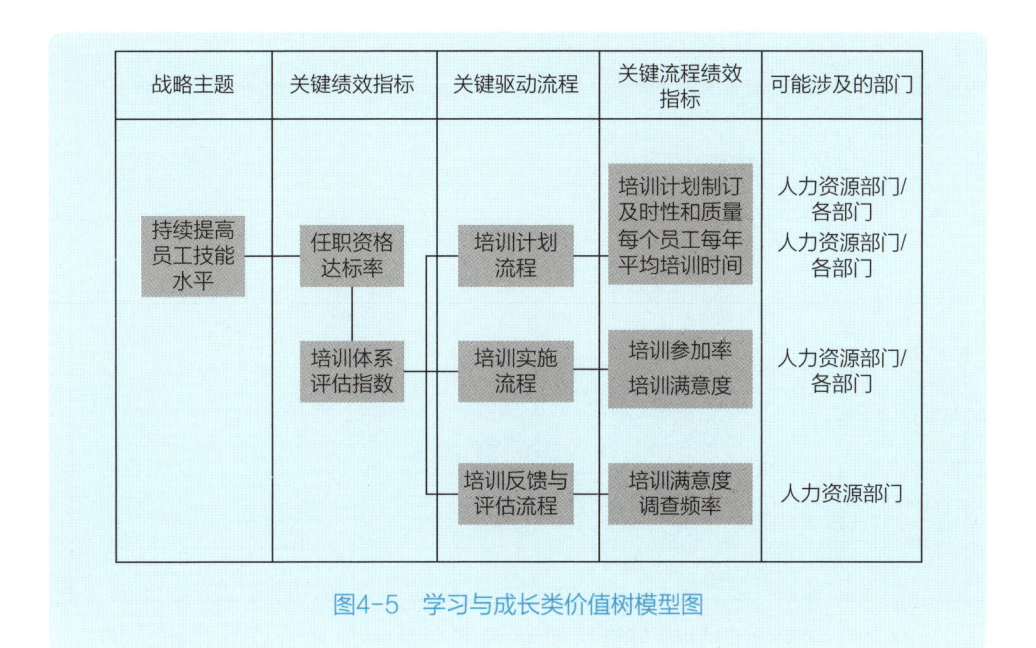

在运用价值树模型进行分析后，你已经收集到可以分解到部门的目标与指标了。下面你可以使用分解矩阵表（表4-3）将这些指标分解到部门。该表格工具的填写规则是：首先在编号和公司目标与指标纵栏填入需要分解的目标与指标，它们是分解的"源头"；然后根据各个部门职能进行部门目标与指标驱动力的分析；最后在各个部门和目标指标交界栏内作相应的记号，表明将指标分解至该部门。

表4-3 分解矩阵表

维度	编号	公司目标与指标	部门1	部门2	部门3	部门4	部门5	部门6	……
财务	F1	目标与指标1	√			√			
	F2	目标与指标2		√	√	√	√		
	F3	目标与指标3				√		√	√
	……	……							

续表

维度	编号	公司目标与指标	部门1	部门2	部门3	部门4	部门5	部门6	……
客户	C1	目标与指标1		√				√	
	C2	目标与指标2		√	√	√		√	
	……	……							
内部运营	I1	目标与指标1		√					√
	I1	目标与指标2					√		√
	……	……							
学习与成长	L1	目标与指标1	√			√	√		
	L2	目标与指标2		√	√				
	……	……							

这些公司层面的目标与指标分解到部门后，你还可以选择出能够度量部门战略的3~5个终极目标与指标，放在部门战略地图的财务维度。请注意，财务维度的目标与指标不一定是财务类的，比如人力资源部的财务维度战略目标可能是提高劳动生产率、打造卓越人才队伍、控制人工成本等。

设定部门客户维度目标与指标

部门战略地图开发需要思考客户维度的目标与指标。我们都知道良好沟通在企业日常管理中的重要性。企业内部沟通莫过于两个方面，一是纵向沟通，即上级和下级的沟通；二是横向沟通，即平级部门或员工之间的沟通。在很多中国企业，横向沟通中存在的问题往往比纵向沟通的问题要多得多，特别是在部门的横向沟通上。部门经理的会议往往是"抱怨会""批判会",他们之间相互指责,相互埋怨,部门壁垒现象十分严重。在平衡计分卡与绩效管理中,解决这一问题比较好的办法是在设计部门战略地图客户维度的目标与指标时,进行部门协同分析,关注内部利益相关者的需求。

所谓的"部门协同分析",即从其他部门对某部门的战略期望来设置客户维度的目标与指标。例如生产部门、研发部门、财务部门对营销部门的期望可能是:生产部门期望营销部门的销售预测更加准确;研发部门期望营销部门的有效信息反馈更加准确、及时;财务部门可能关注应收账款的周转速度,以及赊销账款的安全性等。当然这些期望必须与公司战略目标相一致。

进行部门协同分析可以让各个部门的经理提交自己部门对其他部门的协同期望与要求,进而推导出客户维度的目标与指标。你甚至还可以组织部门经理的会议,说明日常部门协同中存在的问题并寻找解决方案。最后,你需要将相关的信息填写到"部门协同分析表"中。

案例9:某公司部门协同分析表填写规范

"部门协同分析表"是进行部门协同分析的工具,它能够直观地反映部门对部门的协同期望与要求,它也是从"部门需求"的维度补充部门指标体系的一个重要信息来源。下面我们介绍M公司部门协同分析表的填写规则(表4-4),这张表的填写规则是:

(1)将部门分别在纵栏和横栏中排序。
(2)将纵栏中部门对横栏中部门的需求与期望填入对应的空格。

（3）分析部门需求与期望的合理性，推导指标并将其纳入部门指标体系。

表4-4　M公司部门协同分析表

	部门一	部门二	部门三	部门四	部门五	……
部门一						
部门二						
部门三						
部门四						
部门五						
……						

设定部门内部运营维度目标与指标

设定部门内部运营维度目标与指标，将部门财务维度、客户维度目标和指标与部门内部运营流程连接，是开发部门战略地图时需要思考的关键问题之一。佐佳咨询独创的内部运营分析矩阵能够有效地解决这个问题。

案例10：某公司内部运营分析矩阵填写规范

"内部运营分析矩阵"（表4-5）能够帮助我们实现客户价值主张与内部运营流程的连接。M公司在开发部门战略地图时，使用该工具的操作步骤是：

（1）检查流程清单，将该部门主导的流程名称列入矩阵的横栏。

（2）将部门财务目标与客户目标列入矩阵的纵栏。

（3）进行流程驱动因素分析，将流程对财务目标及客户目标驱动的每一个改进举措列入相关对应的格中。

（4）识别部门战略地图的关键战略举措，整合出部门战略地图的内部运营目标。

表4-5 内部运营分析矩阵

财务目标与客户目标		部门主导流程				内部运营目标
		流程1	流程2	流程3	……	
财务目标	目标1					
	目标2					
	目标3					
	……					
客户目标	目标1					
	目标2					
	目标3					
	……					

设定部门学习与成长维度目标与指标

部门战略地图学习与成长维度一般涉及三大战略问题：

（1）如何培养职能专业人才？

（2）职能战略如何协同信息化建设？

（3）如何开展职能管理创新？

下面我们来看一个专业提供大数据智能化服务的专精特新企业开发部门战略地图与平衡计分卡的案例，进一步理解部门战略图卡表开发的实战。

案例11：中X智能信息技术有限公司部门战略地图

中X智能信息技术有限公司是一家提供大数据智能化服务的专精特新企业，总部位于深圳，公司拥有200余名员工，技术人员占80%。中X智能信息技术有限公司将装备制造行业60年经验积淀与信息技术深度结合，融合云计算、物联网、大数据、人工智能、移动互联等前沿技术，推出运用自主技术搭建的互联网平台，建立数据采集、汇聚、分析的服务体系，以"统一平台+智能应用"的新型架构，支撑工业应用创新，助力工业企业快速构建智能工厂，让生产数据产生价值。

中X智能信息技术有限公司的工业互联网云平台可打破装备制造企业之间的空间阻隔，比如，某个在全球设有工厂的装备制造集团只需一个总部平台，即可对分布在千百公里外的多个制造基地实施一体化管控。同时工业互联网云平台还可连接外协件、物流、金融、上下游客户等合作伙伴，以数据为纽带建立产业协同生态圈，打造最具效益的装备制造产业价值链。

中X智能信息技术有限公司在2022年年初引入战略地图与平衡计分卡，开发了公司层面与部门层面的战略地图与平衡计分卡，并将其与员工OKR管理有效连接。图4-6至图4-11以及表4-6至表4-11是相关图表示例。

第四章 开发部门战略图卡表

```
愿景: 做受人尊敬的智能工程设计团队

财务: 实现产值与成本目标 ← 提高智能化工程劳动生产率

客户: 提供智能化项目工厂设计与项目管理等卓越服务 | 完成信息公司项目，积极面对有人工智能技术需求的外部项目

内部运营: 完善技术团队管理 | 实施新技术智力引进 | 建立长期合作外包关系 | 设计质量与成本控制体系

学习与成长: 鼓励员工创新设计 | 加强人才队伍建设 | 开展二级办学，加强交流 | 加强企业文化教育
```

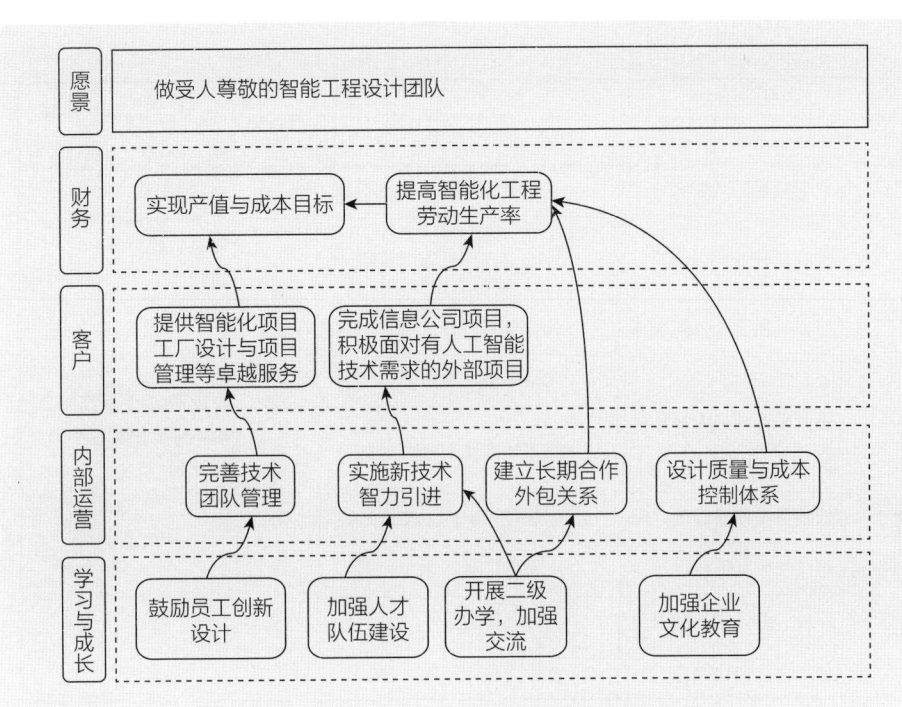

图4-6 智能制造工程部战略地图

表4-6 智能制造工程部平衡计分卡

维度	战略目标	核心衡量指标	目标值	行动计划	主要领牌人
财务	实现产值与成本目标	产值			
		单位产值成本			
	提高智能化工程劳动生产率	人均产值			
		每一元薪资成本产值			
客户	提供智能化项目工厂设计与项目管理等卓越服务	设计图完成率			
		设计出错率			
	完成信息公司项目，积极面对有人工智能技术需求的外部项目	电气设计平台使用率		人工智能技术需求外部项目拓展计划	
		人均项目出差天数			

续表

维度	战略目标	核心衡量指标	目标值	行动计划	主要领牌人
内部运营	完善技术团队管理	质量发布项目总结会数量			
	实施新技术智力引进	外委工作周汇报完成率		新技术智力引进计划	
	建立长期合作外包关系	外包项目占比			
	设计质量与成本控制体系	质量事故与客户投诉次数			
		成本标准化率		成本标准化实施计划	
学习与成长	鼓励员工创新设计	创新技术运用比率			
	加强人才队伍建设	技术骨干达标率			
	开展二级办学，加强交流	二级办学数量			
	加强企业文化教育	企业文化认知度			

愿景：提供卓越的云平台建设和推广服务，以支撑工业互联网平台

财务：
- F1.打造优秀的云计算技术服务
- F2.确保项目及时交付
- F3.突破云计算技术储备

客户：
- C1.确保客户满意度
- C2.及时提供云计算服务
- C3.打造技术实力形象

内部运营：
- I1.加强内部技术交流和分享
- I2.梳理运维支持平台资源
- I3.利用外部技术力量为补充
- I4.做好运营项目续约
- I5.完成储备技术研发项目

学习与成长：
- L1.提升专业技术水平
- L2.收集外部技术情报
- L3.加强部门团队建设
- L4.持续宣贯企业文化

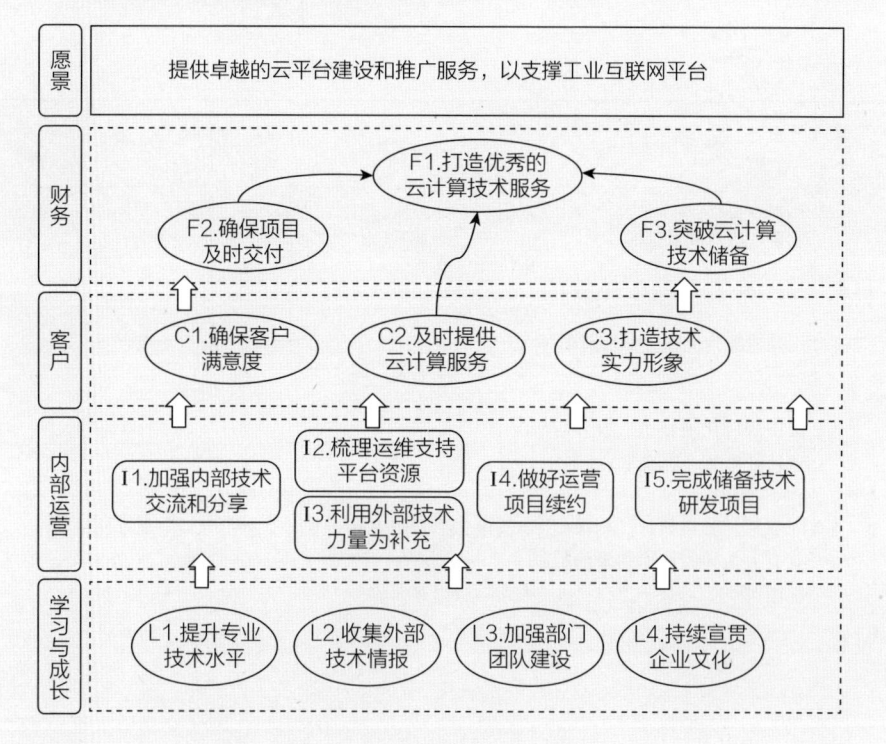

图4-7　云平台建设部战略地图

表4-7　云平台建设部平衡计分卡

维度	战略目标	核心衡量指标	目标值	行动计划	主要领牌人
财务	F1.打造优秀云计算技术服务	卓越云建设二期扩容工程			
	F2.确保项目及时交付	项目及时交付率			
	F3.突破云计算技术储备	云计算技术储备数量			
客户	C1.确保客户满意度	客户满意度			
	C2.及时提供云计算服务	云计算服务及时响应率			
		云计算服务需求关闭率			
	C3.打造技术实力形象	行业技术排名			
内部运营	I1.加强内部技术交流和分享	国际技术交流报告数量		国际技术交流计划	
	I2.梳理运维支持平台资源	平台资源达标率		平台资源整合计划	
	I3.利用外部技术力量为补充	合格协作供应商数量			
	I4.做好运营项目续约	运营项目续约率			
	I5.完成储备技术研发项目	储备技术研发项目完成率		储备技术研发项目计划	
学习与成长	L1.提升专业技术水平	任职资格达标率		人才梯队计划	
	L2.收集外部技术情报	外部技术情报数量			
	L3.加强部门团队建设	部门员工主动离职率			
	L4.持续宣贯企业文化	企业文化认知度			

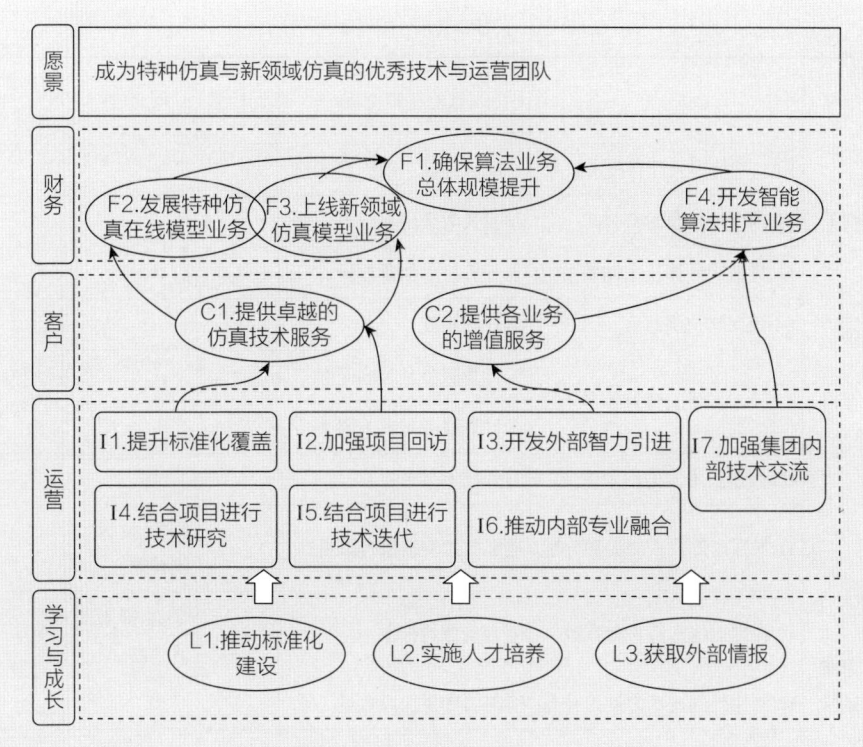

图4-8 算法业务部战略地图

表4-8 算法业务部平衡计分卡

维度	战略目标	核心衡量指标	目标值	行动计划	主要领牌人
财务	F1.确保算法业务总体规模提升	算法业务总体收入			
	F2.发展特种仿真在线模型业务	特种仿真在线业务收入			
	F3.上线新领域仿真模型业务	新领域业务收入增长率			
	F4.开发智能算法排产业务	智能算法排产业务收入			
客户	C1.提供卓越的仿真技术服务	新客户增长数量			
		老客户流失率			
	C2.提供各业务的增值服务	客户综合满意度			
内部运营	I1.提升标准化覆盖	标准化覆盖率		标准化覆盖计划	

续表

维度	战略目标	核心衡量指标	目标值	行动计划	主要领牌人
内部运营	I2.加强项目回访	项目回访频次			
	I3.开发外部智力引进	外部智力引进数量		外部智力引进计划	
	I4.结合项目进行技术研究	技术研究立项数量			
	I5.结合项目进行技术迭代	技术迭代数量		技术迭代计划	
	I6.推动内部专业融合	内部专业融合度			
	I7.加强集团内部技术交流	内部技术交流贡献			
学习与成长	L1.推动标准化建设	标准化覆盖率		标准化建设计划	
	L2.实施人才培养	人才培养达成率		人才培养计划	
	L3.获取外部情报	外部技术情报数量			

愿景：打造市场化的黑科技UPX设计团队

财务：
- F1.实现UPX设计的收入与利润目标
- F2.提高UPX设计标准化

客户：
- C1.提高UPX专业及标准化知名度
- C2.实现UPX客服的闭环
- C3.确保UPX协同

运营：
- I1.持续完善UPX标准化建设
- I2.打造UPX客户体系
- I3.推动UPX动态设计协同

学习与成长：
- L1.提升UPX设计与开发人员专业能力

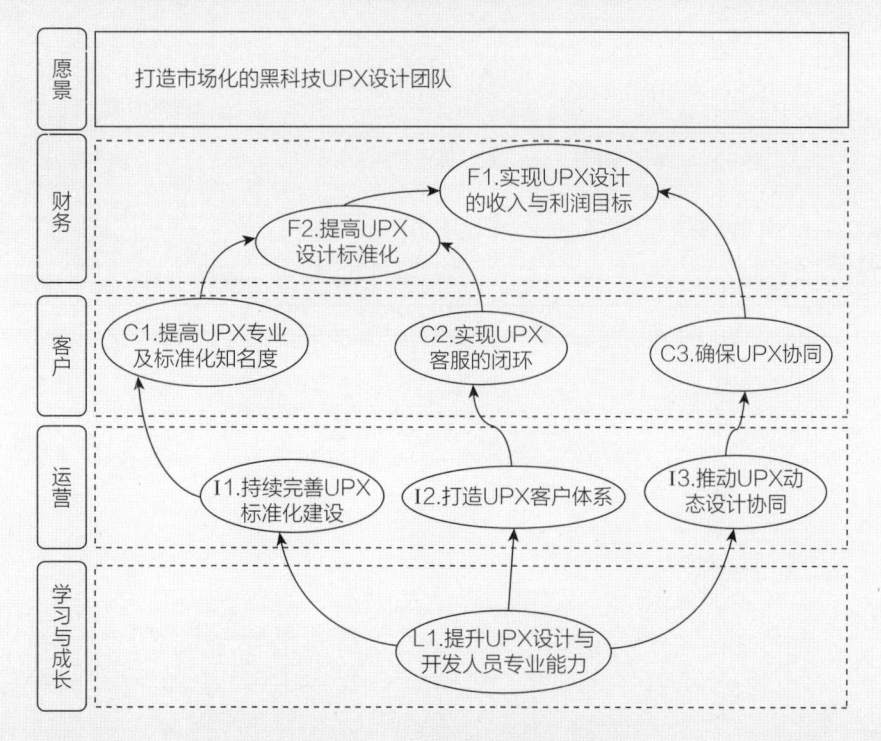

图4-9 UPX业务部战略地图

表4-9 UPX业务部平衡计分卡

维度	战略目标	核心衡量指标	目标值	行动计划	主要领牌人
财务	F1.实现UPX设计的收入与利润目标	UPX业务收入			
		UPX业务利润			
	F2.提高UPX设计标准化	UPX设计标准化率			
客户	C1.提高UPX专业及标准化知名度	UPX品牌美誉度			
	C2.实现UPX客服的闭环	UPX客服评价综合得分			
	C3.确保UPX协同	UPX设计任务协同数量			
内部运营	I1.持续完善UPX标准化建设	1. UPX标准化建设节点达成率 2. 策划UPX标准化第二阶段建设		UPX标准化推进计划	
	I2.打造UPX客户体系	UPX客户体系建设节点达成率		UPX客户体系建设计划	
	I3.推动UPX动态设计协同	动态设计协同方案及实施			
学习与成长	L提升UPX设计与开发人员专业能力	1.UPX设计任职资格达标率 2.UPX开发任职资格达标率		UPX设计与开发人员培养计划	

第四章 开发部门战略图卡表

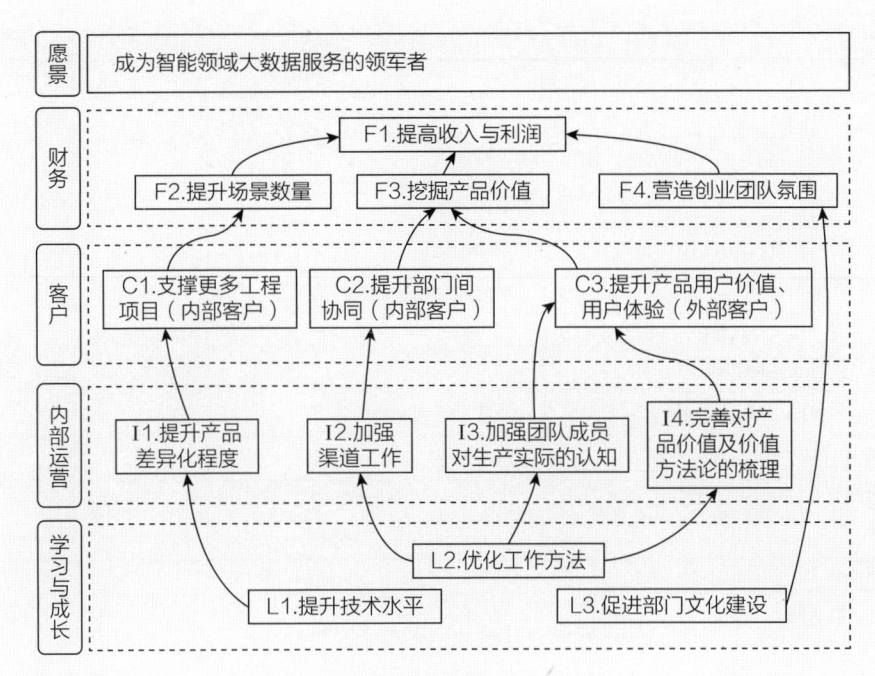

图4-10 大数据服务部战略地图

表4-10 大数据服务部平衡计分卡

维度	战略目标	核心衡量指标	目标值	行动计划	主要领牌人
财务	F1.提高收入与利润	大数据业务收入			
		大数据业务利润			
	F2.提升场景数量	调研报告总数量			
	F3.挖掘产品价值	人均产值			
	F4.营造创业团队氛围	工作效率：时间节点达成率			
客户	C1.支撑更多工程项目	产品上线运行数量			
	C2.提升部门间协同	项目经理评价			
	C3.提升产品用户价值、用户体验	用户反馈评分		产品运维计划	
内部运营	I1.提升产品差异化程度	竞品功能对比			
		竞品调研频率			

续表

维度	战略目标	核心衡量指标	目标值	行动计划	主要领牌人
内部运营	I2.加强渠道工作	沟通频次		渠道推广计划	
		渠道评分			
	I3.加强团队成员对生产实际的认知	开展课程数		工艺提升计划	
		人均前往现场次数			
	I4.完善对产品价值及价值方法论的梳理	产品创造的价值		产品价值调研计划	
学习与成长	L1.提升技术水平	专题技术培训次数			
	L2.优化工作方法	平均每人撰写/迭代规范数			
	L3.促进部门文化建设	部门文化认知度		部门文化建设计划	

愿景：提升行业物联网智能应用价值和实施效率

财务：
- F1.提升智能应用实施效率
- F2.开发高质量/高价值软件产品
- F3.打造创新团队和创新实施能力

客户：
- C1.提供稳定且方便维护的产品
- C2.提供贴近客户需求且凝聚价值点的产品
- C3.提供方便和可快速实施的产品

内部运营：
- I1.组建架构师和产品经理负责制的小产品团队
- I2.执行严格的版本迭代计划
- I3.持续建立团队创新氛围和机制
- I4.建立基于创新和贡献的客观评价机制

学习与成长：
- L1.建立严格的师徒培养机制
- L2.开展制度性技术分享
- L3.执行新技术/新点子探索

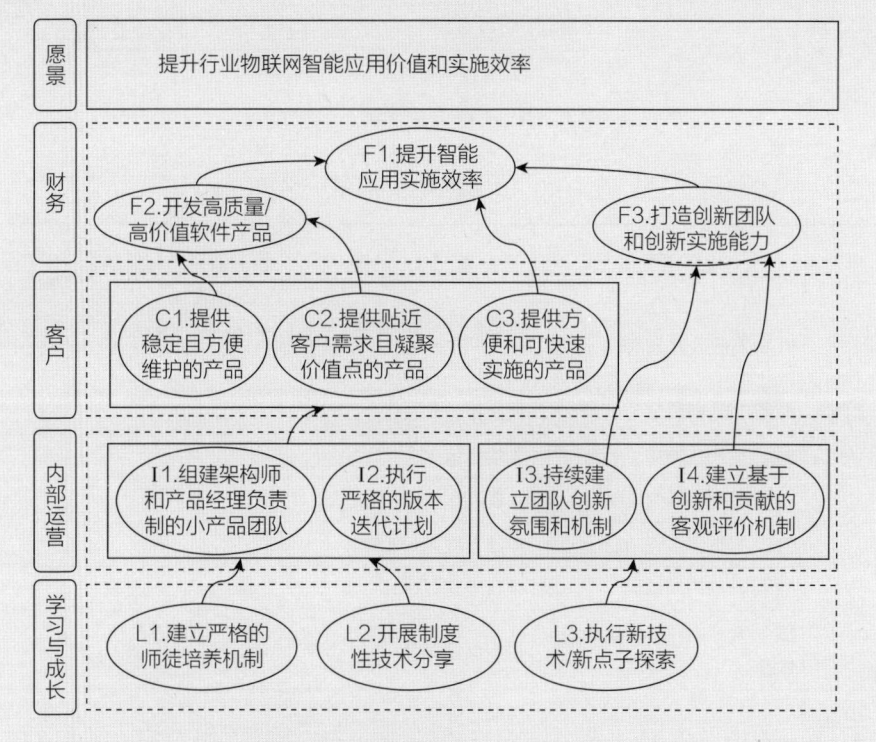

图4-11 物联网业务部战略地图

表4-11 物联网业务部平衡计分卡

维度	战略目标	核心衡量指标	目标值	行动计划	主要领牌人
财务	F1.提升智能应用实施效率	产品平均部署和上线时间			
		产品工程项目应用数量			
	F2.开发高质量/高价值软件产品	产品现场运行故障数量			
		产品销售合同额			
	F3.打造创新团队和创新实施能力	新功能平均转化时间			
		人员引进与流失比例			
客户	C1.提供稳定且方便维护的产品	协助成功开拓工程项目数量			
		客户投诉次数			
	C2.提供贴近客户需求且凝聚价值点的产品	交流调研机制及次数		交流调研计划	
		需求转化数量			
	C3.提供方便和可快速实施的产品	内部投诉次数			
		产品平均部署和上线时间			
内部运营	I1.组建架构师和产品经理负责制的小产品团队	物联网产品新增或升级功能点			
		引擎产品新增或升级功能点			
		设备诊断系统新增或升级功能点			
	I2.执行严格的版本迭代计划	物联网产品迭代次数		版本迭代计划	
		用户界面引擎产品迭代次数			
		设备诊断系统迭代次数			
	I3.持续建立团队创新氛围和机制	竞品跟踪与分析报告次数			
		新技术详细学习与分析数量			
		专利/软著申请数量			
	I4.建立基于创新和贡献的客观评价机制	结合公司考核制度实施			
学习与成长	L1.建立严格的师徒培养机制	老师与每个学生平均交流次数		人才培养计划	
		老师提供参考材料数量总量			
	L2.开展制度性技术分享	部门技术分享次数			
	L3.执行新技术/新点子探索	新技术/方向研讨数量			
		每人平均提出产品新点子数量			

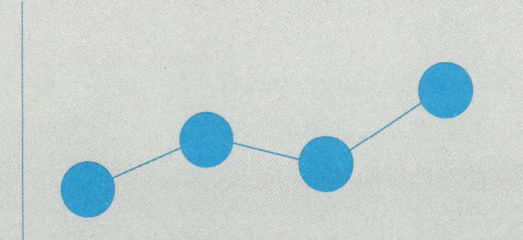

第五章 设计个人业绩承诺书

公司战略图卡表是组织绩效的载体文件，而个人业绩承诺书则是个人绩效的载体文件，两者密切相关，但也有一定区别。组织绩效是整个公司或部门在组织层面的绩效，对战略的承接更加直接，其分管部门一般为战略或经营计划管理部门。而个人绩效则可分为公司高层、部门经理、主管与员工等层面的绩效，是个人对其上级、平级、下级甚至个人发展的一种全方位的承诺，其功能主管部门一般是企业的人力资源部。但是两者之间的关联性也很强，例如公司高管的个人绩效目标与指标很大一部分来源于公司层面的绩效目标与指标，是对公司层面组织绩效最直接的承载。

设计高管个人业绩承诺书

高管个人的业绩承诺书来自公司战略图卡表中目标与指标的最直接分解，同时还要参考高管岗位职责进行补充。

高管个人业绩承诺书编制程序

完成公司图、卡、表的开发后，就可以设计公司层面高管个人的业绩承诺书。高管业绩承诺书的设计应当遵循一些必要的原则，这些原则是：

1. 战略导向原则

这是本书反复强调的一个原则，也是连接图、卡、表，设计高管业绩承诺书最基本的一个原则。高管个人业绩承诺书各个指标的设置一定要能体现公司战略的重点。而在资源配置上，要根据其对战略的驱动分清主、次、轻、重、急、缓。

2. 系统化原则

高管个人业绩承诺书还必须与公司全面预算、流程优化、高管岗位职责及任职资格等紧密相连，配套使用，例如业绩承诺书各个指标值的确认依赖于全面预算的数据支持。

3. 突出重点原则

在设定高管个人业绩承诺书中的关键绩效指标时，切忌面面俱到。应当突出那些最为关键的绩效关注点，尽量去选择那些与公司价值关联度较大、与部门及职位职责结合更紧密的指标。通常在分配关键指标权重时，如果指标的权重低于5%，就不要纳入业绩承诺书。否则就会分散绩效责任人的注意力，影响其将精力集中在最关键的绩效指标上。

4. 可驱动原则

在分解高管个人业绩承诺书的指标时，设置的关键绩效指标一定要是绩效责任人能够控制、驱动的，要将其界定在部门或员工职责可控制的范围之内，也就是说要与部门或员工的职责和权利相一致，否则就会导致目标任务无法实现。

5. 可实现性与挑战性相结合原则

在确定高管个人业绩承诺书指标值时，要注意各个指标应当具有一定的挑战性但又可实现。指标值不能过高，也不能过低，指标值如果过高，无法实现，就不具有激励性；指标值如果过低，就不利于公司绩效成长。

6. 充分沟通原则

设计高管业绩承诺书的过程中，要坚持让绩效责任人、绩效管理者多方参与。并且在目标下达的过程中采取沟通、参与的方式。这样做的意义在于，一方面可以使各方的潜在利益冲突暴露出来，便于通过一些政策性程序来解决这些冲突，从而确保高管个人业绩承诺书制订得更加科学合理；另一方面使责任人充分接受自身的目标，提高其实现目标的动力。

高管个人业绩承诺书编制程序

第一步：界定考核指标与分解指标

设计高管个人业绩承诺书，实现与公司战略图卡表对接，其第一步需要我们界定考核指标与分解指标。也就是说战略图卡表中的指标与计划并不都是高管的考核指标，这就需要你分清战略图卡表中的指标与计划的类别：

考核指标。 有一部分指标与计划能够反映公司业绩，显得尤其重要，因此有必要将其设置在公司层面进行考核，我们称为考核指标。

分解指标。 又称关注指标，有一部分指标与计划不需要设置在公司层面考核，可以分解到下一个层级去，我们将其称为分解指标。分解指标虽然不需要考核，但是在年度计分卡中，它显得相对比较重要，需要适时地进行动态监控，记录入责任人的经营绩效计划，但不作为计分的要求，所以指标又被称为关注指标。

否定指标。 有一部分考核指标责任重大，指标界定的相关状态是一定不能出现的，因为一旦出现就要否定责任人全部的业绩成果，我们将其称为否定指标。

界定指标类型可借助"考核指标与分解指标界定表"来完成，它操作比较简单，不仅适用于公司层面考核指标的筛选，在部门乃至员工层面也都可以使用。该表格可让你对指标的性质了然于胸。

案例12：某高科技发电公司总经理个人业绩承诺书

表5-1是某高科技发电公司总经理个人业绩承诺书中界定考核指标与分解指标的一个工作初稿。

表5-1 个人业绩承诺书

指标体系	考核指标	分解指标	否定指标	计分方法建议
发电量	√			
综合供电煤耗	√			
综合供水煤耗	√			
厂用电量	√			
期末应收供热电费余额	√			
期末流动资产占用额	√			
人身伤害事故发生次数			√	减分项
重特大设备事故			√	
重特大火灾事故			√	
恶性操作事故			√	
重大环境污染事故			√	
重大交通事故			√	
社会影响严重的电力生产事件			√	
经济运行指标（排烟温度等）		√		
非计划生产停运次数	√			
技术管理综合评价指数	√			
燃煤平均库存	√			
设备隐患未及时发现与提报次数		√		
设备障碍未及时提报次数		√		
违规操作次数		√		减分项
严重违规操作次数			√	
合理化建议被采纳数量		√		加分项
障碍发生次数		√		减分项
入炉煤与入场煤热值比	√			
质检、制样、计量抽检违规次数		√		
检斤率		√		
质检率		√		
机器取样比率		√		
亏煤定额		√		
煤场管理抽检不合格次数		√		

第二步：分配指标权重

分配指标权重也是设计高管个人业绩承诺书的一个重要工作环节。在进行指标权重分配时，你可以顺便引导大家考虑以下几个问题：公司所选择考核指标的数量是否过多？按照该数量分配的指标权重是否低于5%？（如果考核指标的权重低于5%，可以考虑取消或合并一些指标）如果指标过多，是否可以对相关指标进行合并或精简？

在选择公司层面考核指标时，你一定要注意董事会的意见。因为高管个人业绩承诺书需要董事会做最后的确认，如果你就是公司的董事长，你就要征求董事会其他成员的意见。中国民营企业有一个区别于外资企业与国有企业的有趣现象，那就是有很大一部分民营企业的所有权和经营权完全没有分离：公司的董事长兼任总经理，而公司的其他董事则是公司的副总经理。也许你会认为，公司层面还需要考核吗？我们的回答是"需要"，即使是这样也有必要对整个公司的绩效进行考核。对公司层面的考核表达了董事会（群体）对总经理（个体）的期望，也向其他部门级的经理们传递了一个信息——董事会在关注什么？

分配指标权重的方法有：

一是主观经验法，就是将指标按照重要性原则进行排序，然后将排在前十位或者更后位的指标放在公司层面。

二是权值因子法，又称交互式分析法。它是运用权值因子判断表对设计的各个指标进行两两比较，并评估分值来确定权重。

三是层次分析法，所谓的层次分析法实际上是事先确定评价模型，再运用评价模型对指标进行打分，最后根据得分确定指标权重。

下面是一个运用层次分析法计算指标权重的实例。该实例中开发出6个层次的评价要素，按照较低、一般、较高、高分为4个等级，每个等级对应不同的分值，如表5-2所示。

表5-2　评价要素等级与得分对照表　　　　　　　（得分单位：分）

评价要素	1级	2级	3级	4级
可驱动度	30	120	210	300
应关注度	10	40	70	100
岗位驱动	20	80	140	200
战略影响	15	60	105	150
实施可能	15	60	105	150
资源匹配	10	40	70	100

再运用6个评价要素分别对总经理岗位所承担的7个绩效指标进行评价打分，最后参考表5-2进行加权汇总，计算出每个指标的得分与7个指标的总得分，再计算出7个指标的权重，如表5-3所示。

表5-3　分配指标权重表

序号	指标名称	可驱动度	应关注度	岗位驱动	战略影响	实施可能	资源匹配	得分（分）	最终权重
1	销售收入	3级	4级	3级	3级	3级	4级	760	0.15
2	成本费用	2级	2级	3级	2级	2级	2级	460	0.09
3	流动资金周转率	3级	2级	3级	2级	2级	3级	580	0.11
4	市场占有率	4级	4级	3级	3级	3级	3级	820	0.17
5	退换货率	4级	4级	3级	3级	3级	4级	850	0.17
6	C-31研发计划达成率	4级	3级	3级	2级	2级	3级	700	0.14
7	关键岗位任职资格达标率	4级	4级	3级	3级	3级	3级	820	0.17
合计								4990	1

第三步：指标赋值，编制高管个人业绩承诺书

在进行指标权重分配并最终确认了考核指标后，你就可以开始为每个指标设定指标值，并设计、组织签订公司高管个人业绩承诺书。

指标赋值是设计业绩承诺书的一个重大挑战，很多企业就是因为缺乏确定指标值的依据而使得整个战略绩效管理推进工作在这个环节上止步不前，在这里我们分析一下产生这种情况的原因是什么，以帮助你更准确地确定指标值。

根据我们的经验，造成指标值确认困难的根本原因无非是两个：一是公司内部没有支持获取这些指标目标值的统计分析系统；二是公司可能不知道如何通过统计分析系统获取相应的目标值。例如很多中国企业的基础统计、年度营销预测、经营计划及财务预算十分薄弱，无法获得一些基础历史数据，因此也无法正确判断目标值，它们需要尽快地完善这些方面的工作，为目标值的获取提供内部支持。

如果依靠自己的力量确实无法完成上面的工作，你可以考虑聘请外部专家来提供帮助，对你的营销预测、内部统计及经营计划与财务预算进行梳理。除此之外就只有一个办法，即依靠经验来完成指标值确认这个艰巨的工作。在这种情况下，你在第一次确定一些指标值的时候不要刻意地去寻找特别完美的方案，你也可以广泛征求公司相关人员的意见，利用并汇总他们的个人经验。你还可以就指标值的讨论召开一次更多人员参与的研讨会！比如在确定销售收入指标的时候，你可以征求营销总监、市场经理、销售经理乃至每个销售员的意见，他们可能会根据自己的预测经验和公司历史的绩效水平，帮助你确定今年公司的销售收入到底应该是多少。公司的制造总监、生产经理、品质管理经理甚至品质管理员对产品一次交验合格率的目标值的建议都是你应当重视的……

确定指标值后，要注意的第二个问题是指标的计分方法，所谓指标的计分方法是指如何根据指标的实际值确定指标的得分。无论是定量的还是定性的指标，其常用的指标计分方法有：

扣分法。预先给工作任务设定一个理想状态下的标准分数，当发现指标在完成过程中出现异常情况时，就按照一定的标准进行扣分，如果没有发现问题就是满分。该方法操作比较烦琐，目前采用得越来越少。

连续计分法。用于一些可以用数字表示标准的指标，例如销售收入考核标准为50亿元，完成目标可得60分，如果实际完成了60亿元，那么销售收入指标的实际得分就是：60亿元/50亿元×60分=72分。

层差法。一种比较常规的考核方法，特点是需要对绩效考核可能出现的多种情况进行描述，并设定出各种情况的对应计分方法。

关键事件法。事先只对目标达成的合格状态进行描述，最后考核时，按照层差进行打分，由于没有事先对给定各层差状态进行描述，所以要求打分者进行理由举证说明，即描述关键事件。

非此即彼法。对绩效考核结果只确定两个可供选择的结果认定：要么是完成，要么是没有完成。

选择不同的计分方法对同样的指标值进行计分所得到的分数是不同的。例如销售收入的目标是60亿元，而实际完成了75亿元。如果选用层差法可能得100分（假设层差标准是50亿元以下得0分，50亿元、60亿元、70亿元得60分；70亿元以上得100分），但是如果选用连续计分法，则得分是（假设销售收入完成60亿元得60分）：75亿元/60亿元×60分=75分。

完成指标赋值后就可以签订高管个人业绩承诺书，不过，在此之前需要将相关指标及指标值提交责任人的间接上级审批。

案例13：深圳M高科技股份有限公司总经理个人业绩承诺书

表5-4是深圳M高科技股份有限公司总经理个人业绩承诺书。

表5-4　深圳M高科技股份有限公司总经理个人业绩承诺书

<table>
<tr><td colspan="7">深圳M高科技股份有限公司总经理个人业绩承诺书</td></tr>
<tr><td>评价周期</td><td colspan="6">20××年1月1日 至 20××年12月31日</td></tr>
<tr><td colspan="7">一、绩效指标（KPI）</td></tr>
<tr><td>维度</td><td>编号</td><td>绩效指标名称</td><td>指标计分方法</td><td>权重</td><td>实际值</td><td>加权得分</td></tr>
<tr><td rowspan="3">财务</td><td>1</td><td>营业收入</td><td>1.指标解释：数据来源于财务部
2.计分规则：
√挑战值（100分）：50亿元以上
√目标值（60分）：40亿~50亿元，区间内连续计分
√淘汰值（0分）：40亿元以下</td><td>30%</td><td></td><td></td></tr>
<tr><td>2</td><td>税后净利润</td><td>1.指标解释：数据来源于财务部
税后净利润=营业收入−成本费用−税金；
2.计分规则：
√挑战值（100分）：5亿元以上
√目标值（60分）：4亿~5亿元，区间内连续计分
√淘汰值（0分）：4亿元以下</td><td>15%</td><td></td><td></td></tr>
<tr><td>客户</td><td>3</td><td>重点产品销售收入增长率</td><td>1.指标解释：重点产品指CA/BTD智能无人机；数据来源于客户服务部、财务部
2.计分规则：
√挑战值（100分）：200%以上
√目标值（60分）：120%~200%，区间内连续计分
√淘汰值（0分）：120%以下</td><td>25%</td><td></td><td></td></tr>
</table>

续表

维度	编号	绩效指标名称	指标计分方法	权重	实际值	加权得分
内部运营	4	军工新品样机通过验证	1.指标解释：根据公司级平衡计分卡中军工新品计划节点任务进行计分 2.计分规则： √挑战值（100分）：计划阶段任务目标按期达成 √淘汰值（0分）：计划阶段任务目标未按期达成	10%		
	5	内审体系、监察体系、风控体系、内控体系四大体系建设评价	1.指标解释： 四大体系建设评价得分=（内审体系建设计划得分+监察体系建设计划得分+风控体系建设计划得分+内控体系建设计划得分）/4；得分根据董秘实际考核得分确定；任意单项得分未达到60分计为0分 2.计分规则： √挑战值（100分）：80分及以上 √目标值（60分）：60~80分，区间内连续计分 √淘汰值（0分）：60分以下	10%		
	6	尖端抗干扰技术项目立项数量	1.指标解释：以批准立项为准，数据来源于企划部 2.计分规则： √挑战值（100分）：2个以上 √目标值（60分）：1~2个，区间内连续计分 √淘汰值（0分）：0个	5%		
学习与成长	7	人力资本准备度	1.指标解释：数据来源于人力资源部 √人力资本准备度是指关键岗位的在岗人员任职资格满足岗位说明书任职要求，关键岗位指公司中高层岗位人员 人力资本准备度=任职资格达标人数/总人数×100% 2.计分规则： √挑战值（100分）：80%及以上 √目标值（60分）：70%~80%，区间内连续计分 √淘汰值（0分）：低于70%	5%		
考核总得分【=ΣKPI指标/工作计划考核得分×权重】						

续表

二、激励项（MPI）（注：考核期内，出现以下事项就加分）

编号	指标名称	指标计分方法	计分区间
1	销售费用率	数据来源于财务部；与2018年相比，每降低2个百分点，加1分	+2分
2	进入欧洲××评审目录的机型数量	数据来源于客户服务部；每进入1个欧洲××机构评审目录，加1分	+1分
3	入选平衡计分卡名人堂	数据来源于战略管理办公室；2025年入选平衡计分卡名人堂，"十四五"期间按入选要求制订阶段工作计划，并顺利达成阶段计划目标	+1分
4	企业文化认知度	数据来源于人力资源部；针对公司员工企业文化认知度进行考试，目标值60分及以上	+1分
激励项加分			/

三、约束项（PPI）（注：考核期内，出现以下事项就扣分）

编号	指标名称	指标计分方法	计分区间
1	ACR型号销量（万台）	数据来源于客户服务部；低于目标销量的80%，扣4分；低于90%扣2分	−4分
2	产品体系检测合格率	数据来源于质保部；合格率100%，出现严重缺陷每1个扣4分；出现主要缺陷每1个扣1分；出现一般缺陷每10个扣1分	−4分
3	预算执行偏差率	数据来源于财务部；高于淘汰值±25%，扣2分；每±10个百分点，扣1分	−2分
4	重大经营事故	重大经营事故包含A类安全生产事故、重大危机事件、重大工作失误，该指标属于非此即彼法的否定指标，一旦发生，本计分卡分数实行一票否决（归零）	/
约束项扣分			/

四、个人考核最终分数及绩效等级认定

个人考核最终得分	
绩效等级最终认定	

续表

五、确认签字	
被考核人签字	考核人签字
请签字确认考核结果：	请签字确认考核结果：
签字日期： 20 年 月 日	签字日期： 20 年 月 日
注： 1.本评价表1式3份，考核人与被考核人1份，评卡办备案1份； 2.签署与评价后由战略管理办公室存档。	

设计部门经理个人业绩承诺书

部门经理个人业绩承诺书中的目标与指标来源于部门组织绩效，也就是要把部门战略图卡表中的部分目标与指标分解到部门经理的个人业绩承诺书上。为此，你要在部门组织绩效指标中选出两类指标：部门经理的考核指标与分解指标。

区分部门经理考核指标与分解指标

部门经理考核指标是纳入部门经理的业绩承诺书并可能在部门内部员工之间分解的指标，而分解指标则仅指在部门内部员工之间分解的指标。界定部门层面的考核指标与分解指标，依赖于你对部门层面指标体系内部各个指标之间的逻辑关系的澄清。在公司层面所进行的价值树分析对你有很大的帮助，你可以参考原来的价值树模型图。一般来说，部门层面的考核指标应当尽量选择那些与部门战略重点相关的滞后/结果性指标（当然也包含部分重要的领先/驱动性指标）。

例如，我们将产品交验合格率、质量问题揭示率、质量巡检次数、违规次数四个指标分解到生产部，但是不是上述指标都需要纳入部门经理个人业绩承诺书中，作为部门经理的考核指标呢？其实是没有必要的，只要选择滞后/结果性指标——产品交验合格率就可以了，其他三个领先/驱动型指标可以在部门内部分解给考核小组或员工个人，如图5-1所示。

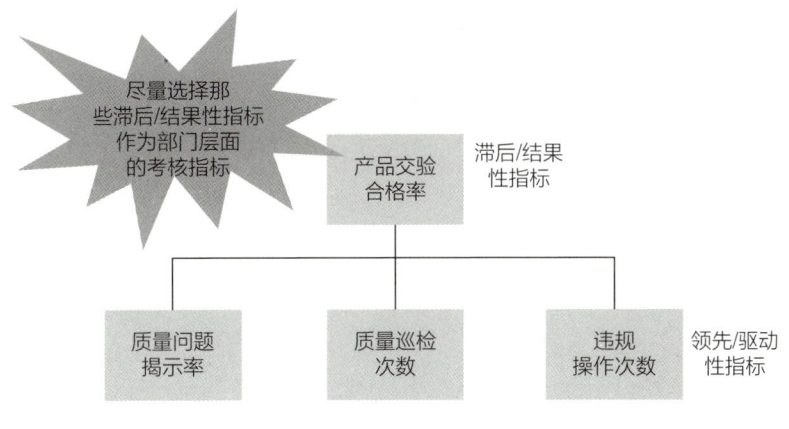

图5-1 部门考核指标选择

选择部门经理的考核指标要广泛收集各个部门的意见。在实际的平衡计分卡项目操作中，你可以把部门指标体系的资料发放到各个部门，由各个部门经理组织一次部门内部沟通会议，由他们先行讨论，最后他们讨论的结果还需要提交给各个分管领导进行审核。但是在组织该活动之前，你应当告诉各个部门经理们如何选择部门经理考核指标与分解指标。一般来说部门经理的考核指标无非有两种情况：

（1）与部门经理岗位职责直接相关，能够体现部门战略重点的结果/滞后性指标。

（2）能驱动这些结果/滞后性指标的重点驱动/领先性指标。

你可以让各个部门经理借助考核指标与分解指标表（该表在公司层面选择考核指标与分解指标的时候也可以使用）来界定：

在指标类别与指标名称竖栏内分别填入指标的维度与名称。
在建议性质竖栏内涂色或做标记，表示指标是考核指标还是分解指标。
对考核指标按照事先确定的编码规则进行编号。
表5-5是某企业生产运营中心经理考核指标与分解指标确认的示例。

表5-5　某企业生产运营中心经理考核指标与分解指标界定表

指标类别	一级KPI指标名称	指标编号	建议性质	
			考核指标	分解指标
财务类	成本预算达成率	D-001		
	存货周转率/呆滞物料比率			
	工艺改善对成本降低的贡献			
	设备改造对成本降低的贡献			
客户类	重要客户满意度	D-002		
内部运营类	订单需求满足率	D-003		
	退换货率	D-004		
	管理体系有效性	D-005		
	工艺改善计划完成率			
	主要设备故障停机率			
	设备改造计划完成率			
	产品工时定额完成率			

续表

指标类别	一级KPI指标名称	指标编号	建议性质	
			考核指标	分解指标
内部运营类	A级品率			
	产品一次交验合格率			
	采购及时到货率			
	来料合格率			
	工艺改善对加工时间缩短的贡献			
	设备改善对加工时间缩短的贡献			
学习与成长类	培训计划完成率			
	人均培训时数			
	任职资格达标率	D-006		
	员工流失率	D-007		

部门经理考核指标考操作性检视

当各个部门将部门经理的考核指标确定后，还要进行指标的可操作性检视工作。与公司层面考核指标检视原理基本相同，部门考核指标检视主要考虑下列8个方面的要素：

1. 指标是否与部门战略一致

部门经理的考核指标是对部门整体绩效最终成果的衡量，它也反映了部门经理个人应当承担的领导者责任，甚至包括对自己的承诺。因此部门考核指标需要具有很强的适用性，即能反映部门战略重点的结果性指标或与部门战略重点直接相关的驱动性指标。在部门指标检视中，对于那些不能反映部门战略重点的指标，要将其从部门层面剔除，作为分解指标；而在所选择指标都与部门战略重点相关，但又明显过多的情况下，可以合并一些相关的指标，以确保指标既能反映部门战略重点又保持一定的精简。

2. 指标是否可控制

部门经理考核指标必须是该部门经理可驱动的。除了一些特殊情况（例如，为了加强部门在整个公司的全局性作用，有时特意将一两个上级单位指标以很少的权重分配给下级单位），在一般情况下，考核指标一定是该部门经理可以驱动的。和我们在前面所说的一样，如果被考核的主体驱动不了指标，那么他就有可能放弃该指标。

3. 指标是否可实施

即使该指标是部门经理可驱动的，但公司是否可以配置资源并用行动来改进指标的结果？部门经理（考核指标的责任人）是否认同？是否能够采取行动对指标结果产生正面影响？

4. 指标是否可信

任何一项指标都需要数据来源的支持，如果一个指标没有数据来源支持，那么它就会失去实际操作的意义。因此和公司考核指标相同的是，部门考核指标还需要考量：是否有稳定的数据来源来支持指标或数据构成？这种数据能否被人为操纵以使绩效看起来比实际更好或更糟？数据的处理过程是否会使绩效指标计算得不准确？

5. 指标是否可衡量

部门经理的考核指标可以量化吗？因为量化就有了最明确的衡量标准。当然，不是所有的指标都可以量化，但是最基本的限度是：指标是否有可信的衡量标准？如果不能量化，并且指标没有可信的衡量标准，那么你应该取消指标。

6. 指标是否可低成本获取

部门经理指标的考核需要衡量对比，而对比的主要依据是事先设定的指标值与实际值。因此指标的设置应当符合上面第4个标准：是否可信？能否获取可信的实际值？但是只考虑这一点是不够的，你还要考虑指标实际值的获取成本是否很高，如果高于指标衡量的贡献，那么指标就需要调整了。对于那些无法获得实际执行情况的指标或获取成本较高的指标，应当首先考虑是否有替代指标。在实在无法量化的情况下，可以考虑一些定性的指标，但是要结合关键事件法。

7. 指标是否具有协调性

部门是公司的一个组织单元，它和其他部门之间应当保持一定的协调关系，因此在部门经理指标设置中，还需要考虑该部门经理指标与其他部门指标的协调，防止出现冲突与矛盾的现象。同时部门经理层面考核指标与高管考核指标应当保持相互对应的关系，部门经理考核指标应当能够指出它支持实现公司平衡计分卡上的哪一个指标。总之，部门经理考核指标的设置应考虑纵向与横向的协调性。

8. 指标是否可理解

这一点基本和公司考核指标检视要求相似，你要考虑选择的部门经理指标是否用通用商业语言定义，能否以简单明了的语言说明，是否有可能被误解等。

上面8项标准可以设计成类似于公司指标检视表的格式进行检视。

在完成部门经理考核指标的初步检视后，你就可以组织各个分管领导和部门经理进行指标解释了，工具和公司指标解释相同。

案例14：EDD集团部门经理指标解释表（部分）

EDD集团各部门经理的指标解释如表5-6至表5-8所示。

表5-6 EDD集团质量管理部经理指标解释表

指标编号	指标名称	计算方法/说明	计量单位	极性	数据来源主导部门	数据支持文件
1	外部质量损失	指外部质量问题造成的损失（维修费、材料费、工时费、差旅费）	万元	负	客服部/财务部	维修服务报告、客户投诉处理记录/财务报表
2	重大质量事故发生次数	指造成外部索赔损失的质量事故	次	负	客服部/销售部/质量安全部	客户投诉处理记录
3	供应商质量损失索赔率	指公司针对供应商质量问题进行索赔；索赔率=实际索赔金额/索赔目标金额；索赔目标金额=供应商质量问题造成内外部损失金额×总经理确认的调整系数	%	正	质量安全部	不合格品处理单
4	协作供应商质量原因影响项目次数	由质量安全部、产品部、物流部三方鉴定是否属于协作供应商的责任	次	负	质量安全部/产品部（项目分部）/物流部	进料检验单、不合格品处理单
5	不发生政府机构安环、消防通报	杜绝外部机构通报/处罚	次	负	管理委员会	会议纪要
6	安全教育检查任务达成评估	按规定的时间节点保质保量完成安全教育检查任务，并通过管理委员会的评审	分数	正	质量安全部/管理委员会	安全检查表/培训记录/会议纪要
7	质量培训计划达成评价	按规定的时间节点保质保量完成质量培训计划，并通过人事行政部的评审	分数	正	人事行政部	培训计划、培训记录
8	质量评审目标达成评价	按规定的时间节点完成质量评审的任务，符合质量评审内容要求，并通过管理委员会的评审	分数	正	第三方认证机构	外审报告

续表

指标编号	指标名称	计算方法/说明	计量单位	极性	数据来源主导部门	数据支持文件
9	重点供应商支持计划达成评价	按规定的时间节点，按计划内容要求完成供应商支持计划，并通过管理委员会的评审	分数	正	管理委员会	会议纪要
10	流程优化任务达成评估	参考流程与制度优化计划关键节点要求进行评估	—	—	管理委员会	会议纪要
11	质量标准建立与优化任务达成评价	根据质量标准建立与优化计划关键节点完成情况进行评价	分数	正	管理委员会	会议纪要

表5-7 EDD集团销售部经理绩效指标解释表

指标编号	指标名称	计算方法/说明	计量单位	极性	数据来源主导部门	数据支持文件
1	IHM设备销售收入	—	万元	正	财务部	财务报表
2	IPS设备销售收入	—	万元	正	财务部	财务报表
3	重点产品销售收入	指公司重点产品线的销售收入，2009年为LC、IPS成套设备	万元	正	财务部	财务报表
4	国际市场销售收入	—	万元	正	财务部	财务报表
5	国内新市场销售收入	指新增加客户的销售收入	万元	正	财务部	财务报表
6	部门可控费用	指分管的所有销售费用率；实施预算管理，按照预算考核	万元	负	财务部	财务报表
7	期末成品库存余额	—	万元	负	财务部	财务报表
	成品库存周转天数	—	天	负	财务部	财务报表
	不良成品库存余额	—	万元	负	财务部	财务报表

续表

指标编号	指标名称	计算方法/说明	计量单位	极性	数据来源主导部门	数据支持文件
8	期末应收账款余额	—	万元	负	财务部	财务报表
	应收账款周转天数	—	天	负	财务部	财务报表
	不良应收账款余额	—	万元	负	财务部	财务报表
9	IHM设备边际贡献率	边际贡献率=(销售收入−直接成本)/销售收入	%	正	财务部	财务报表
	IPS设备边际贡献率	边际贡献率=(销售收入−直接成本)/销售收入	%	正	财务部	财务报表
10	销售预测准确率	各产品线月度销售预测准确率的加权平均	分数	趋中	销售部	销售计划表/销售报表
11	客户联谊计划和实施评价	参考流程与制度优化计划关键节点要求进行评估	分数	正	管理委员会	会议纪要
12	SAS设备销售收入	指因销售部反馈(加分指标)	万元	正	销售部	协同销售信息确认单

表5-8　EDD集团物流材料中心经理绩效指标解释表

序号	指标名称	计算方法/说明	计量单位	极性	数据来源主导部门	数据支持文件
1	材料成本目标达成比例	项目材料费用实际值/预算值	%	负	财务部	财务报表
	物流费用目标达成率	项目物流费用实际值/预算值	%	负	财务部	财务报表
	包装费用目标达成率	项目包装费用实际值/预算值	%	负	财务部	财务报表

序号	指标名称	计算方法/说明	计量单位	极性	数据来源主导部门	数据支持文件
2	期末库存余额	—	万元	负	财务部	财务报表
	存货周转天数	—	天	负	财务部	财务报表
	不良库存余额	—	万元	负	财务部	财务报表
3	协作供应商按时交付率	协作供应商按时交付率=按时保质保量交付批次/总批次（不合格为未交付）	%	正	物流部	企业资源计划系统
4	采购延误比例（影响项目）	标准件，由管理委员会签订	%	负	管理委员会	会议纪要
5	供应商支持计划达成评价	按规定的时间节点，按计划内容的要求完成供应商支持计划，并通过管理委员会的评审	分数	正	管理委员会	会议纪要
6	内外部质量损失金额	指因供应商原因造成的内外部质量损失金额	万元	负	财务部	财务报表
7	战略供应商应付周转天数	战略供应商由管理委员会定义	天	负	财务部	财务报表
8	未及时反馈供应商信息而导致设计更改次数	设计更改次数	次数	负	产品部/市场与产品开发部	设计更改单
9	供应商、物流信息抽检合格率	供应商、物流信息抽检合格率=抽检合格次数/总抽检次数	%	正	管理委员会	会议纪要
10	仓库盘盈盘亏额	仓库盘盈盘亏指财务盘点时发现账实不符。由财务部定期组织仓库盘点	万元	负	财务部	财务报表

续表

序号	指标名称	计算方法/说明	计量单位	极性	数据来源主导部门	数据支持文件
11	5S检查平均得分	集团管理委员会检查平均分数，部门自检得分不纳入统计	分数	正	管理委员会	5S检查评价表
12	物资运输失误次数	延误、错误等造成公司一般经济损失的否定指标；重大经济损失转为否定指标；损失属性鉴定根据物流管理制度	%	正	物流部/管理委员会	完工单/装箱单/会议纪要
13	流程与制度优化计划达成评价	参考流程与制度优化计划关键节点要求进行评估	分数	正	管理委员会	会议纪要
14	优良协作供应商比例	优良协作供应商的评价由管理委员会或供应商评审小组评定。优良协作供应商比例=优良供应商数量/总合格供应商数量	%	正	管理委员会	供应商评价表

设计部门经理个人业绩承诺书

在完成指标讨论并确定部门经理个人的考核指标后，你就可以设计部门经理个人业绩承诺书了。部门经理个人业绩承诺书和高管个人业绩承诺书结构相同，如果对部门经理进行任职资格分析后，发现其在能力素质方面有需要改进的领域，你们还可以将其个人学习与成长计划作为部门经理个人业绩承诺书的附件。

案例15：中国某热电有限公司生产运营部经理业绩承诺书

表5-9是中国某热电有限公司生产运营部经理业绩承诺书示例。

表5-9 中国某热电有限公司生产运营部经理业绩承诺书

部门：生产运营部			业绩承诺书					
编号								
受约人信息				发约人信息				
姓名		张××		姓名		李××		
单位（部门）		生产运营部		单位（部门）		总经办		
岗位（职位）		经理		岗位（职位）		总经理		
有效期		20××年10月1日至20××年10月31日						
编号	考核指标名称	淘汰值（0分）	目标值（60分）	挑战值（100分）	权重	实际值	加权得分	关键事件描述
1	发电量	<0.9亿千瓦·时	0.9亿~1.1亿千瓦·时；中间值：1亿千瓦·时	>1.1亿千瓦·时	30%			
2	非计划降出力次数	≥2次	≤1次	0次	10%			
3	入炉煤与入场煤热值差	<130大卡	130~110大卡；中间值：120大卡	>110大卡	20%			
4	盘煤亏额	<2.5万吨	2.5万~1万吨；中间值：2万吨	>1万吨	15%			
5	非计划生产停运次数	满分100分，每发生1次扣100分；如造成严重影响与重大损失转为否定指标			20%			
6	技术管理综合评价	20××年10月31日之前组织完成锅炉运行技术标准的更新，要求包含所有工艺流程标准并具备可操作性，一次性获得公司技术管理委员会的审议通过			5%			
个人考核总得分（计算公式）								

续表

综合绩效总得分（计算公式）		
等级认定：		
编号	加减分值	关键事件陈述
1		
绩效考核最终结果		
是否有否决项		
计分等级最终认定		

加减分要求：加分总分最高不超过15分，减分总分最高不超过15分。

计划确认签字		
受约人签字	发约人签字	间接上级签字
请签字确认考核结果： 签字日期：　　年　月　日	请签字确认考核结果： 签字日期：　　年　月　日	请签字确认考核结果： 签字日期：　　年　月　日
考核确认签字		
受约人签字	发约人签字	间接上级签字
请签字确认考核结果： 签字日期：　　年　月　日	请签字确认考核结果： 签字日期：　　年　月　日	请签字确认考核结果： 签字日期：　　年　月　日

设计员工个人业绩承诺书

在完成部门经理个人业绩承诺书设计后，你和推进小组需要指导员工个人业绩承诺书的设计（在实际操作中可能还有主管个人业绩承诺书的设计）。

员工个人业绩承诺书指标来源

设计员工个人业绩承诺书第一个关键步骤就是寻找员工个人的KPI考核指标。在实际操作中，对于部门内部员工来说，他们个人的KPI考核指标无非来自两个方面：一是部门指标体系的进一步分解，二是其岗位职责的补充。

员工个人的KPI考核指标的第一个源头是容易理解的，它和部门考核指标体系的原理大致相同：部门绩效目标的完成依赖于部门经理带领部门全体员工共同努力，也就是说，部门的绩效成绩是全体员工个人绩效成绩的有机结合，所以部门的目标与指标最终需要部门全体员工来共同承担。员工个人KPI考核指标的第二个源头是进行岗位职责分析并推导补充的指标，在绩效指标实际的分解活动中，随着管理层级下移（特别是基层），员工对战略目标的驱动力逐渐减弱与间接化，单纯的指标分解难以收集到非常全面的反映该岗位主要工作产出的指标体系。这一现象是由不同管理层级及不同管理岗位的职责特点所决定的。

从不同管理层级的维度来看，公司高管个人业绩承诺书中的目标与指标主要是对公司整体绩效的最直接分解，因此它肯定是那些对公司战略有最直接的驱动力，对生产经营结果负有最直接责任的目标与指标。因此，公司高管个人业绩承诺书的目标与指标很容易就可以直接从公司战略图卡表中能反映公司战略主题的最终结果导向的目标与指标分解而得。

而部门经理个人业绩承诺书中的目标与指标，除了很大一部分是来源于部门战略目标的最直接分解外，还有一部分则是来源于岗位职责最直接的推导。这和部门经理的层级特点有很大关系：部门是公司的一个单元，它对一定范围内而非公司全部的经营结果负责。在很大程度上，部门经理通过履行自己的使命与职能来驱动公司部分目标与指标的实现。但是为了防止在实际操作中指标分解出现疏漏，还要根据部门经理岗位在流程中的职能界定出部分过程性、辅助性的KPI指标进行对比与补充。

而员工个人业绩承诺书中的目标与指标，除了来自部门战略图卡表中目标与指标的分解外，还可以来自职责推导的分析与补充。这是因为普通员工个人职责的特点是，其日常工作基本由上级安排和设定，往往没有较高的独立性，对公司的战略目标没有最直接的驱动力，体现在对生产经营结果的影响也只是小范围的。因此在实际操作中，普通员工的KPI指标应当有很大一部分都来自岗位职责的推导。

员工个人业绩承诺书设计步骤

员工个人业绩承诺书设计可以分为三个步骤：

第一步：设置个人考核指标

设计员工个人业绩承诺书的第一步是找出员工个人考核指标。员工个人的考核指标来自两个方面，其一是部门指标体系的直接分解，其二是本岗位的职责推导。因此，在这个环节上，需要做好四个方面的工作：一是分解部门指标（包括部门考核指标与分解指标）；二是进行岗位职责指标的推导；三是进行两个方面指标对比；四是指标的检视。这四项工作的具体方法与技巧基本与部门经理个人业绩承诺书指标确定的方法与技巧大致相同。

第二步：分配权重并确定指标值

在确定了员工个人业绩承诺书的考核指标后，你要做的就是指导各个部门经理和员工分配他们的考核指标权重。指标权重的分配仍可采取主观判断法或权值因子法。最后，你还要让他们根据公司的经营计划及财务预算设定指标值，指标值应当注意与上级的同类指标保持数值上的一致性。例如，某销售主管的销售收入指标值是1000万元，那么他所分管的几个销售员的销售收入指标值之和也应当是1000万元。

第三步：编制学习与成长计划，汇总编制员工个人绩效计划

在完成指标赋值、权重设计活动后，就可以指导各个部门编制员工的学习与成长计划。在员工个人的学习与成长计划编制完成后，各个部门就可以将个人业绩承诺书及学习与成长计划汇总起来存档。

案例16：某装备制造公司员工个人业绩承诺书

某装备制造公司是中国某工程设备行业的领导者，曾经在我们的帮助下引进以平衡计分卡为核心工具的战略绩效管理咨询项目。我们帮助该公司开发了集团、子公司乃至部门的战略地图、平衡计分卡，行动计划表，还设计了高管与经理的个人业绩承诺书，我们最后分解、设计员工个人业绩承诺书，其内容结构与高管、经理个人业绩承诺书相似，如表5-10所示。

表5-10　某装备制造公司员工个人业绩承诺书

员工个人业绩承诺书			
受约人		发约人	
姓　名	××	姓　名	××
单位（部门）	管理部	单位（部门）	行政管理中心
岗位（职位）	专员	岗位（职位）	总监
考核期	20××年10月1日至20××年10月31日		

一、考核指标

维度	绩效指标名称	指标计分方法说明	权重	指标得分	加权得分	关键事件描述
财务	主管可控费用控制目标达成率（KPI）	淘汰值（0分）：110万元以上；目标值（60分）：100万元；挑战值（100分）：90万元以下。90万~110万元连续计分，100万元为目标值得分60分，最高不超过80分，最低不低于40分				
客户	招聘计划达成评价（GS）	10月份招聘30个大学毕业生实现签约，要求专业与目标院校符合公司人才引进的标准				
	公司培训工作计划达成评价（GS）	10月份完成公司初级以上管理干部的普通话培训，要求公司领导班子满意度达80分以上				
内部运营	企业文化建设计划评价（GS）	10月20日完成组织行为与员工个人行为规范初稿；要求获得总经理办公会初步审批				
		10月份组织一次企业文化认知度的调查工作，要求覆盖50%以上的员工，并初步统计出该指标数据值				

续表

维度	绩效指标名称	指标计分方法说明	权重	指标得分	加权得分	关键事件描述
内部运营	管理改进项目计划评价（GS）	10月×日之前完成公司公文编制管理评审，覆盖率达到100%（抽检确定覆盖率）				
		10月份完成流程、制度改进计划编制，并一次性获得总经理办公会审批通过				
	绩效管理计划达成评价（GS）	10月25日之前完成公司16个一级部门绩效签约的准备工作，要求完成指标解释表、绩效考核表（10月）及所有支持性调查表格的设计，并初步获得分管领导审批通过				
	劳动纪律管理计划（GS）	10月份至少组织一次劳动纪律检查工作，要求有明确的检查记录				
学习与成长	人力资源管理能力提升（GS）	本月参加人力资源管理资格考试，要求获取中级资格证书				
考核总得分【=∑KPI指标/工作计划考核得分×权重】						

二、加扣分指标

编号	指标名称	加扣分标准	加扣分	关键事件描述
1	管理遭通报次数	每出现一次通报扣5分（直至转为否定指标）		
2	网络设施配备及维护被投诉次数	每发现一次扣5分		
3	重大劳资问题不良解决事件	每发现一次扣5分		
4	合理化建议获奖数量	1等奖加×分；2等奖加×分；3等奖加×分		
加扣分合计（加扣分最高不超过±10分）				

续表

三、考核最终分数及等级认定	
考核最终得分	
计划确认签字	
受约人签字	发约人签字
请签字确认计划： 签字日期：　　20××年　月　日	请签字确认计划： 签字日期：　　20××年　月　日
考核确认签字	
受约人签字	发约人签字
请签字确认考核结果： 签字日期：　　20××年　月　日	请签字确认考核结果： 签字日期：　　20××年　月　日

任何层面的个人业绩承诺书都可能将个人学习与成长计划作为其重要的组成部分，即使在高管与部门经理层面，学习与成长计划往往也是十分重要的。

在个人业绩承诺书的设计中，强调制订学习与成长计划的原因是，当明晰了绩效责任人在绩效计划期内的绩效目标后，绩效责任人对要做什么已经有了明确的方向，但是有了方向和目标不代表就有能力实现这个目标，绩效责任人的上级还应当帮助绩效责任人获得实现目标的能力，因为绩效责任人是否有这个能力来实现这些目标也是绩效计划能否实现的关键！在制订绩效计划的过程中，要求绩效责任人制订个人学习与成长计划对于公司和绩效责任人本人来说都有着十分重要的意义。

相对于公司而言，制订学习与成长计划的意义在于：

制定员工发展的整体框架能帮助公司最终获得理想的人才队伍。

从知识、经验、能力与职业素养这些方面将公司对员工队伍能力素质要求落实到每一个人，落实到行动上。

帮助公司在评估员工所需的能力素质上，采用统一的管理方法。

将公司的发展与员工个人发展的目标、内容与行动相互结合。

相对于绩效责任人个人而言，制订学习与成长计划的意义在于：

（1）了解自己需要发展什么样的专业与管理能力。
（2）明确在何时、采取何种行动来发展这些能力。
（3）明确如何判断个人已具备这些能力。
（4）形成持续不断、协调一致的个人能力发展计划。

当然在很多平衡计分卡与战略绩效管理的实践中，并不是所有职位的绩效责任人都需要制订个人的学习与成长计划。如果现在你是第一次关注员工能力素质提升，你还是选择那些重点职位的绩效责任人制订学习与成长计划吧！一般来说，公司的中层以上干部、储备干部、核心技术人员都可以列入重点职位个人学习与成长计划的对象，同时他们也只有在以下几种情况下才需要制订学习与成长计划：

尚未完全具备目前工作职位所需的能力，为有效完成日常工作、计划内的绩效指标或工作目标，须提高某个或某几个方面的能力。

已具备完成目前工作或工作目标的能力，如若在某个或某几个方面的能力有进一步发展就能担任更高的职位或承担更多的责任。

已被设定为某职位的继任者，对目标继任职位所要求的能力及行为方式须制订能力计划。

编制个人学习与成长计划最直接的依据是绩效责任人所在岗位的任职资格要求和现状之间的对比差距。因此建立任职资格体系，明晰各个岗位的任职资格与能力素质要求是编制个人学习与成长计划的基本配套措施；同时还需要建立任职资格认证与能力素质测评制度，定期对绩效责任人的知识、经验、能力与职业素养的现状进行评估、认证，以寻找"标准"和"现实"之间的差距，从而为制订个人学习与成长计划打下基础。

编制个人学习与成长计划一般分为两个步骤：

第一步：首先将绩效责任人所在职位的任职资格与能力素质标准和实际认证、测评的结果进行对比；

第二步：在进行对比并发现差距后，就可以根据存在的差距编制具体的学习与成长计划，消除这种差距。

下面我们将结合某装备制造公司人力资源部经理的学习与成长计划来详细展示制订学习与成长计划的方法。

案例17：某装备制造公司个人学习与成长计划

关键岗位的任职资格体系为我们推进关键岗位员工个人学习与成长计划的编制提供了决定性的帮助。下面是我们指导该公司制订人力资源部经理学习与成长计划的例子，我们首先找出该岗位的任职资格描述，如表5-11所示。

表5-11 某装备制造公司人力资源部经理任职资格

维度	要素	等级	等级定义
知识	学历	3级	本科
	公司知识	3级	全面了解公司的历史、现状、未来发展方向与目标、全部产品知识及相关管理制度、流程
	战略知识	2级	掌握公司某个商务战略下经营单位战略规划与战略管理的知识
	营销知识	1级	了解营销知识分类中的任意一种知识
	财务知识	1级	了解A类财务知识所包含的基本知识
	人力资源知识	4级	精通人力资源管理系统的内在逻辑关系，并能提供设计人力资源管理系统的思路
	法律知识	1级	了解工作相关法律知识
	生产知识	1级	了解生产管理分类知识中的二类知识所涉及的概念、内容与方法
	质量知识	1级	了解ISO 9000标准及质量管理体系、全面质量管理的基本概念
	计算机水平	2级	掌握工作相关的计算机及信息系统应用知识
	英语水平	2级	相当于CET-4级知识水平
经验	岗位	3级	3~5年
	行业	1级	1年以下
能力	计划	3级	能有效地制订公司整体人力资源计划，预先分配时间及其他资源
	沟通	3级	沟通技巧较高，具有较强的说服力和影响力，书面沟通时有较强的感染力
	领导	2级	组织一个领域的团队并协调内外部关系，以完成较复杂的工作目标
	创新	2级	能改进现有制度、规定，寻找更合理的解决方法

续表

维度	要素	等级	等级定义
职业素养	团队精神	3级	经常为团队提出有意义的、建设性的意见,当团队利益与个人利益冲突时,总是以团队为先
	进取心	2级	具有事业心,为更好地达到工作目标而主动学习,注重创新
	责任感	3级	能够对工作标准和职责履行情况进行审视,提出改善意见

尽管该公司尚未制定任职资格认证制度,我们还是要求目标职位(选定制订学习与成长计划的重点职位)的直接上级主管与目标职位员工共同填写任职资格现状对比表。该公司人力资源部经理的直接上级主管是管理中心副总,在我们的帮助下,他们花费了3天时间对人力资源部经理目前的能力素质状态进行了分析、讨论,并将结果填写在任职资格现状对比表中,如表5-12所示。

表5-12 某装备制造公司人力资源部经理任职资格现状对比表

维度	要素	等级	等级定义	现状	差距
知识	学历	3级	本科	本科	无
	公司知识	3级	全面了解公司的历史、现状、未来发展方向与目标、全部产品知识及相关管理制度、流程	3级	无
	战略知识	2级	掌握公司某个商务战略下经营单位战略规划与战略管理的知识	对企业战略管理没有任何概念	有
	营销知识	1级	了解营销知识分类中的任意一种知识	1级	无
	财务知识	1级	了解A类财务知识所包含的基本知识	对财务管理基本没有概念	有
	人力资源知识	4级	精通人力资源管理系统的内在逻辑关系,并能提供设计人力资源管理系统的思路	由于以前一直从事琐碎的日常事务性工作,目前只能算达到1级水平	有
	法律知识	1级	了解工作相关法律知识	1级	无
	生产知识	1级	了解生产管理分类知识中的二类知识所涉及的概念、内容与方法	从事过生产主管工作,应当达到2级水平	无

续表

维度	要素	等级	等级定义	现状	差距
知识	质量知识	1级	了解ISO 9000标准及质量管理体系、全面质量管理的基本概念	1级	无
	计算机水平	2级	掌握工作相关的计算机及信息系统应用知识	2级	无
	英语水平	2级	相当于CET-4级知识水平	虽然获得了CET-4级证书，但是由于工作时间较长已经遗忘，需要提升	有
经验	岗位	3级	3~5年	3级	无
	行业	1级	1年以下	5年以上行业经验	无
能力	计划	3级	能够有效地制订公司人力资源整体的工作计划，预先分配时间及其他资源	目前尚不具备制订公司整体人力资源计划并分配资源的能力	有
	沟通	3级	沟通技巧较高，具有较强的说服力和影响力，书面沟通时有较强的感染力	3级	无
	领导	2级	组织一个领域的团队并协调内外部关系，以完成较复杂的工作目标	2级	无
	创新	2级	能改进现有制度、规定，寻找更合理的解决方法	2级	无
职业素养	团队精神	3级	经常为团队提出有意义的、建设性的意见，当团队利益与个人利益冲突时，总是以团队为先	需要加强团队意识，特别是和其他部门之间的协作	有
	进取心	2级	具有事业心，为更好地达到工作目标而主动学习，注重创新	2级	无
	责任感	3级	能够对工作标准和职责履行情况进行审视，提出改善意见	3级	无

在确定了人力资源部经理在任职资格上的差距后，我们就开始指导该公司制订人力资源部经理的学习与成长计划了。在学习与成长计划制订出来后，我们将所有重点职位员工的部分学习与成长计划（涉及需要公司提供资金支持的计划）与公司财务预算的教育培训资金相连接，并进行了一次调整（由于公司

教育培训资金预算和整体需求有差异,我们按照计划的重要性对资金安排优先顺序进行排序,对于一些公司暂时无法提供财务资金的学习计划,让该员工以自学的方式进行)。最后,制订出的人力资源部经理的年度学习与成长计划如表5-13所示。

表5-13 人力资源部经理的年度学习与成长计划

需改进的领域	目标	年度行动计划	实际结果	年度资金安排
战略知识	明年达到2级,今年达到1级	参加战略管理培训班并自学		2000元
财务知识	今年达到1级	自学		—
人力资源知识	明年达到4级,今年达到2级	参加人力资源管理培训班并自学,获取中级资格证书		3000元
英语水平	今年达到2级	自学		—
计划能力	今年达到3级	自学计划管理知识		—
团队精神	今年的表现达到3级	在工作中注意团队精神的培养		—

第六章 平衡计分卡运行切换

当你和我们在平衡计分卡的世界里遨游到现在，你已经了解我们可以运用战略地图、平衡计分卡、行动计划表作为基础平台来描述公司的战略，运用高管、经理与个人的业绩承诺书来落实战略执行的责任机制。但这些并不是平衡计分卡的全部内容。在完成前面的操作后，还需要进入平衡计分卡运行切换的阶段，其中设计平衡计分卡与战略绩效管理运作系统是该阶段的主要工作。

所谓平衡计分卡与绩效管理运作系统是指基于平衡计分卡的绩效管理流程、制度与表单，它是平衡计分卡体系能够得以顺利实施的重要保障。其中绩效管理流程是核心，绩效管理制度与表单是依附于绩效管理流程的。

平衡计分卡运作系统架构

平衡计分卡运作系统的设计实际上是以平衡计分卡为核心工具规范绩效管理的整个过程，设计思路和平衡计分卡与绩效管理的四个循环过程紧密相连。它主要包括以下三个方面的内容：

1. 设计平衡计分卡与绩效管理的流程

平衡计分卡与绩效管理的运作需要按照一定的流程来进行，流程是其日常运作的规范与标准。因此设计运作体系的第一步就是设计公司平衡计分卡与绩效管理的流程，这也是运作系统设计最为核心的部分。下面我们所提到的平衡计分卡与绩效管理制度和流程表单都可以被视为其流程的支持性文件。

2. 制定平衡计分卡与绩效管理制度

平衡计分卡与绩效管理制度是战略绩效管理在公司日常运作中的规范性文字描述，对平衡计分卡与绩效管理的流程与方法进行描述，是在制定制度时所要进行的最重要工作内容之一。

3. 制作平衡计分卡与绩效管理的流程表单

在进行平衡计分卡与绩效管理的流程设计后，你还需要制作出流程的表单，这些表单是公司在后期实施战略绩效管理时所需要用到的。如果没有这些流程的表单，公司将无法按照战略绩效管理流程来实现有效的运作，也最终不能实现对运作系统的有效规范。

我们不难看出，平衡计分卡与绩效管理运作系统的三个主要设计内容是相互联系的：战略绩效管理运作表现为流程的运作，因此它是运作系统设计的核心环节，流程设计可以帮助公司规范战略与绩效管理的整个运作过程；而战略绩效管理制度与表单则是配合流程运作的支持性文件，对于后期流程的有效实施起到十分关键的支持作用。

平衡计分卡运作流程设计

如前所述，平衡计分卡与绩效管理的流程设计是运作系统设计的第一个重要内容，也是最先需要设计的内容。进行流程设计首先要对战略管理与绩效管理的流程进行规划，规划的基本思路还是根据流程的关键控制点对流程进行分级，在流程分级的基础上列出需要的目标流程清单；之后，你就可以组织推进小组成员对这些流程进行描述了。

为了便于你更好地理解平衡计分卡与绩效管理的流程中绩效管理部分的设计，我们在这里结合我们的一个咨询案例与你共同探讨其一般原理：

案例18：某制造企业平衡计分卡与绩效管理流程

某制造企业成立于1996年，主要从事电池生产与销售的民营企业，企业的组织架构如图6-1所示。

图6-1 某制造企业组织架构图

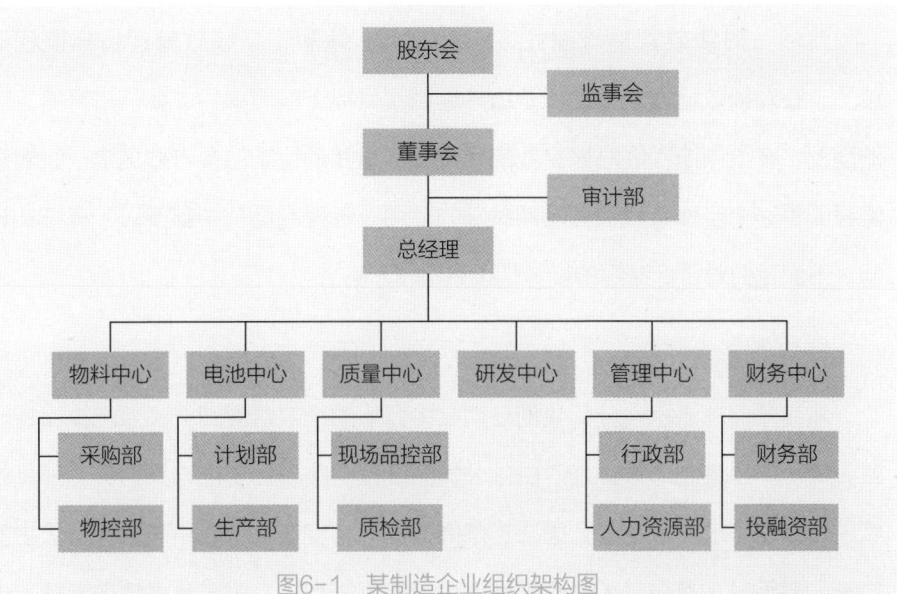

为了提升公司绩效、确保战略目标的实现，该公司邀请我们为其提供以平衡计分卡为核心工具的战略绩效管理咨询服务。经过前期的项目准备后，我们首先运用战略图卡表对该公司的战略进行了规划，随后根据该公司的战略图卡表分解设计了公司层面与部门层面的绩效计划体系，最后我们着手设计战略与绩效管理运作系统。由于我们在设计公司层面的绩效计划时，曾经进行过流程优化，作为配套的项目。考虑到后期运作系统的设计，我们特意在流程优化中没有对战略绩效管理流程进行描述。所以该公司运作系统设计的第一步就是设计战略管理与绩效管理流程。

设计绩效管理流程首先就是要对其进行规划。依照流程映射原理，我们根据各个流程的关键控制环节对绩效管理流程进行了分级；同时我们选择了若干子流程作为单独描绘的目标流程。这里应当指出，在流程分级的过程中，我们实际上没有必要把所有的子流程都列入目标流程清单中去，而是要选择那些对上一级流程影响较大的并且需要单独描述其规范的环节作为下一级目标流程。

我们在对绩效管理流程分级的基础上，编制了"绩效管理目标流程清单"。在对绩效管理流程进行分级并编制了目标流程清单后，我们就开始绘制流程图，在绘制流程图时该企业的组织架构是我们绘制的参考依据之一。对于流程的每一个步骤，我们在后期编制的"绩效管理制度"中都予以了详细的说明。下面我们对目标流程的设计情况进行一一介绍。

绩效管理总流程

绩效管理总流程设计和我们在前文中介绍的绩效管理四个环节基本保持一致：第一步是编制绩效计划，由该公司总经理牵头，计划部与人力资源部具体组织，公司各级主管参与；第二步是绩效指导与反馈，主要由该公司各级主管执行，各级员工参与，人力资源部提供信息收集支持；第三步是绩效考核，由人力资源部组织，公司各级主管与员工执行、参与；第四步是绩效回报，主要由员工（或下级单位、部门）的直接上级主管提议，间接主管与人力资源部门审批后执行。

编制绩效计划的流程

在绩效管理总流程中，编制绩效计划是其第一个重要环节，对该流程进行优化与描述显得十分重要。由于我们已经在本次咨询项目中帮助该公司建立了连接公司战略的指标体系，所以在以后每年的绩效计划编制活动中，他们要做的第一项任务就是根据公司的战略、上年度KPI指标完成值统计及经营总结报告等召开年度经营战略分析会议，最终确定年度经营的方针与重点，进一步确定公司一级的KPI指标体系。在确定公司KPI指标后就进入编制公司绩效计划的环节。公司绩效计划确定后，开始进入部门绩效计划的编制，公司KPI指标与部门职能是分解部门指标的重要依据。在部门级的绩效计划编制后，就可以开始编制员工个人绩效计划了。部门KPI体系是构建员工个人绩效计划和学习与成长计划的重要依据。

计划调整流程

公司、部门及员工的绩效计划一旦确定后，原则上就应当保持一定的稳定性，但是当企业生产经营的环境发生了重大变化或不可抗拒因素导致计划无法完成时，还有必要对原来的计划进行调整。该公司高层向我们反映公司以前在管理中就存在计划随意变更的不正常现象，为了确保计划调整的严肃性，有序引导企业计划管理行为，我们还特意设计了计划调整的目标流程。任何级别的员工与主管在计划执行过程中需要对其进行调整时，都必须首先填写计划调整申请单，并提交直接上级确认签字后，由间接上级审批，计划管理部或人力资源部备案。例如，某部门提出调整部门的经营计划，其计划调整通知单必须由其直接分管副总经理签字确认，并经过总经理审批、计划管理部审核后方可执行。

KPI信息收集流程

各个层级的绩效计划都列出了KPI指标值，但是无论是执行绩效的指导与反馈，还是进行绩效考核，都必须及时获得KPI指标实际完成值的数据。这也是绩效管理流程设计中的一个重点与难点。我们在项目前期的调研中就发现该公司的信息管理系统十分薄弱，信息数据的统计十分混乱。为了确保平衡计分卡所需要的信息能够得到传递，我们将KPI信息数据的收集作为一个非常重要的目标流程。

KPI信息收集流程首先要确定各部门对KPI信息的需求，各部门所有的考核指标（含部门内员工的考核指标）就是其需求的内容来源，计划部应该根据各部门的考核指标填写分部门的KPI信息需求表，该表详细罗列了需要的KPI的名称。在进行信息收集时，计划部根据我们设计的指标解释表对收集时间、频率及来源的解释发放"部门KPI信息收集表",对各部门提出信息收集要求(信息来源于哪个部门就在哪个部门收集)。各个部门则根据指标解释表上的信息收集方法进行数据统计并填写"部门KPI信息收集表",并在规定的时间内将填写后的表单传递到计划部。计划部根据收集上来的"部门KPI信息收集表"汇总填写公司KPI信息汇总表,最后根据部门KPI信息需求表填写"部门KPI信息提供表",并将该表单传递到各个部门以供其进行绩效指导及考核所用。

由于KPI指标信息收集、汇总、再分发的工作量很大,我们特地建议在计划部中设置数据专员职位专门处理KPI信息数据。

绩效考核流程

绩效考核可分为经营绩效层面和员工个人绩效层面,前者是经营计划管控的职能,后者是员工个人绩效管理的职能。一般来说,经营计划日常管控的组织应当由计划部来履行,而员工绩效管理的组织与监控由人力资源部负责。考核流程设计如下:绩效考核开始时由该公司计划部、人力资源根据绩效考核制度在周期上的要求发放考核通知。各级主管根据KPI指标信息汇总表(来源于分中心、部门)填写部门、员工的考核表单(绩效计划表),各级主管在填写考核表单后应与被考核者本人(部门绩效由该部门经理担当被考核者角色)进行绩效沟通。双方在确认无异议后,由被考核者在考核表单上签字并由间接上级主管签字确认后交计划部、人力资源部备案。如果在绩效沟通过程中,被考核者对考核结果有异议,可进行考核申诉。

考核申诉流程

考核申诉流程是绩效考核的一个重要目标子流程,我们设计的基本步骤是:当被考核者与考核者就考核的结果发生异议并协调无果后,可以直接向计划部、人力资源部申请填写绩效考核申诉表,并将表单提交给自己的间接上级

> 提起申诉。间接上级必须在接收到绩效考核申诉表5个工作日内处理，将绩效考核申诉表签字提交至计划部、人力资源部，并将处理结果口头反馈给被考核者和考核者。绩效考核申诉表由计划部、人力资源部保管三个月后销毁。

平衡计分卡运作制度设计

平衡计分卡与绩效管理制度设计是运作系统设计的第二个重要内容。当你和你的推进小组设计出相应制度并颁布后，就标志着战略绩效管理实现正式化和制度化了。很多企业的文件都将战略绩效管理制度分为两个制度，一是战略管理制度，二是绩效管理制度。不过有些企业是将两个制度合二为一，共同称为战略绩效管理制度。我们在本书中仍旧重点介绍以平衡计分卡为核心工具的绩效管理制度设计。

绩效管理制度文件的结构尽管千变万化，但一些基本内容还是必须具备的，它一般包括绩效管理的目的、制度的适用范围、绩效管理的相关定义、管理原则、机构设置与职责界定、平衡计分卡与绩效管理实际运作规则的描述、绩效管理制度的附则等内容。下面我们就来看看编写这些内容的意义与规则。

明确绩效管理的目的

绩效管理目的主要是明确公司"为什么需要开展平衡计分卡与绩效管理"，也就是说公司"开展平衡计分卡与绩效管理是来做什么的"。这要求你在制度中向公司全体员工阐述平衡计分卡与绩效管理对公司发展的意义。在设计目的的过程当中，你应该注意以下几点。

目的不能设置过多

目的设置过多会导致平衡计分卡与绩效管理失去它作用的重点方向。平衡计分卡与绩效管理在中国企业战略实践中所起到的作用是不可否认的，但是它毕竟不是包治百病的灵丹妙药。因此你在制度中描述绩效管理的目的时，不要将一些和平衡计分卡与绩效管理系统关联性不强，或者根本就没有任何关联的目的强加上去。

与发展战略相联系

我们在第一章就讨论过平衡计分卡与绩效管理系统在中国企业战略实践中的重要意义，为了确保战略的有效实现，就需要建立一个包融平衡计分卡的绩效管理系统。因此在设置绩效管理目的时应当将其与企业的发展战略相联系，换而言之就是要阐述清楚其在公司战略实践中的积极作用。

着眼于对于员工的积极意义

由于后期绩效管理的推行需要公司员工的支持，因此在绩效管理目的中还应当着眼于其对员工的重要意义。绩效管理的目的要向员工传达这样一个信息：公司推进平衡计分卡与绩效管理系统不是为了约束人、考核人，而是为了帮助每一个员工提升自身的绩效，进而使得企业获得良好的绩效，使得企业在发展的同时，员工能够得到同步的发展。

描述时应当注意语言的简洁明了

平衡计分卡与绩效管理的目的描述应当尽量简洁明了，确保语言的简洁，一般最多用四五句话来描述。建议可使用的语言格式有：

（1）"为了×××（写出不超过3~5个目的），特制定本管理制度。"例如,"为落实我公司战略,确保员工提高绩效、能力素质与工作的积极性,特制定本管理制度。"

(2)"制定本制度的目的是×××(写出不超过3~5个目的)。"例如,"制定本公司绩效管理制度的目的是贯彻公司整体发展的战略思想、战略规划;保障和促进公司经营目标的实现,提高企业的核心竞争力;加强内部沟通与协作,打造团队精神;帮助每个员工提高绩效与能力素质,培育适应企业发展需要的人力资源队伍。"

确定绩效管理制度的适用范围

在编制绩效管理制度时,你还要确定该制度的适用范围,即该制度适合哪些部门、哪些人。下面是某公司所确定的制度适用范围的一个例子。

本制度适用于公司全体员工,但不包括以下员工:
◎在一个绩效计划周期内出勤不满2/3时间者,如请产假、病假,以及有人事变动等。
◎试用期或见习期内的新员工。
◎经总经办认定,严重违反公司管理规定的员工。
◎经总经办认定,下级员工严重违反公司规定且自身负有督导失职责任的管理者。

该企业给出的理由是:

◎员工在一个绩效计划周期内出勤不满2/3时间者,后面的考核、评价就已经失去了意义,因此绩效管理制度不适合该类员工。

◎试用期或见习期内的员工作为人员储备不具备承接绩效目标的能力，因此应当另行制定"试用期与见习期员工管理办法"进行管理。

◎经总经办认定的严重违反公司管理规定的员工是指违规情节特别严重且给公司造成重大损失的员工，该类员工除了取消其在绩效计划期内的考核权利外，也应当取消其获得绩效奖金的权利。

◎管理者应当对下级的违规行为负管理责任，如果某下级员工经总经办认定有严重违反公司规定行为，同时上级负有督导失职责任，那么也应当取消上级管理者在绩效计划期内的考核权利及获得绩效奖金的权利。

上面列举的仅仅是一个例子，你应当根据公司的实际情况来制定公司的平衡计分卡与绩效管理制度的适用范围，对于那些例外的、不属于你指定的平衡计分卡与绩效管理制度适用范围的情况都应当在其他管理制度中予以补充管理。

解释绩效管理的相关定义

你还需要在绩效管理制度中对平衡计分卡与绩效管理及与其相关的定义作名词解释，从而帮助公司每一个阅读、学习平衡计分卡与绩效管理制度的员工更好地理解你们制定的制度。一般来说你需要对下列名词做出解释：

◎平衡计分卡。
◎绩效管理。
◎平衡计分卡与绩效管理（解释平衡计分卡与绩效管理的关系）。

◎绩效管理与绩效考核（解释绩效管理与绩效考核的关系）。

案例19：某制造企业平衡计分卡制度定义解释

平衡计分卡

平衡计分卡是一个衡量、评价公司绩效的综合计分指标体系。从指标类型的角度上看，它还是一系列财务绩效衡量指标与非财务绩效衡量指标的综合体；同时它更是我公司战略管理的一种方法，它帮助我们将注意力主要放在公司战略目标的实现上。因此它是公司战略管理体系的基石。

绩效管理

绩效管理是人力资源管理系统的重要组成部分，是组织与员工相互之间就提高绩效而持续进行的沟通过程，是将个人绩效与公司的任务与目标关联起来的一种工具。具体包括：

◎组织期望员工完成的实质性工作职责。

◎员工的工作对实现企业目标的影响。

◎以明确的条款说明"工作完成得好"是什么意思。

◎员工和组织之间应如何共同努力以维持、完善和提高员工的绩效。

◎如何衡量工作绩效。

◎指明影响绩效的障碍并加以排除。

平衡计分卡与绩效管理

平衡计分卡是公司进行绩效管理的工具，平衡计分卡与绩效管理的各个环节发生联系，这种联系表现在：

◎ 平衡计分卡将公司的战略落实为互为关联、相互支持的绩效计划体系。

◎ 平衡计分卡融入绩效指导反馈及考核激励，以此来推动公司的每一个员工自觉地去实现预定的绩效计划。

◎ 平衡计分卡也是公司进行绩效考核的工具，我们将根据设定指标与指标值进行考核。

◎ 平衡计分卡也是决定绩效回报的重要支持性文件。

绩效管理与绩效考核

绩效管理与绩效考核是两个不同的概念，两者的区别在于：

◎ 着眼点不同。绩效管理强调公司、部门及员工个人绩效的提高，以确保战略目标的实现；而传统的绩效考核则重点强调"事后的评价"，着眼于上级对下级的管控。

◎ 绩效考核是绩效管理的其中一个环节。绩效考核在公司绩效管理流程中处于第三个环节，因此它是绩效管理的其中一个组成部分，但不是绩效管理的全部。

确认绩效管理的基本原则

绩效管理的基本原则也是你在制定绩效管理制度时应当考虑的重要内容之一。确定基本原则的意义在于它能为你后期的平衡计分卡与绩效管理的运作提供指导，它是公司今后实践平衡计分卡与绩效管理的指导思想。虽然每个企业的实际情况存在差异，绩效管理的原则不能生搬硬套，但是我们还是有些基本的、通用的原则需要遵守。

（1）战略导向原则。以平衡计分卡为核心工具的绩效管理真正目的是通过将员工的绩效目标与部门、公司的绩效目标乃至战略关联，最终确保公司战略的实现。因此，你和你的推进小组在制定绩效管理的原则时，应当强调坚持战略导向原则，要求公司各级绩效计划的制定必须紧密地围绕公司的战略而展开，使得公司的战略与公司的绩效计划、部门的绩效计划及员工个人的绩效计划保持高度的协同性与关联性。坚持这个原则是战略得到正确实施的根本保证，也是平衡计分卡与绩效管理的核心。

（2）充分沟通原则。在平衡计分卡与绩效管理实践中，充分沟通原则应当体现在平衡计分卡与绩效管理流程的各个环节上：在展开绩效计划时，就应当确保上下级充分沟通，只有这样才能使得战略目标与绩效计划最终得到其相关人员的理解与认同；在绩效的日常指导与反馈中沟通更是显得特别重要，缺乏沟通的绩效指导与反馈会引起什么样的后果，我相信你和公司的每一个员工都能理解；在考核过程中，上下级员工之间也需要就考核结果进行必要的沟通，上级主管应当和下级员工分析绩效计划完成结果所产生的原因是什么，这样有利于总结经验、消除弊端；在最后的绩效回报上，沟通能够帮助你真正发掘公司每一位员工的真正需要，并将其与考核的结果相连接，以实现对他们的激励，从而调动他们完成绩效目标的积极性与主动性。

（3）分级管理原则。平衡计分卡与绩效管理的实施特别强调绩效的指导与反馈，分级管理是在组织层面保证绩效指导与反馈正确进行的重要手段之一，因此分级管理也是绩效管理的重要原则之一。坚持分级管理原则要求公司每一位上级应当对其直接下级（或单位）的绩效进行管理。例如某公司规定总经理对董事会负责，各中心总监及事业部总经理对总经理负责，各个部门负责人对分管总监或事业部总经理负责，部门员工逐级对相关负责人负责，以此形成分级的绩效管理模式。

（4）考核客观原则。由于绩效计划完成的情况最终是需要通过考核来进行判断的，并且考核还与每个员工的绩效回报挂钩，因此考核失去客观性会使得公司平衡计分卡与绩效管理的实践失去应有的激励作用。而失去了激励作用，则使得绩效计划失去了应有的导向作用，从而最终使得公司所有员工失去实现绩效目标乃至战略的应有动力。因此，在绩效管理的考核环节上要坚持考核客观原则，要求每一位考核人员做到"用事实说话"，特别是对一些主观性比较强的评价指标，应明确评价标准与客观事实依据。

绩效管理组织机构的设置与职责界定

推进小组主要的角色是引入平衡计分卡与绩效管理的项目，它在完成使命后就会被解散，平衡计分卡与绩效管理的实施及日常管理则要移交给公司的一些机构来执行，因此明确公司平衡计分卡与绩效管理的组织机构及其职责，也是平衡计分卡与绩效管理制度的重要内容之一。虽然不同企业的平衡计分卡与绩效管理组织机构的设置可能千差万别，但还是有最基本的组成。你和你的推进小组在设置平衡计分卡与绩效管理组织机构时，必须从以下三个层面来进行考虑。

平衡计分卡与绩效管理的指导与权力机构

平衡计分卡与绩效管理第一个层面的组织机构是指导与权力机构。确定指导与权力机构的重要意义在于：为平衡计分卡与绩效管理在日常运作中提供各种资源保障。这个机构的角色有点类似于推进小组的项目指导委员会（但是具体的职责存在很大差异），它必须具有组织、调动公司相关资源的权力，因此这个机构的职责可以由公司高层的某个权力机构来负责。在实践中，有些企业会在董事会下成立绩效管理委员会，也有些民营非上市公司将该机构的职责与权力交给总经办，等等。

一般而言，平衡计分卡与绩效管理指导与权力机构的主要职能有3个：

◎ 依据公司战略组织研讨会并确定公司年度绩效计划。
◎ 支持与指导日常管理机构的管理活动，为平衡计分卡与绩效管理提供资源支持。
◎ 审批平衡计分卡与绩效管理的制度、流程等。

平衡计分卡与绩效管理的日常管理机构

平衡计分卡与绩效管理第二个层面的组织机构是日常管理机构。确定日常管理机构的重要意义在于确保平衡计分卡与绩效管理的日常运作管理获得组织机构上的保障。当平衡计分卡与绩效管理系统建设完成后，公司还需要一个专门的机构来监控与管理其日常的实施运作并及时维护、调整。这里还要区分两种情况的管理，一是部门或者下级单位的绩效管理，二是员工个人的绩效管理。前者在很多公司是由计划管理部门来履行其绩效计划的监控与管理体系的维护，后者则多是由人力资源部门来实施系统的日常监控与维护。

平衡计分卡与绩效管理日常管理机构主要职能有6个：

◎ 改进和完善平衡计分卡与绩效管理制度、流程，确保绩效管理的制度化、规范化。
◎ 组织各个部门展开部门/员工个人绩效计划的编制工作。

◎监控各个部门绩效指导与反馈的执行情况。

◎收集并处理绩效计划中KPI数据，确保KPI信息系统的正常运转。

◎组织绩效考核工作，使考核公平、客观。

◎根据考核结果与既定标准确认绩效回报。

平衡计分卡与绩效管理的执行者

平衡计分卡与绩效管理组织机构第三个层面的组织机构是执行者。一般来说直接上级应当对直接下级的绩效负责，绩效计划责任人（或者是单位、部门）的直接上级就成为对其进行绩效管理的实际执行者。也就是说，公司的各级主管都是绩效管理的实际执行者，他们在平衡计分卡与绩效管理实施活动中的职责有：

◎制订下属/单位/部门的绩效计划。

◎确保对下属/单位/部门绩效的有效指导与监控。

◎指导下属/单位/部门进行自我评估，并客观、公正地对其绩效进行评估。

◎对下属的个人绩效回报的处理提出建议。

绩效管理实际运作规则描述

实际运作规则的描述是编写平衡计分卡与绩效管理制度最核心的主体内容，它是编制平衡计分卡与绩效管理制度最为关键的活动。它是对你们在前面设计出来的平衡计分卡与绩效管理流程进行描述，你不仅要描述出流程的整体步骤，还要对流程在各个环节上所用的规则进行详细的阐述。

该项活动十分重要，它本质上是一个将平衡计分卡与绩效管理的实际运作规则文字化、制度化的过程。它的主要内容包括以下4个组成部分：

◎ 构建平衡计分卡、编制绩效计划的流程、方法。
◎ 绩效指导与反馈的内容与方法。
◎ 绩效考核的一般程序、周期、考核分值的计算与绩效等级确认的规则。
◎ 考核结果的应用。

由于我们已经详细地阐述过构建平衡计分卡与编制绩效计划的方法，这里我们不再赘述如何在平衡计分卡与绩效管理制度中描述绩效计划，下面我们仅讨论绩效指导与反馈、绩效考核与绩效回报3个方面的内容。

绩效指导与反馈

绩效指导与反馈是平衡计分卡与绩效管理流程的第二个环节，它是确保公司各层面的绩效计划得到有效管理的重要手段，因此在平衡计分卡与绩效管理制度中应当对绩效指导的流程及方法进行描述。事实上，当你和你的推进小组在各级主管的配合下构建公司各个层面的平衡计分卡并编制绩效计划后，下一步所要做的就是将其落实到行动上来。在此过程中，虽然各级人员均对自己所计划的绩效目标负责，但是上级人员跟踪指导下级人员的日常工作，帮助他们完成或超越所制定的绩效目标是绩效管理系统不可或缺的一个关键步骤。这个步骤我们将其称为绩效指导与反馈。

在平衡计分卡与绩效管理的实际运作中，绩效的指导与反馈是通过三种方式来实现的（图6-2）：一是上级对下级（员工、单位、部门）的日常指导；二是建立定期的绩效会议制度；三是编制绩效指导与反馈表单（平衡计分卡）。在编制绩效管理制度时，你需要对上述三个方面的内容进行表述，下面我们将深入地讨论，以便你更好地完成绩效管理制度中该部分的内容。

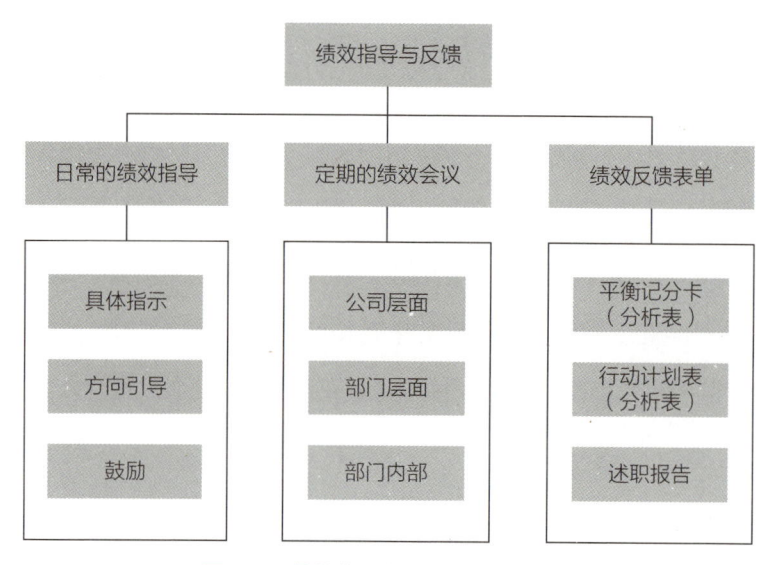

图6-2 绩效指导与反馈的三种方式

日常的绩效指导

日常绩效指导是指在日常工作中，上级主管对下级员工的日常工作进行随时性检查、了解与指导。一般来说，上级主管应当根据下级员工不同的特点来选择不同的指导方法，日常的绩效指导有三种方法：

（1）具体指示型。这是一种非常细化的指导方法，主要针对那些较为缺乏完成工作所需的知识及能力。对这类员工，如果不采取细化的指导方式，其日常工作发生偏差的概率就很大。因此常常需要给予他们具体指示型的指导，向他们传授分步骤做事的方式并跟踪完成情况。

（2）方向引导型。这是一种细化程度介于具体指示型和鼓励型之间的一种指导方法，主要适用于那些具有完成工作的相关知识及能力但偶尔遇到特定的情况不知所措的员工。这类基本能够完成常规的工作任务，上级主管所要做的只是给予适当的点播及大方向指引。

（3）鼓励型。这是一种不进行具体细节干涉的指导方法。对于那些具有较完善的知识及专业化技能的人员，他们完全具备完成任务的能力，即使遇到一些困难也能够凭自己丰富的经验去妥善处理。所以针对这种类型的员工只需要上级主管给予一些鼓励或建议，以实现更好的效果而无须干涉其工作细节。

一般有如下四种情形发生时，作为一个管理者可用到日常指导的技巧：

（1）当员工希望得到帮助，希望上级主管对某种情况发表意见时。例如，在绩效管理回顾阶段或员工向上级请教问题和征询其对某个新想法的看法时，如如何改进产品质量。

（2）当员工希望得到帮助，期望上级主管指导解决某个问题时。

（3）当上级主管发现下级员工的工作方法有问题，或有改进空间时。例如，当上级主管注意到有某项工作可以做得更好、更快时，上级主管也可以指导下级员工采取措施改进工作方法，适应企业、部门及流程的变化。

（4）当员工通过培训掌握了新的技能，上级主管希望鼓励他们运用于实际工作中时。

定期的绩效会议

定期的绩效会议可以弥补由于各种原因造成的日常指导不及时所可能带来的各种绩效管理问题。在会议上，上级主管应当对下级单位或下级员工上阶段绩效计划的完成情况进行分析，找出存在的差距及造成差距的原因，并提出、商讨解决思路与措施。同时上级主管与下级员工还要结合绩效计划与目标（如年度），对下一阶段（如月度）的行动计划进行布置，如有特殊情况还要对原有的绩效计划与目标进行调整。对于受到地域空间限制的团队会议，可以采取电话会议的形式，有条件的甚至可以采用闭路电视的形式。

在绩效管理制度中，你还可以提出召开绩效会议应当遵循的原则。我在给企业提供平衡计分卡与绩效管理咨询服务，帮助他们建立平衡计分卡与绩效管理制度时，一般建议召开绩效会议遵循下列三个原则：

（1）营造一个良好的、宽松的氛围，减少下级员工由于环境或气氛而产生的压力，同时还要减少外界的干扰。

（2）上级主管要学会倾听的技巧，注意下级员工对上阶段问题的看法，和他们自身对下阶段具体行动计划的意见。

（3）应当注意召开会议的目的是帮助、指导员工改善绩效，不能把绩效会议变成"批判会"。

在平衡计分卡与绩效管理制度中设计定期绩效会议的一个重要内容是对公司的绩效会议进行分级。绩效会议体系一般以三级会议体系居多（当然根据组织架构的特点，也有四级或以上的），所谓三级绩效会议体系是指将公司的绩效会议分为公司、部门及部门内部三个级别，由于不同层级的绩效计划周期不同，所以不同层级会议的周期也不同。当然具体到公司的绩效会议分为多少个级别时，这主要还是取决于公司的绩效计划层级，一般来说是绩效会议的层级与绩效计划的层级应当保持对应关系，它和分层的绩效反馈表单共同构成分层的绩效指导与反馈体系。

绩效反馈表单

绩效反馈表单主要有平衡计分卡（分析表）、行动计划表（分析表）、述职报告等表单，可以辅助我们开展绩效指导与反馈。

首先，平衡计分卡（分析表）（表6-1）是指直接呈现、追踪平衡计分卡目标与指标执行情况的分析表。这种分析表虽然也可以通过手工来编写，但现实中往往还是需要通过平衡计分卡软件来呈现，原因是手工编制分析表的操作过程比较烦琐。

表6-1　平衡计分卡（分析表）

维度	战略目标	指标	指标值	实际值	监控	差异分析	备注
财务							
客户							
内部运营							
学习与成长							

平衡计分卡（分析表）中的"监控"栏用绿、黄、红、白色表示战略目标与指标执行状态，中高层经理可以据此及时了解公司与部门战略目标与指标执行的进度情况。

其次，行动计划表（分析表）（表6-2）是针对平衡计分卡（分析表）部分战略目标与指标的支持计划完成情况进行追踪分析的表单。它依附于平衡计分卡（分析表），对平衡计分卡（分析表）中支持计划的达成情况、异动原因进行进一步分析。

表6-2 行动计划表（分析表）

支持计划名称	战略物资集中采购计划			
支持计划编号	ZGY G-20XX-047			
总负责人				
支持战略目标与主题				

关键结点	时间	里程碑要求描述	负责单位	协同单位	责任人
国外战略供应商培养	20××年1月1日—6月30日	1.目标陈述：将资金占用量大的重要备件与同类型单位确定共储目录； 2.成功标志：与×××、×××等同类型单位确定资金占用量大的重要备件的种类、型号、品牌及数量，并报公司领导审批	集团供销公司	电气子公司	

异动情况与原因分析	改进措施
1.异动情况 2.原因分析	

最后，述职报告也是企业进行绩效指导与反馈的表单工具之一，与平衡计分卡（分析表）、行动计划表（分析表）在内容上存在一定关联性，甚至有时候可以将平衡计分卡（分析表）、行动计划表（分析表）作为述职报告的内容之一。

述职报告一般分为以下六个部分的结构内容：

（1）基本信息（述职人、述职期间等）；

（2）述职报告陈述要点；

(3) 平衡计分卡分析表要点分析；

(4) 行动计划要点分析；

(5) 下一步工作调整举措；

(6) 需要领导决策的事项等。

案例20：某制造企业三级绩效指导与监控体系

某制造企业邀请管理咨询顾问帮助他们进行平衡计分卡与绩效管理系统的建设，在我们的帮助下，他们建立了三级的绩效指导与监控体系，整体结构如表6-3所示。

表6-3　某制造企业三级绩效指导与监控体系

	日常指导	绩效会议	反馈表单
公司层面	具体指示 方向指导 鼓励指导	总经理主持召开总经办会议（年度、季度会议）	□年度述职表 □年度绩效分析表 □季度绩效分析表
部门层面	具体指示 方向指导 鼓励指导	分管副总召开部门主管级以上人员会议（年度、季度、月度、周度会议）	□年度述职表 □年度绩效分析表 □季度绩效分析表 □月度绩效与行动计划分析表
部门内部	具体指示 方向指导 鼓励指导	部门经理等主管主持召开部门内部会议（年度、季度、月度、周度、日度会议）	□年度绩效分析表 □季度绩效分析表 □月度绩效分析表 □周度绩效与行动计划分析表 □日度绩效与行动计划分析表

该企业建立的三级绩效指导与监控由体系三个层面构成：第一个层面是公司层面的绩效指导与监控，即董事会对整个公司，总经理对各分管副总经理等高级管理者的绩效指导与监控；第二个层面是部门层面的绩效指导与监控，即各副总经理等高级管理者对其分管的各个部门的绩效指导与监控；第三个层面

则是指部门内部层面的绩效指导与监控，即部门经理等对部门内部员工的绩效指导与监控。我们建议该企业将指导与监控的手段分为日常指导、绩效会议与绩效监控表单三种。由于不同层面职位员工职责的特点不同，所以需要监控的周期与内容存在一定差异：公司层面以年度及季度为监控周期（董事会对总经理的监控周期为年度），会议频度比部门层面及部门内部要长，监控的内容相对以结果为主；而部门内部层面则以年度、季度、月度、周度为监控周期，有的职位甚至还监控到日，监控的内容相对以过程为主，侧重于行动上的管理。

在三级绩效指导与监控体系中，三种指导与监督的手段是结合使用的，以召开定期绩效会议的运作流程为例：

第一步：召开部门内部绩效会议

公司各部门内部全体员工在部门内部绩效会议上对自己所负责的工作进行总结、检讨，部门主管根据工作需要对部门内部工作进行协调，各部门根据内部成员的分析情况，再参考其他数据，填写绩效分析报告（平衡计分卡）与行动计划分析表，形成部门内部绩效分析报告。

第二步：召开部门层面绩效会议

各副总经理召集自己所分管部门的主管级以上人员开会，在会议上，各主管向分管副总经理汇报本部门的工作情况，副总经理根据需要对各部门的工作进行协调，并根据分管部门的绩效分析报告总结自己分管系统的工作，并按照确定的周期填写自己的绩效分析报告（平衡计分卡）与行动计划分析表。

第三步：召开公司层面绩效会议

公司层面的绩效会议分为两种情况，第一种情况主要是董事会对总经理的会议，参会人员除了董事会成员与总经理，公司副总经理级别的员工也可以列席会议，会议周期为年度（年中董事会根据实际经营情况决定中期临时的回顾会议）。在会议上，总经理必须向董事会述职并提交述职报告与年度绩效分析表（平衡计分卡）。第二种情况是由总经理主持召开的副总经理绩效会议，一般周期为年度、季度，公司中层部门经理可以列席。在会议上，各分管副总经理应向总经理汇报自己分管系统的工作情况，并根据实际周期，提议自己的绩效分析报告（平衡计分卡）；总经理则根据相关统计分析结果及各副总经理的绩效分析报告，提出自己的意见，探讨整改方向，协调公司整体运作。

绩效考核

平衡计分卡与绩效管理的第三大环节是绩效考核。绩效考核又称绩效评估、绩效考评、绩效评价，是对绩效结果进行衡量、评价和反馈的过程，是平衡计分卡与绩效管理实际运作规则描述的重要内容之一。

依据考核的对象不同，我们可以把绩效考核分为组织考核（如公司绩效与部门绩效考核等）与员工个人考核，两者之间有着密切的联系。两者结合所获得的分数是确定员工绩效薪资的重要依据。通常条件下，组织绩效考核常常由公司的计划管理部组织，员工个人的绩效考核通常由人力资源部组织。

事实上，绩效考核的目的不应该仅仅是给出一个分数，更为重要的是通过充分的沟通，使得组织或员工持续不断地改进绩效。在绩效管理制度中，你应当对考核的方法、考核周期及考核的流程进行描述。

绩效考核方法

绩效考核方法在很多管理书籍中都有专门介绍，下面介绍一下在平衡计分卡与绩效管理项目中常用的3种方法，这3种方法又可以结合起来使用：

1.等级评价法

等级评价法是绩效考核应用最普遍、最广泛的评价技术之一。这种方法既适应于单个指标的等级考核，也适应于考核对象整体绩效等级的考核。这种方法首先给出各个指标不同绩效等级的定义描述，随后考核者对被考核者的平衡计分卡中每一个绩效指标按照给定的等级标准进行评估（每一个等级往往对应一个分数）。很多关于绩效考核的书籍在指标等级划分上，都建议最理想的指标等级划分的层次是四个或者五个。但这种观点相对于中国企业来说只是一个非常理想的理论，不具备可操作性。其根本原因还在于前面章节中所提到的：中国企业的市场预测、统计及财务分析与预算系统十分薄弱，指标等级划分越多，其划分的难度也就越大。为了解决这个问题，在管理咨询的实践中我们从实际的可操作性出发，往往尽量简化指标的考核等级，为有些企业甚至只开发出一个指标等级的考核方法，即为每一个指标只设定一个等级的指标值。当然，一个指标等级的评价方法并不是最好的等级划分方法，它不能解释完成目标指标与挑战目标在得分上的差异性，但是在中国企业管理基础系统不完善的条件下，它仍是一个比较符合中国企业国情的评价方法。

在得出各个指标的考核得分后，就可以按照指标的权重计算出被考核对象的总体绩效得分。总体绩效得分计算出来后仍旧可以按照等级考核法，按照事先确认的等级标准，确认被考核对象的整体绩效等级。表6-4是一个根据考核总体绩效得分来确认最终绩效等级的实例。

表6-4 根据考核总体绩效得分确认最终绩效等级

等级符号	等级	计分标准（分）	等级说明
A	杰出	9~10	所有方面的绩效均表现突出，并且明显优异于他人
B	优秀	8~9	绩效指标大部分都明显超出职位要求
C	良好	7~8	是一种可信赖的绩效成绩，略超出工作绩效要求
D	合格	6~7	工作绩效基本达到要求，基本达到设定目标
E	不合格	6以下	工作绩效总体上无法让人接受，必须立即加以改进

2.强制分布法

强制分布法实际上是按照事先确定的比例将被考核者分布到每一个工作绩效等级上去。应当指出，这种方法不适合于单个指标的考核，同时，采用这种方法进行总体绩效等级确认，所选用的考核指标应当标准明确，不随考核者主观意志而变化，否则考核结果就会出现"轮流坐庄"的局面。它特别适应于公司员工队伍需要"换血"，进行末位淘汰的企业。图6-3是某企业采用强制分布法的实例。

□ 员工个人绩效考核建议采用强制分布法，即：
- 优秀员工占总数的 10%
- 中等员工占总数的 30%
- 合格员工占总数的 50%
- 不合格员工占总数的 10%

□ 综合绩效考核建议采用正态分布法，并用企业绩效排名法调整具体比例，即如果所在分公司在 20 个分公司中排名较靠前，其绩效结果评为优秀的人数比例可以增加

□ 强制分布的比例可以根据实际情况进行调整

图6-3 强制分布法实例

3.关键事件法

关键事件法是记录被考核者在工作活动中所表现出来的关键行为事件，然后每隔一段时间（如半年、一年），考核双方就记录的特殊事件来确认被考核者绩效的一种方法。

关键事件法事实上是强调绩效的证据。如果要运用关键事件法，就需要将关键事件和绩效目标与计划结合起来，它特别适用于非量化指标的考核。

运用关键事件法进行考核的优点在于：考核者向被考核者解释绩效评估结果时可提供确切的事实证据；保持对关键事件的记录可以使考核者获得一份关于被考核者根据何种途径消除不良绩效的具体实例。

绩效考核周期确认

在平衡计分卡与绩效管理制度的设计中，还要对考核周期进行确认，考核周期应当与被考核对象绩效计划的周期保持一致，因此这部分工作实际上在计划编制阶段就应当完成了。

绩效考核周期的确认往往与考核对象相对应。一般来说，考核对象的职位越高，其绩效成果表现周期越长；而考核对象的职位越低，其绩效成果表现周期越短。因此在按照层级设计周期时，最常规做法是高层以年度为考核周期、中层以季度为考核周期、基层以月度为考核周期，在年终汇总考核。除了按照层级进行考核，还有的企业按照职位序列和层级结合起来进行考核，例如基层研发人员考核周期为季度、基层生产人员则为月度等。根据考核对象的不同来划分考核周期的优点是十分明显的：层次分明并且具有很强的针对性。

但是在进行考核周期选择时，还需要考虑考核的成本。这种成本不仅体现在资金上，还体现在精力上，不能把考核变成各级主管和员工的负担。考核频率过大会导致考核成本上升，考虑到这些因素，一些国外的企业一律选择年终考核的方式。图6-4为某集团机电研究所三级考核体系。

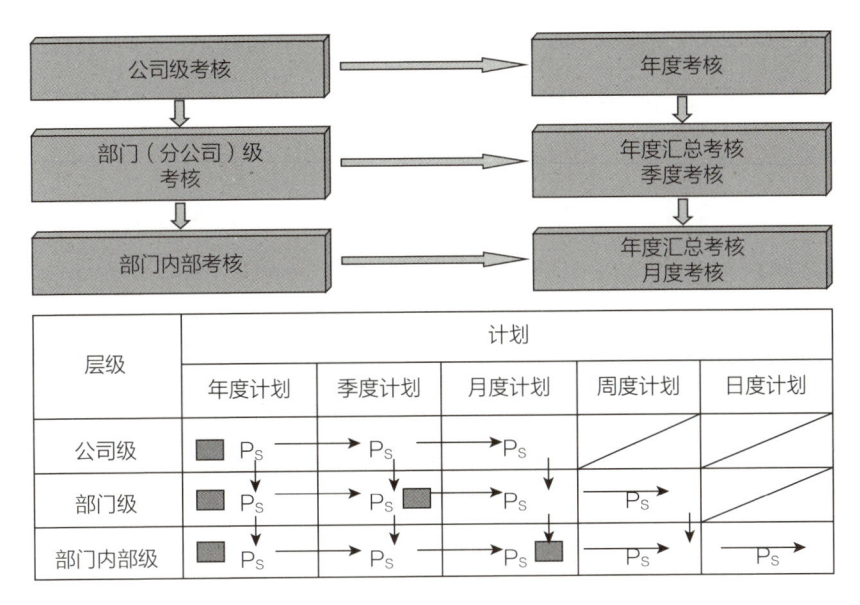

图6-4 某集团机电研究所三级考核体系设计示例

绩效考核流程的描述

对考核流程进行描述是平衡计分卡与绩效管理实际运作规则设计的重要内容之一，你需要在平衡计分卡与绩效管理制度中对绩效考核的每一个步骤进行详细的描述，下面是某制造企业对员工考核流程的描述。

案例21：某制造企业员工考核流程

员工绩效考核的一般流程

第一步 发放考核通知与KPI信息表。人力资源部应根据考核周期要求敦促各中心、部门开展考核活动。

第二步　填写考核表单。各职位直接上级主管根据"××中心/部门KPI指标信息表"（部分指标为主管直接评价）填写考核表单（即平衡计分卡）。

第三步　考核沟通。各职位直接上级在填写表单后，原则上应和被考核者进行沟通，将考核结果反馈给被考核者，并由被考核者签字确认。被考核者如对考核结果有重大异议，可直接向间接上级进行申诉。

第四步　考核审批。各职位直接上级（考核者）与员工本人（被考核者）对考核结果签字确认后，应提交间接上级（考核者直接上级）及人力资源部审批。

第五步　存档备案。人力资源对确认后的考核表单进行分类存档，作为员工薪资及其他个人绩效回报的重要依据。

绩效回报

绩效回报的处理是绩效管理的第四个环节，也是你在制定平衡计分卡与绩效管理制度时，对其实际运作规则进行描述的重要内容之一。

在完成组织与员工的考核之后，必须将考核结果与薪酬等激励机制挂钩才能体现绩效管理的价值。如何根据员工的绩效考核结果确定合理的员工回报，特别是薪酬奖励，是保证绩效考核激励作用的主要手段和核心问题。绩效管理系统的实施与推进需要与之配套的薪酬管理等激励机制。

绩效回报与激励的方式大致有两类：一是物质回报，二是精神回报。物质回报的手段包括激励性薪酬、晋升、特批假期、实物奖品、国内外考察学习、培训教育、旅游赠券等；精神回报的手段则包括授予荣誉称号、赋予挑战性的职责、提供参与重要任务的机会、授权决策等。如图6-5所示。

```
                    ┌─────────┐
                    │ 绩效回报 │
                    └────┬────┘
                ┌────────┴────────┐
           ┌────┴────┐       ┌────┴────┐
           │ 物质回报 │       │ 精神回报 │
           └────┬────┘       └────┬────┘
```

- ☐ 激励性薪酬
- ☐ 晋升
- ☐ 特批假期
- ☐ 实物奖品
- ☐ 国内外考察学习
- ☐ 培训教育
- ☐ 旅游赠券
  ……

- ☐ 授予荣誉称号
- ☐ 赋予挑战性的职责
- ☐ 提供参与重要任务的机会
- ☐ 授权决策
  ……

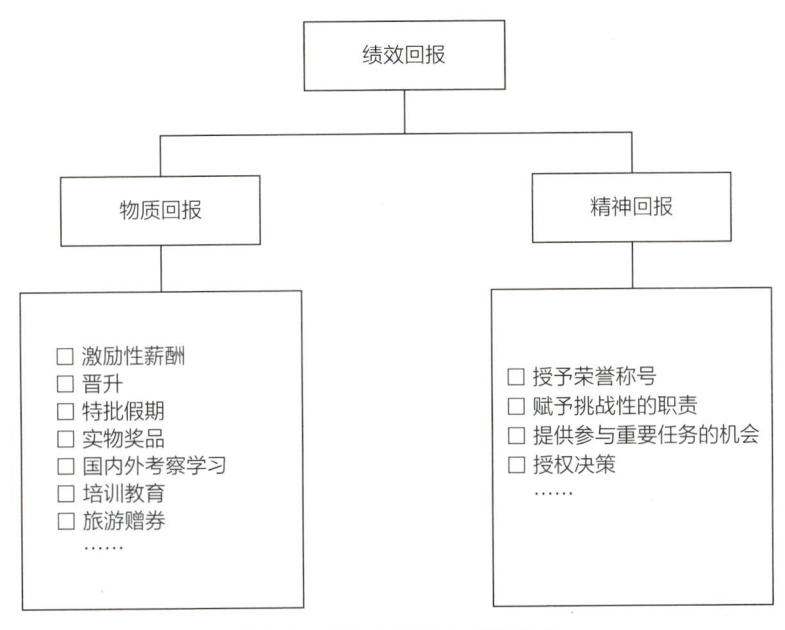

图6-5　绩效回报的方式与手段

上述员工个人回报的方式与手段应当根据人员、时间、地点和员工不同的需求选择而决定，这样才能真正达到激励的目的。也就是说回报正确的、员工需要的东西，是我们在实施员工个人回报时应该遵循的一个原则。很多企业都将上述回报方法的详细内容编制在薪酬福利等管理制度中，但是你在绩效管理制度中必须表明两点：一是绩效回报的方式是什么，即你们选择了哪几种回报方式；二是该回报方式详细的内容在哪个制度中予以阐述。

应当指出，在上述回报的方式与手段的选择中，有两种方式是我们在这里应该首先强调的，一是薪资回报，二是与任职资格认证结合的员工晋升回报。

薪资回报

薪资回报是绩效回报中最基础、最核心的内容。设计薪资回报的主要目的是通过薪资的激励来提高公司每一个员工实现其绩效目标的主动性与自觉性。设计薪资回报除了要有具有外部竞争力与内部公平性的薪资架构与管理规则做支持外，还需要正确处理绩效与薪资的接口，这是薪资回报能否实现预定激励目标的一个重要保障。

绩效与薪资的接口主要体现在两个方面，一是绩效考核结果与固定薪资增长紧密联系；二是绩效考核结果对激励性变动薪资如绩效奖金有直接影响。我们在这里展示我们在提供咨询服务时设计的绩效与薪资接口的案例，以供你在编制相关制度时作为参考。

案例22：某制造企业员工薪资回报接口

正确地处理绩效考核结果与薪资回报之间的接口是绩效管理制度设计的重要内容之一。一般来说，绩效考核结果与薪资之间的接口的定义为：考核结果决定员工固定薪资的增长和年度绩效奖金的发放。

在薪资系统设计中，我们在岗位价值评估的基础上建立了标准薪资架构（表6-5）。每一职等划分出7个薪资区间，并分别对其进行定义。例如经过岗位价值评估后，该公司技术专员的职等为7等，按照薪资管理原则，其薪资主要由两部分构成，一是月度固定薪资，二是月度绩效奖金。上一年度经过对该员工的能力素质及以往绩效表现、以往的薪资水平等综合因素考虑，该员工的薪资调整后确定在7等的2级，即固定月薪为11266元，标准变动月薪（占固定比为80%）为9013元。

表6-5 标准薪资架构

职等	7等			职位名称	技术专员		
薪级	1级	2级	3级	4级	5级	6级	7级
标准固定月薪（元）	9868	11266	12664	14062	15460	16858	18256

续表

职等	\\	7等	\\	职位名称	\\	技术专员
标准变动月薪占比（占固定比）	80%	80%	80%	80%	80%	80%	80%

现在我们来假设本年度结束后，根据该员工月度绩效考核的加权平均分，确定年度绩效等级为优秀（绩效评定等级采取等级评价法和强制分布法，共分为A优秀、B合格、C不合格三个等级）条件下，如何确定其月度固定薪资的增长（按年度调整）并发放月度绩效奖金：

一、月度固定薪资增长

要想确定月度固定薪资增长，首先必须确定不同绩效等级下月度固定薪资增长（或减少）的比例，我们在薪资系统设计时编制了与薪资相关联的不同等级的固定薪资增长比例表，如表6-6所示。

表6-6 与薪资相关联的不同等级的固定薪资增长比例表

对应职等	绩效考核结果	薪资宽带升档说明
14等及以上	年度绩效考核等级为A等	升一档
	年度绩效考核等级为B等	维持不动
	年度绩效考核等级为C等	降一档
10~13等	绩效考核年度汇总等级为A等	升一档
	绩效考核年度汇总等级为B等	维持不动
	绩效考核年度汇总等级为C等	降一档
9等及以下	绩效考核年度汇总等级为A等	升一档
	绩效考核年度汇总等级为B等	维持不动
	绩效考核年度汇总等级为C等	降一档
全部	绩效考核被认定为弄虚作假，或者督查查实被考核下属的分值3次偏离真实值20分以上	降两档

> 由于技术专员当前月度固定薪级为2级,上一年度绩效考核平均分认定的等级为优秀,所以其月度固定薪资的增长比例升一档至3级,具体固定月薪为12664元,对应的月度绩效标准奖金为12664元×80%＝10131元。
>
> ### 二、月度绩效奖金发放
>
> 月度绩效奖金首先与公司利润进行工效挂钩,实际利润/目标利润(封顶1.5,封底0.5)作为绩效奖金总额、员工标准绩效奖金的调整系数,再根据月度绩效考核的等级,设定不同绩效等级下月度绩效奖金的发放标准。如表6-7所示。
>
> 表6-7　不同绩效等级下月度绩效奖金的发放标准
>
> | 绩效等级 | A | B | C |
> | --- | --- | --- | --- |
> | 绩效系数 | 1.5 | 1.0 | 0.5 |
>
> 每个月完结后,会根据公司利润实际完成比例,参考该技术专员月度标准绩效奖金、月度绩效考核等级(对应绩效系数)计算出其月度绩效奖金。

晋升回报

在很多企业中,年轻的员工往往会特别关注职业发展,因此将绩效与员工的职业晋升联系起来实际上也是一种十分重要的激励回报方式。这样可以倡导公司内部形成积极向上的文化氛围。

将绩效考核的结果与员工职业晋升相联系还需要结合员工的任职资格认证。因为是否提拔一个员工不能仅看他的业绩,还需要考量他的知识、经验、能力和职业素养。员工能力不强,却能取得好的业绩,只有两种可能性。一是取得良好业绩是受偶然因素的驱动,原有计划的环境发生了重大的有利变化,而原有计划又没有做及时地调整,这种绩效成绩就不具备真实性;二是任职者的能力可能已经发挥到极限,如果将其提拔到更高层次的职位，他就难以胜任了。所以提拔员工除了要看他的业绩外，还需要看他的能力和思想水平。

也许你要说我的这个观点是不是和"德能勤绩"的考核理念有点相似了？的确，曾经有一段时间，"德能勤绩"考核的理念普遍得到中国企业的认同与关注，但是其实施的实际效果却令人失望。众多企业的"德能勤绩"考核都逃不出这样一个怪圈：首先是"天下绩效一盘棋"，即刚开始实施的时候，部门经理给下级员工的考核成绩都是差不多的，98分、97分、96分、99分等分数屡见不鲜，因为经理认为，给他们评差了自己没有脸面，再说大家天天见面，哪里好意思给出不好的评价？如果领导要求采用强制分布法，那干脆就"轮流坐庄"。360度考核更是被中国的企事业单位员工改写得十分离奇：一个刚刚在某医院结束实习的护士对医学界著名的主任医师的业务能力、思想品德等项的评价是一差到底（全部是最差），对自己同学的业务能力和思想品德等项的评价是项项优秀（全部都是优秀）。最后，当初"德能勤绩"的倡导者为了自我解嘲，不得不将其归咎于执行者的态度问题——是因为他们不认真考核，没有"主人翁"意识！实际上，根据我个人的经验来看，"德能勤绩"考核的失败不在于它的理念，也不在于执行者的态度。它失败的根源在于它的体系，在于它没有给考核人员提供一个客观的、可量化的标准。更为致命的是，它没有区分绩效考核和员工任职资格认证之间的差异！深为可惜的是，我们很多的管理者，甚至是咨询顾问仍旧在犯这个低级的常识性错误。因此我对你前面提的问题的答案是：我们和"德能勤绩"考核在理念上相互认同，但在实际操作上相差甚远！

将绩效考核和任职资格认证的结果结合起来考量员工职业晋升的工具是著名的"人才矩阵模型"，对每个员工进行绩效考核和任职资格认证后，都可以根据矩阵不同区域职业晋升的建议来进行员工晋升回报决策（值得注意的是，矩阵中的员工绩效、任职资格等级应当和实际系统中的等级设计保持一致）。如图6-6所示。

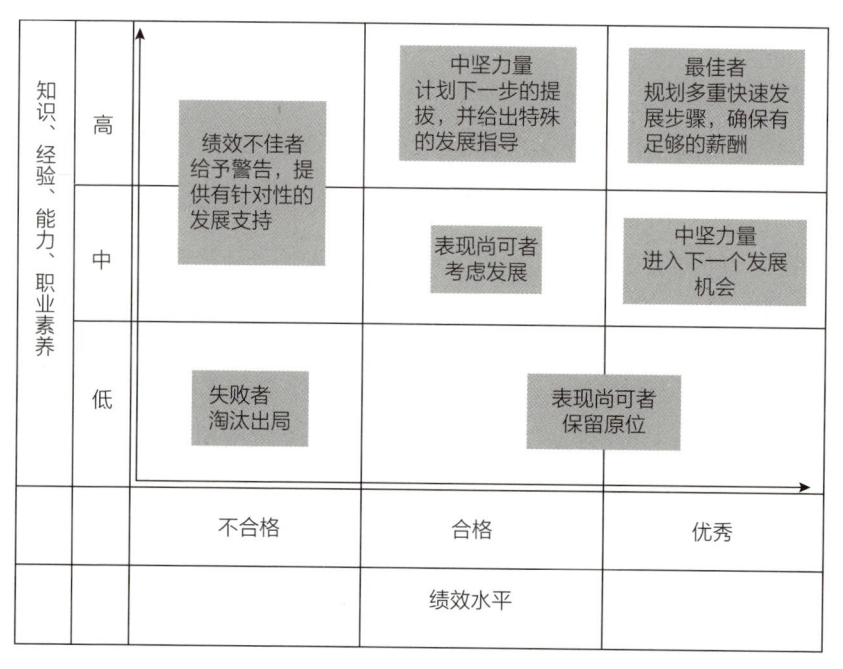

知识、经验、能力、职业素养	高	绩效不佳者给予警告，提供有针对性的发展支持	中坚力量计划下一步的提拔，并给出特殊的发展指导	最佳者规划多重快速发展步骤，确保有足够的薪酬
	中		表现尚可者考虑发展	中坚力量进入下一个发展机会
	低	失败者淘汰出局	表现尚可者保留原位	
		不合格	合格	优秀
			绩效水平	

图6-6 人才矩阵模型

公司可根据上述矩阵模型针对管理者或关键职位制订接班人计划。

绩效管理制度附则

附则一般是平衡计分卡与绩效管理制度的最后一部分内容，它主要阐明制度制定者、负责解释的部门、生效日期等信息，下面是一个附则的例子：

◎本制度由人力资源部制定。
◎本制度由人力资源部负责解释。

◎本制度由绩效管理委员会批准后施行。

◎本制度自2002年1月1日起施行。

平衡计分卡运作制度实例

上面我们给出的只是平衡计分卡与绩效管理制度设计的一个框架，你和你的推进小组在实际的平衡计分卡与绩效管理咨询项目中，应当根据公司的实际情况来编制平衡计分卡与绩效管理制度。下面我们再列举平衡计分卡运作制度的范例，供你在实践中参考。

案例23：某制造企业平衡计分卡运作制度

一、总则

1.平衡计分卡与绩效管理的目的

◎保证公司战略层层落实到公司各个层面，使公司所有员工的行为与公司战略方向一致。

◎客观、公正地评价员工的工作绩效，肯定和体现员工的价值。

◎帮助部门建立一个有效的沟通平台。

◎促进员工与团队的共同发展，提高员工素质和个人绩效。

2.关键名词定义

◎平衡计分卡：落实我公司战略，对战略实施进行监控并对实施绩效进行考核的管理工具；

◎绩效计划：由主管与员工之间在每个绩效考核期初始共同讨论确定的，

对工作目标/工作内容形成一致意见和看法的书面协议。如有调整，双方需进行沟通、确认。

◎关键业绩指标与目标：关键业绩指标与目标是指对公司发展战略具有重要驱动力的指标，它来自战略目标分解、经营战略的转化与职位对战略目标驱动力的识别。指标是绩效计划、指导与考核的方向，而目标则是指标的具体数值或要求。

◎考核标准：是衡量工作目标/工作内容完成情况的指标，可以用质量（工作效果、工作认可度、文档的规范性……）、数量、时间、成本等指标来体现。如本月底上报的质量监督/质量保证测试差错减少5%。

二、绩效管理实施

1.适用对象

本制度的适用对象为公司全体员工，但不包括以下员工：

◎销售人员（适用销售人员的绩效考核办法）。

◎因公休、请假等原因，考核期间出勤率不足20%的员工。

◎试用期员工、兼职人员、实习人员、临时工。

三、绩效计划与考核频率

◎公司层面及高层管理者绩效计划与考核每年进行一次。

◎部门层面、中层干部绩效计划与考核每半年进行一次。

◎员工绩效计划与考核每季度进行一次。

◎如因特殊情况无法在规定时间内完成考核的，各部门必须及时向管理中心汇报，并提前通知下属员工。

四、绩效沟通

上级和下级共同讨论并确定绩效计划，讨论下级的优势和需要改进的绩效指标，共同分析期望与实际结果存在差距的原因，并达成一致。

◎根据计划与考核周期，至少开展不低于一次/周期的绩效面谈。

◎面谈方式：以正式的、一对一、面对面的方式进行。

◎其他要求：面谈时上级至少提前一天通知下级，使双方都做好必要的准备工作。面谈结束后当日在绩效面谈记录表上形成文字，由双方确认后与考核表一起提交间接上级签字。

五、绩效考核结果管理

1. 考核结果申述

◎参加考核的任何员工对考核结果拥有申诉的权利。

◎申诉时效为直接主管初评结束后的1个月内，申诉表以纸质形式流转。

◎申诉流程及说明参见"员工绩效管理指导书"。

2. 考核资料的保管

◎各部门应指定一人对员工的所有考核资料进行集中保管。

◎绩效计划（考核表）以电子介质形式由各部门保管留存，作为员工的人事档案由管理中心统一保管。

◎除管理人员因工作需要可查看员工的考核资料外，其他员工不得随意翻看、查阅。

◎管理中心有权查阅公司任何员工的各类考核资料，各部门应积极配合，向管理中心开放本部门的考核资料。

◎任何接触到考核资料的人员都有保密的义务，不得向外散布、传播。

3.考核结果分布

考核结果采取强制正态分布。

强制分布比率为："A类：完全超过职位要求（10分以上）"，5%；"B类：部分超过职位要求（8.5分≤y<10分）"，10%；"C类：符合职位要求（7.5分≤y<8.5分）"，70%；"D类：部分符合职位要求（6.0分≤y<7.5分）"，10%；"E类：达不到职位要求（6分以下）"，5%。（y为分值）

管理中心检查考核结果的强制分布比率，对不符合比率的部门发回重新考核。

六、考核结果应用

◎ 员工的考核结果与季度奖金直接挂钩，中层干部的考核结果与半年度奖金直接挂钩，高层管理者的考核结果与年度奖金直接挂钩。

◎ 各部门应在规定的时间内将考核结果汇总并上报管理中心，管理中心根据考核结果审核、统计员工季度奖金，未在规定时间内上报考核结果的，该部门员工的季度奖金延期发放。

◎ 年度考核结果作为年薪评定、优秀员工评选、调薪等人事决策的参考。

◎ 考核结果连续3次以上（含3次）为"E类：达不到职位要求（6分以下）"，建议给予调岗、解除劳动合同等处理。

七、绩效管理职责

◎ 管理中心：管理中心负责制定和修改公司统一的平衡计分卡与绩效管理制度，监督各部门考核工作的进行，提供必要的咨询和培训，汇集、建档和分析绩效管理的有关资料，对部门的绩效改善和绩效考核结果应用提出建议，运用考核结果进行有关的人事决策。

◎ 各部门：确定各级考核关系，制订绩效计划和员工提高计划，运用考核结果进行一定范围内的人事决策，组织部门内各级考核的进行。部门负责人负责监督和控制本部门内各级绩效管理工作的良好运行。

八、考核人职责与权利

◎职责：考核人一般为员工的直接上级主管，必须与员工进行必要的、充分的沟通后，站在公正、公平的立场上，基于客观事实对下属员工的绩效进行考核；考核结束后应及时将结果反馈给员工本人，若与员工的意见不一致，需要耐心倾听并做出具有说服力的解释；对员工的发展计划提供必要的支持。

◎权利：考核人可根据员工绩效考核结果提出调岗、奖金评定、调薪等奖惩建议。

九、解释与生效

◎本制度的解释、修订、废止权归公司管理中心所有。

◎本制度从发布之日起生效。

平衡计分卡运作表单设计

表单设计是运作系统设计的第三个重要内容，它是战略与绩效管理流程非常重要的支持性文件，是战略绩效管理得以有效实施的重要保障工具。

平衡计分卡与绩效管理表单中绩效管理表单设计的第一步是编制出一个绩效管理表单的目录，这个目录是表单的索引文件。当公司在后期实施平衡计分卡与绩效管理时，该目录能够为你们正确地使用表单提供指引。表单目录除了要罗列出在绩效管理流程每个环节上所要使用的全部表单外，还必须清晰地显示出每个表单所支持的流程，也就是说要清楚地标记出在绩效管理的每个流程及子流程中会用到哪些表单。

案例24：某制造企业平衡计分卡表单

下面我们提供某制造企业平衡计分卡与绩效管理表单目录模板供你在使用时参考，该表的使用规则是：

◎在表的纵栏内列出平衡计分卡与绩效管理的所有表单；

◎在横栏内列出平衡计分卡的一级流程；

◎然后在纵栏与横栏的交界处，根据各个表单所支持的流程情况填入对应的子流程的名称。

通过这张表你不仅能看到平衡计分卡与绩效管理的全部表单，还能清楚地看到各个表单会在哪些流程中用到。下面我们结合平衡计分卡与绩效管理表单目录，列出一些在平衡计分卡和绩效管理中常用的一些流程表单。如表6-8所示。

表6-8 在平衡计分卡和绩效管理中常用的一些流程表单

序号	表单编号	表单名称	表单使用的流程名称			
			计划	指导与反馈	考核	回报
1	No-001	战略地图	√	√		
2	No-002	平衡计分卡	√	√		
3	No-003	行动计划表	√	√		
4	No-004	业绩承诺书	√	√	√	√
5	No-005	指标解释表	√	√		
6	No-006	指标分解矩阵表	√			
7	No-007	绩效计划调整申请单		√		
8	No-008	绩效计划分析表		√		
9	No-009	KPI指标收集表		√		

续表

序号	表单编号	表单名称	表单使用的流程名称			
			计划	指导与反馈	考核	回报
10	No-010	KPI指标汇总表		√		
11	No-011	KPI指标提供表		√	√	
12	No-012	述职报告			√	
13	No-013	考核申诉单			√	

平衡计分卡切换实施

现在我们进入运作系统设计的最后一个环节：平衡计分卡与绩效管理切换实施。在这个阶段，你们的设计成果将被检验。平衡计分卡与绩效管理推进实施的关键在于风险预控，这个风险主要来自两个方面：一是设计方案本身的风险，二是方案推进实施中，对传统管理方法提出新的要求所带来的风险。我们在此与你分享战略绩效管理体系在推进实施阶段的操作经验与技巧。

平衡计分卡与绩效管理推进实施需要其他管理模块的支持与配套协同。经营计划与财务预算等管控流程、公司组织架构、人力资源管控流程、企业文化管理模式都是影响以平衡计分卡为核心工具的战略绩效管理系统实施效果的重要因素。

根据我们为中国企业提供管理咨询的经验，战略绩效管理推进实施的成功与否除了与前期的方案设计有关外，推进实施的技巧往往也对其产生非常直接的影响。

我们将战略绩效果管理变革实施过程大致分为两大阶段：试运行阶

段与正式运行阶段。前者是战略绩效管理运行模拟与可操作性检验，在该阶段主要验证所设计出的战略绩效方案是否能在实践中运用，以及运行中可能存在的问题及纠正方法；后者则是正式让战略绩效与其他管理系统对接，以发挥其对战略执行的推动作用。

案例25：某制造企业平衡计分卡切换实施

中国北方的某汽车制造基地的战略绩效管理系统运行实施分为试运行与正式运行阶段，如图6-7所示。

第一阶段：试运行

1. 方案宣贯（2个月）

2. 战略绩效管理试运行（6~10个月）

3. 模拟考核（6~10个月）

第二阶段：正式运行

将考核结果与回报对接

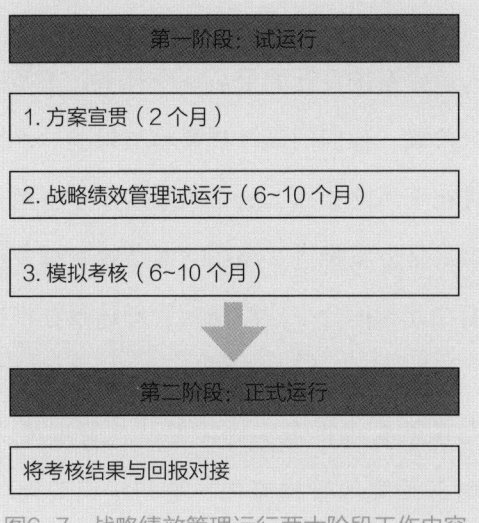

图6-7 战略绩效管理运行两大阶段工作内容

试运行阶段一共历时12个月，其中设计方案宣贯2个月，在这2个月中，运行实施的工作目标是实现企业内部各级经理、各级员工之间的战略绩效设计方案沟通。通过沟通让企业所有人员尤其是各级经理熟悉并能运行方案设计的内容。2个月后的6~10个月时间内进行战略绩效管理流程的整体试运行，执行定期的战略绩效会议、战略计划质询、战略计划关键节点评估、模拟考核等内容。在试运行阶段，该公司根据运行过程中出现的问题对原战略绩效管理系统进行了设计方案的微调，根据战略绩效实施要求进行了组织架构的调整，同时他们还对中层以上人员模拟绩效考核的结果进行了公示。

在12个月后，该公司的战略绩效实施进入了正式运行阶段，除了坚持在试运行阶段持续改进战略绩效流程外，最重要的工作就是将考核结果与回报对接起来：各级经理与员工的固定薪资增长、浮动奖金计算、职业发展等都与战略绩效对接起来。

第七章

战略地图与OKR融合实操案例

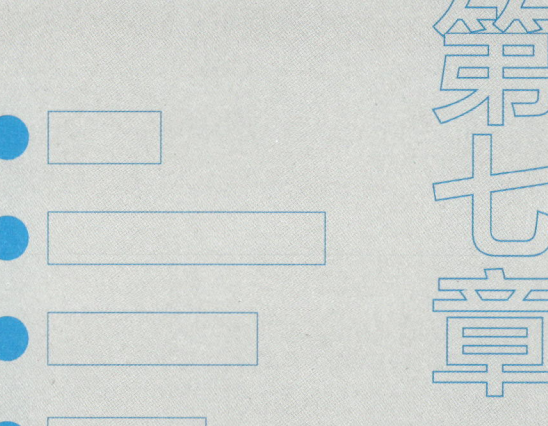

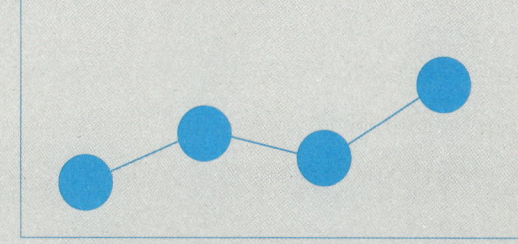

非常感谢你一直与我在平衡计分卡的世界中遨游到现在，也恭喜你即将成为公司以平衡计分卡为核心工具的战略绩效管理变革的主要推动者。如前面章节所述，各种战略绩效管理工具的推崇者一直进行着理论的交锋，而这种理论交锋在事实上有效地推动了BSC、KPI、MBO、OKR各自在全球的传播步伐。尽管企业管理是实践活动，而不是象牙塔里的理论研究，但是我们无法回避一个事实：在我们的企业中，我们应当选择何种战略绩效管理工具？是BSC、KPI、MBO、OKR，还是其他什么工具？我们选择管理工具是简单的、有效的吗？它们在操作上是水火不容吗？当我们选择或者运用其中一种管理工具后，是否就意味着我们不能再运用其他管理工具的全部或者其中部分的原理、功能了？

很多成功与失败的西方管理工具引进的案例告诉我们：在中国从事管理实践，只有博采百家之长将复杂问题简单化才能获得成功。因此在实践操作中，佐佳咨询将管理工具有效地组合在一起，其中战略地图与OKR的结合是我们针对互联网、高科技企业的一次非常积极的尝试。在本章中，我将向你展示中国高科技企业将战略地图与OKR结合起来的管理案例，我们期望它能够给你和你的企业推进管理的变革带来帮助。需要你谅解的是：出于保密的原因，本书所展现的咨询解决方案的部分关键数据与信息是经过处理的。

案例基本背景介绍

ABC智能科技发展有限公司（简称"ABC智能科技"）致力于以科技改变未来，专注于智能机器人、无人机的研发和制造，其产品被广泛应用于地形勘测、影视拍摄、农林牧渔、新闻拍摄、消防、救援、交通、特殊领域等多个领域，是中国领先的人工智能企业。发展至今，ABC智能科技已在美国、欧洲、加拿大等多地设立区域总部和分支研发机构，国际销售网络覆盖全球14个国家。

ABC智能科技成立于2015年，创业团队的领导者是"90后"的代表人物，员工的平均年龄只有29岁，而正是这样的一群年轻人正走在"以科技改变未来"梦想的道路上。年轻的"90后"领导者、年轻的公司在面对同样年轻的"千禧员工"时，并没有墨守成规而是选择了开放、包容和创新的组织文化。创业团队的领导者认为公司处于一个快速迭代、重视创新、自由自律的行业，持续让员工保持创造性思维是ABC智能科技未来走向成功的动力源泉，而创造性思维极度依赖人脑灵感和直觉，其发挥常常受到外在环境的影响和刺激，比如愉悦的心情、宽松的工作氛围、激发灵感的音乐等，这也是为什么ABC智能科技的很多研发技术人员天马行空、喜爱自由并不受管束的原因，因此"开放、包容和创新的组织文化"是确保激发员工创造性思维的基础。但是创业团队的领导者也意识到："开放、包容和创新的组织文化"并不意味着无度的随心所欲，高科技公司如何在保持员工高度自由的同时实现自律、自我管理也十分重要。

创业团队的领导者在美国硅谷考察后，决定引进风靡硅谷公司的OKR，创业团队的领导者在公司第一次OKR培训会上指出："OKR是一套明确和跟踪目标及其完成情况的员工自我目标管理工具，特别适应于互联网和高科技企业知识型员工的目标管理，强调在自由而自律的组织文化背景下激发团队的创造力。ABC智能科技致力于'以科技改变未来'，是由一群年轻的、有理想的、有创造力的技术精英组成的公司，OKR能够帮助公司聚焦于愿景与目标，成就我们创业的梦想，OKR一旦与ABC智能科技的创新文化结合在一起，必然能够发挥出无与伦比的创造力。"

ABC智能科技引入OKR体系遇到的第一个技术问题就是如何将OKR与公司战略关联起来，这对于ABC智能科技来说确实比较尴尬：创业公司往往在高速成长期并没有特别成熟的战略管理模式，很多业务与产品还在无人区中摸索，外部环境也显得十分不确定，这种场景下的战略规划不可能描述得十分详尽。但是创业公司又不能过度强调"不确定性"，一味地强调"不确定性"而拒绝思考公司未来的发展是一种战略思维的懒惰，是一种推卸责任的借口。创业团队的领导者认真学习了平衡计分卡的方法论，在经过多方面的比较与论证后，决定参考咨询顾问的建议运用平衡计分卡体系的战略地图将OKR与公司战略连接起来。

公司战略地图开发

ABC智能科技战略地图开发采取了研讨会的形式，主要围绕以下七大议题展开：

(1) ABC智能科技内外部战略环境扫描分析。

(2) 反思并修订ABC智能科技使命、价值与愿景。

(3) ABC智能科技未来衡量股东价值的财务战略目标是什么？

(4) ABC智能科技未来高速增长的路径与战略目标是什么？

(5) ABC智能科技的客户价值与战略目标是什么？

(6) ABC智能科技内部运营的关键战略举措与战略目标是什么？

(7) ABC智能科技学习与成长的关键战略举措与战略目标是什么？

为充分挖掘公司每一位知识型员工的创造力，ABC智能科技的战略地图开发采取了"众筹法"，分别征求每一个团队（部门）的意见，最后进行汇总、公示、定稿，实现了战略地图开发中的"自上而下、自下而上"，如图7-1所示。

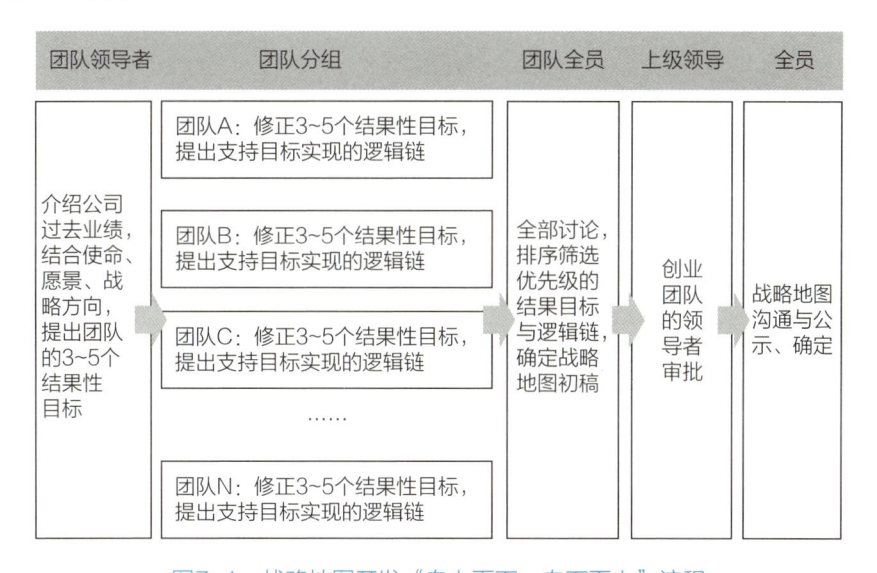

团队领导者	团队分组	团队全员	上级领导	全员
介绍公司过去业绩，结合使命、愿景、战略方向，提出团队的3~5个结果性目标	团队A：修正3~5个结果性目标，提出支持目标实现的逻辑链 团队B：修正3~5个结果性目标，提出支持目标实现的逻辑链 团队C：修正3~5个结果性目标，提出支持目标实现的逻辑链 …… 团队N：修正3~5个结果性目标，提出支持目标实现的逻辑链	全部讨论，排序筛选优先级的结果目标与逻辑链，确定战略地图初稿	创业团队的领导者审批	战略地图沟通与公示、确定

图7-1　战略地图开发"自上而下、自下而上"流程

通过"自上而下、自下而上"流程迭代，围绕最初战略地图开发七大问题的答案，ABC智能科技对公司战略进行了整理与提炼，开发出"ABC智能科技发展有限公司战略地图"，如图7-2所示。

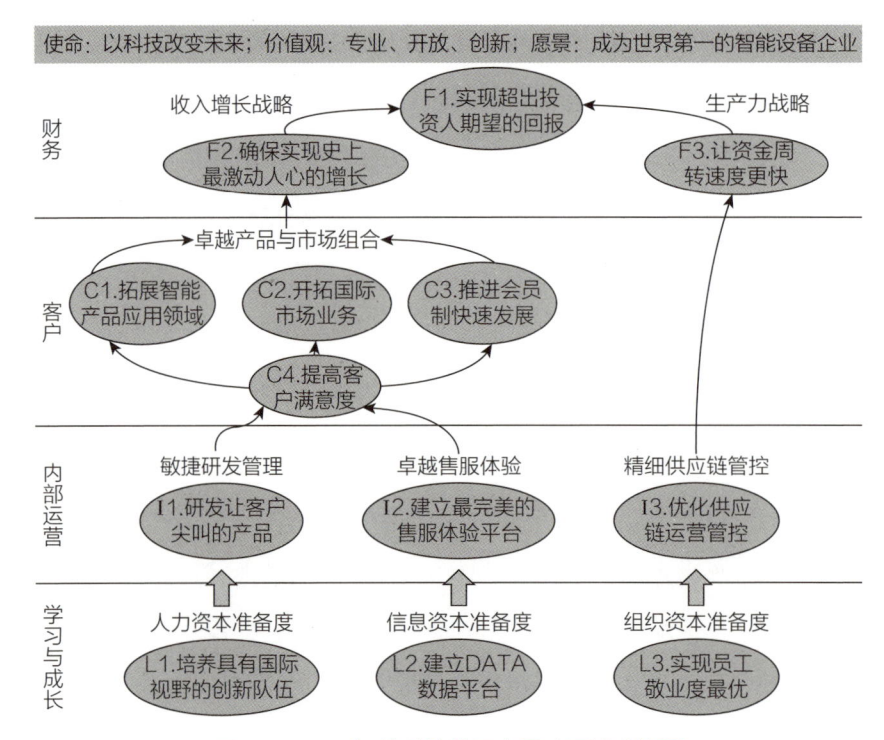

图7-2 ABC智能科技发展有限公司战略地图

图7-2的最上端是ABC智能科技使命、价值观与愿景。在使命、价值观与愿景下一共有9个战略主题、13个战略目标，整个战略地图有两个主要的目标逻辑链：第一是战略目标F2（确保实现史上最激动人心的增长），第二是战略目标F3（让资金周转速度更快）。F2的增长支持战略目标有C1、C2、C3，而支持C1、C2、C3的是C4，支持C4的则是内部流程维度的I1、I2；F3则是由I3所支持的；L1、L2、L3是支持整个内部流程维度的I1、I2、I3三个战略目标。战略地图中每一个战略目标的时限是1~3年之内，同时战略目标的描述遵循了"动词+动词对象"的句型。

完成"ABC智能科技发展有限公司战略地图"开发后需要把战略地图转化为"ABC智能科技发展有限公司年度OKR表"，如表7-1所示。

第七章
战略地图与 OKR 融合实操案例

241

表7-1 ABC智能科技发展有限公司年度OKR表

维度	战略主题	核心目标（O）	关键工作成果（KR）	全年	第一季度	第二季度	第三季度	第四季度	行动计划（ACTION）	举牌人
财务	收入增长战略	F1.实现超出投资人期望的回报	保持全年投资回报率在x%							
			确保实现全年度××亿元利润							
		F2.确保实现史上最激动人心的增长	实现40%以上的主营业务收入增长率							
			确保实现全年度××亿元主营业务收入							
	生产力战略	F3.让资金的周转速度更快	实现总资金周转天数达到x天							
			实现流动资金周转天数达到x天							
客户	卓越产品与市场组合	C1.拓展智能产品应用领域	推动A-001应用领域产品在第二季度末上线						第二季度末A-001应用上线	
			确保B-016在全国民品市场的月增长率达到60%						第一季度末B-016应用上线	
			B-016产品在军品市场的占有率保持在20%以上							
		C2.开拓国际市场业务	北美市场销量达到××万美元							
			中东市场销量达到××万美元							
		C3.推进会员制快速发展	实现会员增长率达到x%							
			实现A级会员增长率10%							
		C4.提高客户满意度	确保客户综合满意度在80分以上							

续表

维度	战略主题	核心目标（O）	关键工作成果（KR）	全年	第一季度	第二季度	第三季度	第四季度	行动计划（ACTION）	举牌人
内部运营	敏捷研发管理	I1.研发让客户尖叫的产品	储备TC核心人工智能组件技术						第四季度末实现人工智能组件技术储备率100%	
			挑战平均续航里程达到x小时						第四季度末完成F-032电池替代	
	完美售服体验	I2.建立最完美的售服体验平台	挑战售服平均响应周期3小时以内							
			确保售服问题妥善解决率达100%							
	精细供应链管控	I3.优化供应链运营管控	挑战客户质量投诉率为零							
			杜绝三包索赔损失预算100%							
			控制产品配套成本率x%							
学习与成长	人力资本准备度	L1.培养具有国际视野的创新队伍	2019年培养首席研发技术工程师1人，专家人才2人							
			确保全员任职资格达标率95%以上							
	信息资本准备度	L2.建立DATA数据平台	完成DATA平台计划							
			2019年第一季度建立数据情报系统							
	组织资本准备度	L3.实现员工敬业度最优	建立员工敬业度管理体系							

表中ABC智能科技发展有限公司 2019年 OKR表，2019年目标值

表7-1包含维度、战略主题、核心目标（O）、关键工作成果（KR）、2019年目标值、行动计划（ACTION）、举牌人这些信息，其中战略主题9

个、战略目标一共13个、年度与季度KR共计26个、年度行动计划（年度最终结点）4个。

应当指出，为了适应快速迭代的外部环境，ABC智能科技的战略目标只是陈述了大致的战略方向，这些战略方向承载ABC智能科技的公司使命与愿景落地，一般在年度时间内不轻易调整，除非是公司战略方向发生了重大变化，但是度量核心目标进展的年度KR、季度KR甚至月度KR是需要以"空杯心态"不断清零、调整的。同时OKR强调聚焦，表7–1中包含13个核心目标与26个关键工作成果，显然不符合OKR的聚焦原则，因此在季度OKR迭代中必须要按照4×4原则进行聚焦再聚焦，筛选出不超过4个核心目标进行重点关注，同时度量每个核心目标进展的关键成果数量也尽量控制在2~4个。

"4×4原则"筛选公司季度OKR

ABC智能科技在完成公司战略地图开发、年度OKR设定后，则开始在每个季度开始前设定、迭代季度公司OKR。公司季度OKR设定首先需要按照"4×4原则"选择每季度重点关注的核心目标，ABC智能科技的OKR推进小组选择的工具是"重要–紧急矩阵"，其操作步骤分为如下两步。

第一步：从重要和紧急两个不同维度考核目标所属象限

如图7–3所示，ABC智能科技从重要和紧急两个维度对表7–1中的13个核心目标进行考核，其中C1.拓展智能产品应用领域、C2.开拓国际市场业务、C3.推进会员制快速发展、I1.研发让客户尖叫的产品、I2.建立最完美的售服体验平台、I3.优化供应链运营管控6个目标被纳入第一象限。

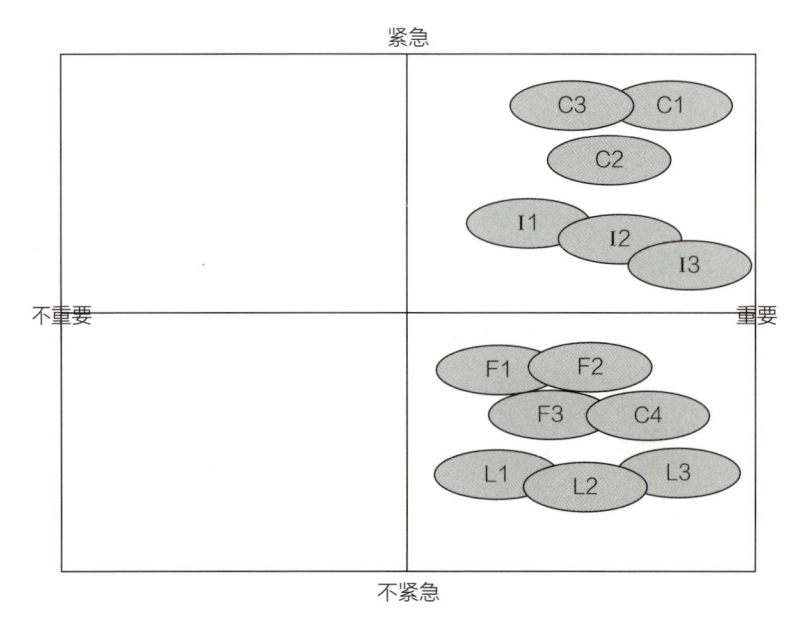

图7-3 从重要和紧急两个不同维度考核目标所属象限

第二步：在第一象限中再筛选出4个核心目标

在本步骤中，ABC智能科技需要从C1、C2、C3、I1、I2、I3 6个目标中继续第二次筛选，直至保留的公司季度OKR评价表的核心目标的数量控制在4个以内第二次筛选运用"交互式分析法"。"交互式分析法"是将6个待选的核心目标按照年度突破后对核心能力与短板提升的影响，进行两两对比评分，最后选择4个得分最高的核心目标，如表7-2所示。

表7-2 ABC智能科技季度OKR筛选交互式分析表

	C1	C2	C3	I1	I2	I3	得分
C1	—	2	2	2	3	3	12
C2	2	—	2	2	3	3	12
C3	2	2	—	2	3	3	12

续表

	C1	C2	C3	I1	I2	I3	得分
I1	2	2	2	—	3	3	12
I2	1	1	1	1	—	2	6
I3	1	1	1	1	2	—	6

如表7-2所示，运用"交互式分析法"进行评分的得分情况为：C1、C2、C3、I1得分为12分，I2、I3得分为6分；最后季度OKR评价表选择C1、C2、C3、I1作为重点关注的核心目标。该核心目标在每季度一般不作变动，除非公司战略发生重大变化，战略地图调整后需要重新审视公司OKR的核心目标。表7-3所示为ABC智能科技季度OKR筛选交互式分析示例。

表7-3 ABC智能科技季度OKR筛选表

维度	战略主题	核心目标（O）	关键工作成果（KR）	全年	第一季度	第二季度	第三季度	第四季度	行动计划（ACTION）	举牌人
财务	收入增长战略	F1.实现超出投资人期望的回报	保持全年投资回报率在x%							
			确保实现全年度××亿元利润							
		F2.确保实现史上最激动人心的增长	实现40%以上的主营业务收入增长率							
			确保实现全年度××亿元主营业务收入							
	生产力战略	F3.让资金周转速度更快	实现总资金周转天数达到x天							
			实现流动资金周转天数达到x天							

续表

维度	战略主题	核心目标（O）	关键工作成果（KR）	2019年目标值 全年	第一季度	第二季度	第三季度	第四季度	行动计划（ACTION）	举牌人
客户	卓越产品与市场组合	C1.拓展智能产品应用领域	推动A-001应用领域产品在第二季度末上线						第二季度末A-001应用上线	
			确保B-016在全国民品市场的月增长率达到60%						第一季度末B-016应用上线	
			B-016产品在军品市场的占有率保持在20%以上							
		C2.开拓国际市场业务	北美市场达到××万美元销量							
			中东市场达到××万美元销量							
		C3.推进会员制快速发展	实现会员增长率达到y%							
			实现A级会员增长率10%							
		C4.提高客户满意度	确保客户综合满意度在80分以上							
内部运营	敏捷研发管理	I1.研发让客户尖叫的产品	储备TC核心人工智能组件技术						第四季度末实现人工智能组件技术储备率100%	
			挑战平均续航里程达到X小时						第四季度末完成F-032电池替代	

续表

维度	战略主题	核心目标（O）	关键工作成果（KR）	2019年目标值					行动计划（ACTION）	举牌人
				全年	第一季度	第二季度	第三季度	第四季度		
内部运营	完美售服体验	I2.建立最完美的售服体验平台	挑战售服平均响应周期3小时以内							
			确保售服问题妥善解决率达100%							
	精细供应链管控	I3.优化供应链运营管控	挑战客户质量投诉率为零							
			杜绝三包索赔损失预算100%							
			控制产品配套成本率××%							
学习与成长	人力资本准备度	L1.培养具有国际视野的创新队伍	2019年培养首席研发技术工程师1人，专家人才2人							
			确保全员任职资格达标率95%以上							
	信息资本准备度	L2.建立DATA数据平台	完成DATA平台计划							
			2019年第一季度建立数据情报系统							
	组织资本准备度	L3.实现员工敬业度最优	建立员工敬业度管理体系							

运用4×4原则选择重点OKR

　　ABC智能科技筛选出4个核心目标以后，在季度的时间节点上就需要以"空杯心态"不断地刷新、迭代关键工作成果，ABC智能科技选择了价值树进行关键工作成果的演绎与思考。为了充分挖掘公司年轻的、知识型员工的创造力，ABC智能科技公司季度OKR刷新与迭代采取研讨会的形式，每季度创业团队的领导者都会组织一场马拉松式的OKR辩论会，任由创意工程师们对公司OKR

发表意见。如图7-4所示，季度OKR的刷新与迭代研讨会议按照四个步骤开展：

（1）ABC智能科技将每个年度OKR表中的核心目标和关键工作成果首先列入价值树。

（2）站在当期季度节点上思考度量核心目标实现的标志是什么。

（3）根据度量核心目标实现的标志，推导第二季度关键工作成果。

（4）开展季度OKR辩论会，由各团队代表对公司季度OKR评价表初稿进行辩论、修订。

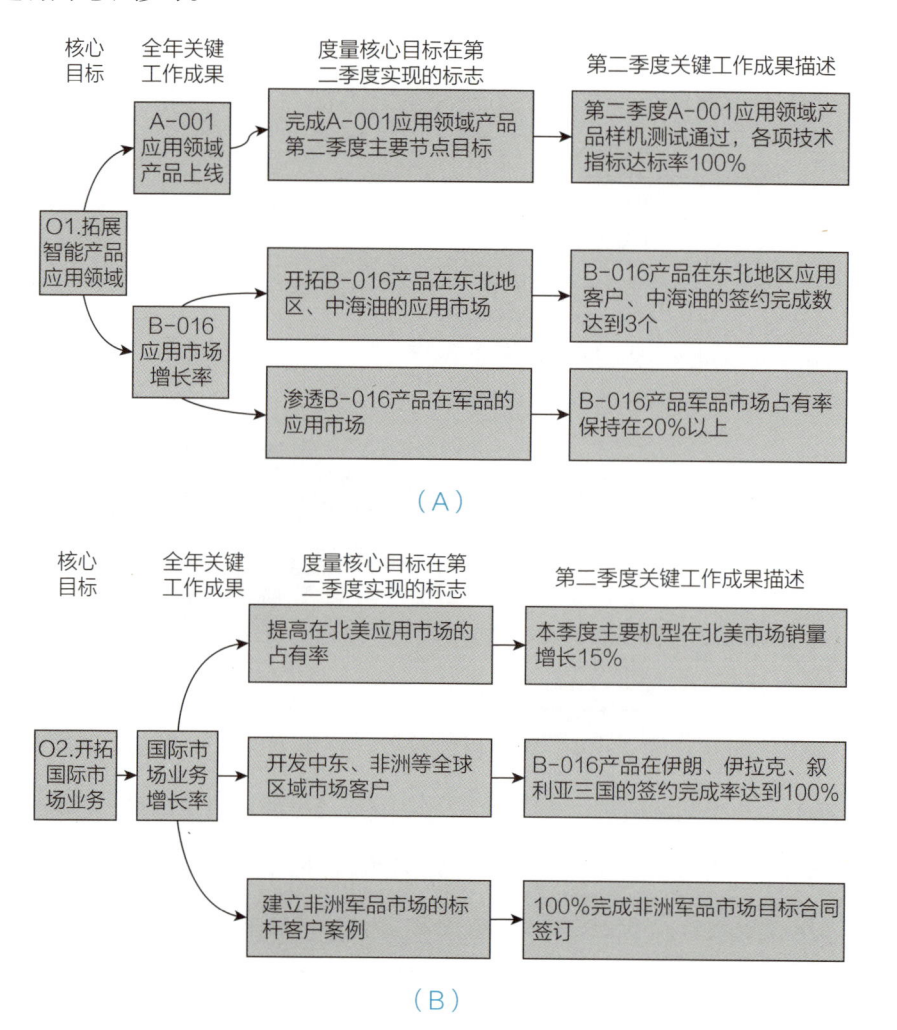

核心目标	全年关键工作成果	度量核心目标在第二季度实现的标志	第二季度关键工作成果描述
O1.拓展智能产品应用领域	A-001应用领域产品上线	完成A-001应用领域产品第二季度主要节点目标	第二季度A-001应用领域产品样机测试通过，各项技术指标达标率100%
	B-016应用市场增长率	开拓B-016产品在东北地区、中海油的应用市场	B-016产品在东北地区应用客户、中海油的签约完成数达到3个
		渗透B-016产品在军品的应用市场	B-016产品军品市场占有率保持在20%以上

（A）

核心目标	全年关键工作成果	度量核心目标在第二季度实现的标志	第二季度关键工作成果描述
O2.开拓国际市场业务	国际市场业务增长率	提高在北美应用市场的占有率	本季度主要机型在北美市场销量增长15%
		开发中东、非洲等全球区域市场客户	B-016产品在伊朗、伊拉克、叙利亚三国的签约完成率达到100%
		建立非洲军品市场的标杆客户案例	100%完成非洲军品市场目标合同签订

（B）

```
核心      全年关键      度量核心目标在第            第二季度关键工作成果描述
目标      工作成果      二季度实现的标志

                       ┌─ 确保本季度会员增长率 ──── 本季度会员总量增长率达到
                       │                         30%以上
                       │
         会员增长       ├─ 确保本季度A级会员 ─────── 本季度A级会员转化率达到50%
O3.推进   率/A级会      │   转化
会员制   员增长率       │
快速发展               ├─ 与目标客户一致的非竞 ──── 与6个机器人俱乐部签署战略合
                       │   争业务机构合作           作协议
                       │
                       └─ 在互联网平台发表会员 ──── 在8大类主流互联网平台发表的
                           制度推广的软文             宣传软文数量不低于300篇
```

（C）

```
核心      全年关键      度量核心目标在第            第二季度关键工作成果描述
目标      工作成果      二季度实现的标志

         研发新品      ┌─ 按照TCC核心人工智能组建技术 ─── 第二季度完成核心人工智能
         客户评价      │   储备计划进展推进技术储备工作      组建技术储备工作的89%
         得分          │
O4.研发                │
让客户                 │
尖叫的                 │
产品                   │
         平均续航      └─ F-032电池替代计划 ─────────── 100%完成F-032电池替代
         里程                                            计划本季度节点任务
```

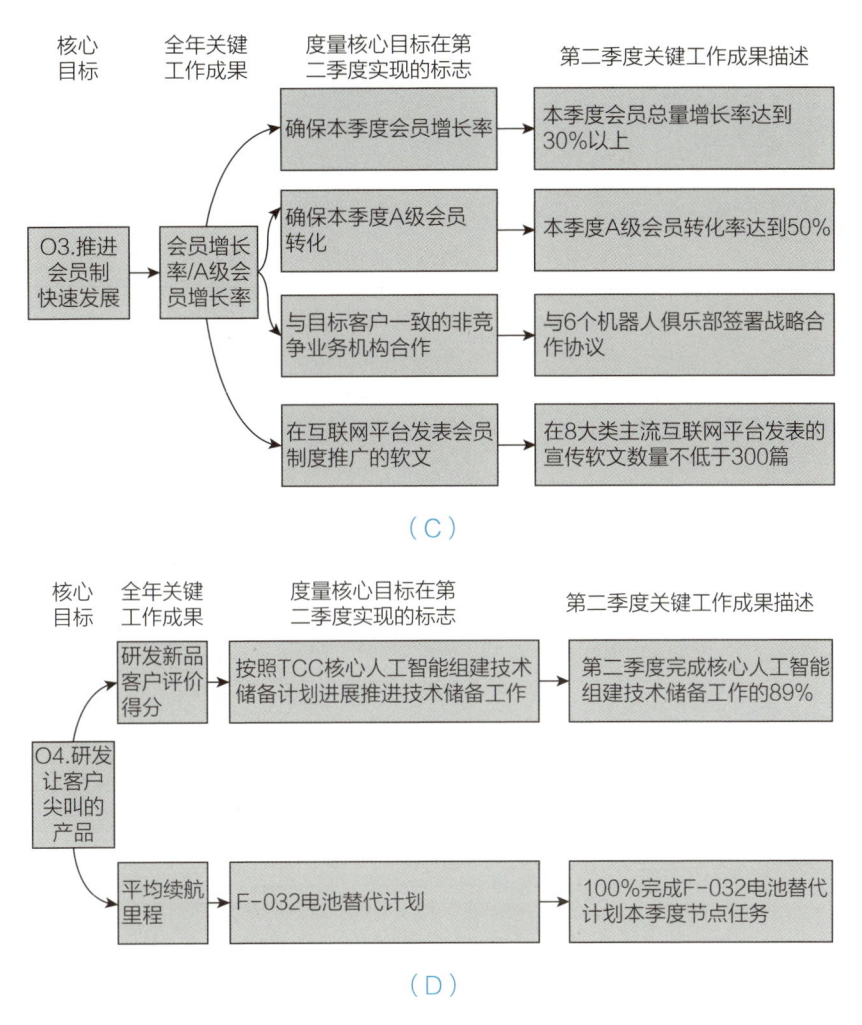

（D）

图7-4　ABC智能科技运用"价值树模型"刷新与迭代季度OKR

完成"价值树模型"推导的研讨会后，ABC智能科技开启了季度OKR评价表的编制工作。整个编制工作由创业团队的领导者牵头，他们将创意工程师们的建议融入"第二季度公司OKR评价表"中，如表7-4所示。

表7-4 ABC智能科技"2019年第二季度公司OKR评价表"

\multicolumn{8}{c}{ABC智能科技发展有限公司（2019年第二季度公司级）OKR评价表}
序号	属性	本季度核心目标	关键工作成果	权重	计分规则	KR自评	自评说明	O得分
1	承诺型OKR	O1.拓展智能产品应用领域	本季度A-001应用领域产品样机测试通过，各项技术指标达标率100%	0.30	挑战值（10分）：全部达到100%的达标率，完全通过 目标值（6~7分）：5大主要技术指标达到100%，基本通过 淘汰值（0分）：5大主要技术指标未达到100%，未通过			
			B-016产品在全国目标应用客户的签约完成数达到3个	0.35	挑战值（10分）：3个目标客户全部签约 目标值（6~7分）：2个目标客户签约 淘汰值（0分）：1个及以下目标客户签约			
			B-016产品在军品市场的占有率保持在20%以上	0.35	挑战值（10分）：20%及以上的市场占有率 目标值（6~7分）：18%~20%的市场占有率 淘汰值（0分）：18%以下的市场占有率			
		O2.推进会员制快速发展	本季度会员总量增长率达到30%以上	0.50	挑战值（10分）：30%及以上的总量增长率 目标值（6~7分）：27%~30%的总量增长率 淘汰值（0分）：27%以下的总量增长率			
			本季度A级会员转化率达到50%	0.50	挑战值（10分）：50%及以上的转化率 目标值（6~7分）：45%~50%的转化率 淘汰值（0分）：45%以下的转化率			

续表

序号	属性	本季度核心目标	关键工作成果	权重	计分规则	KR自评	自评说明	O得分
2	愿景型OKR	O3.开拓国际市场业务	本季度主要机型在北美市场销量增长15%	0.20	挑战值（6~7分）：达到13%~15%的增长率 目标值（4~6分）：达到11%~13%的增长率 淘汰值（7~10分、0~4分）超出15%或者低于11%的增长率			
			B-016产品在伊朗、伊拉克、叙利亚三国10个目标客户的签约完成率达到100%	0.50	挑战值（6~7分）：达到63%~70%的签约率 目标值（4~6分）：达到57%~63%的签约率 淘汰值（7~10分、0~4分）超出70%或者低于57%的签约率			
			100%完成非洲军品市场目标合同签订	0.30	挑战值（6~7分）：达到63%~70%的签约率 目标值（4~6分）：达到57%~63%的签约率 淘汰值（7~10分、0~4分）超出70%或者低于57%的签约率			
		O4.研发让客户尖叫的产品	第二季度完成核心人工智能组建技术储备工作的89%	0.50	挑战值（6~7分）：达到80%~89%的储备率 目标值（4~6分）：达到72%~80%的储备率 淘汰值（7~10分、0~4分）超出89%或者低于72%的储备率			
			100%完成F-032电池替代计划本季度节点任务	0.50	挑战值（6~7分）：完成节点规定全部任务工作 目标值（4~6分）：完成节点规定主要任务工作 淘汰值（7~10分、0~4分）超出节点进度或者未完成节点任务			

表7-4一共有两个承诺型OKR和两个愿景型OKR，填写规则如下：

（1）OKR总体数量按照"4×4原则"进行控制，目标数量不超过4个，度量目标季度进展的关键工作成果数量不超过4个，尽量控制在2~4个。

（2）目标是方向性的定性描述，但是度量目标的关键工作成果必须量化，可以用计分规则对关键工作成果打分，且必须符合指标设定的智能原则。

（3）每个关键工作成果按照度量目标的重要程度设置权重，每个核心目标对应的所有的关键工作成果权重加起来等于100%。

（4）关键工作成果计分规则按照通行的层差法设定，承诺型OKR与愿景型OKR的关键工作成果计分规则有严格区分与不同。

（5）公司季度OKR表有关键工作成果自评与自评说明、每个目标最终得分等纵栏。公司季度关键工作成果自评由创业公司领导者牵头自评并填写自评说明。

（6）ABC智能科技在内网系统中的"季度公司级OKR表"中增加了对公司季度OKR评分围观的内容，该评分围观对每一位员工开放。

完成上述公司季度OKR评价表编制后，ABC智能科技开启了公示与围观的程序。创业团队的领导者录制了20分钟左右的视频，讲解了公司战略地图、年度OKR表和第二季度核心目标的选取原因、季度关键工作成果刷新与迭代思路。该视频被挂在ABC智能科技的内网上随时让所有员工围观，同时公司还对战略地图、年度OKR表、第二季度核心目标选取的"紧急与重要矩阵"、季度关键工作成果刷新与迭代价值树、季度公司OKR评价表进行了公示，以求广泛征求员工们的意见。

将公司OKR分解到部门或团队

在完成公司第二季度OKR开发后，ABC智能科技开始推动部门OKR的分解与创意。部门OKR分解仍旧采取研讨会的形式，创业团队的领导者亲自组织该会议，各部门与员工代表参与该会议。研讨会的召开程序如下：

（1）事先准备好公司OKR分解矩阵表，在纵列中首先列入公司在2019年第二季度的4个OKR，在横列中列入ABC智能科技的各个部门。

（2）由创业团队的领导者介绍公司OKR分解矩阵的研讨规则，尤其强调在他人陈述时不允许打断，只有在陈述结束后才可以提出异议。

（3）各部门用便签纸提议本部门第二季度应当实现的核心目标，同时在便签纸上标明与公司关键工作成果的对应关系。

（4）将各部门便签纸上提议的本部门第二季度应当实现的核心目标列入分解矩阵，形成公司OKR分解矩阵初稿。

（5）各部门互相拍砖，对其他部门提议的本部门第二季度应当实现的核心目标提出异议，并沟通达成一致，修订公司OKR分解矩阵。

（6）讨论公司关键工作成果分解至部门后的责任，区分结果责任与驱动责任，最后确定公司OKR分解矩阵表，如表7-5所示。

表7-5 ABC智能科技公司OKR分解矩阵表

公司级OKR		公司KR的部门分解					
核心目标（O）	关键工作成果（KR）	研发部	外协管理部门	采购部	品控部	生产部	营销部	……
O1.拓展智能产品应用领域	推动A-001应用领域产品在第二季度末上线	结果责任：确保A-001应用领域产品准时上线	驱动责任：完成关键部件的配套生产任务	驱动责任：完成关键部件的配套采购任务				
	确保B-016产品应用市场月增长率达到60%	驱动责任：收集B-016应用反馈并制订产品迭代计划					结果责任：确保B-016产品应用市场的高速月增长	

续表

公司级OKR		公司KR的部门分解						
核心目标（O）	关键工作成果（KR）	研发部	外协管理部门	采购部	品控部	生产部	营销部	……
O2.开拓国际市场业务	北美市场达到××万美元销量		驱动责任：布局墨西哥外协配套工厂				结果责任：开拓北美市场	
	中东市场达到××万美元销量		驱动责任：布局中东外协配套工厂				结果责任：开拓中东市场	
O3.推进会员制快速发展	实现会员增长率达到y%						结果责任：实现会员增长	
	实现A级会员增长率达到10%						结果责任：实现A级会员增长	
O4.研发让客户尖叫的产品	储备TC核心人工智能组件技术	结果责任：储备TC核心人工智能组件技术	驱动责任：协同储备TC核心人工智能组件技术					
	挑战平均续航里程达到××小时	结果责任：挑战平均续航里程达到××小时	驱动责任：协同平均续航里程挑战计划	驱动责任：协同平均续航里程挑战计划		驱动责任：协同平均续航里程挑战计划		

表7-5的OKR分解矩阵表全面、直观地展现了ABC智能科技公司OKR向部门与团队层面分解的逻辑，每一个核心目标所对应的关键工作成果，以及每个关键工作成果对应的核心目标的逻辑关系十分清晰。矩阵表中结果责任与驱动责任关系也标注得十分清晰。创业团队的领导者评价道："从来没有一个工具能够像分解矩阵这样清晰地帮助我们分解OKR。"

研讨会确定了公司OKR分解矩阵表的所有内容，ABC智能科技公司继续将部门核心目标转化为可度量的工作成果，并用价值树呈现公司OKR与部门OKR之间的逻辑关系，如图7-5所示。

```
                    O1.拓展智能产品应用领域
    KR1:本季度A-001应用领域产品样机测试通过,各项技术指标达标率100%
    KR2:B-016产品在东北地区目标应用客户的签约完成数达到3个
    KR3:B-016产品在军品市场占有率保持在20%以上
```

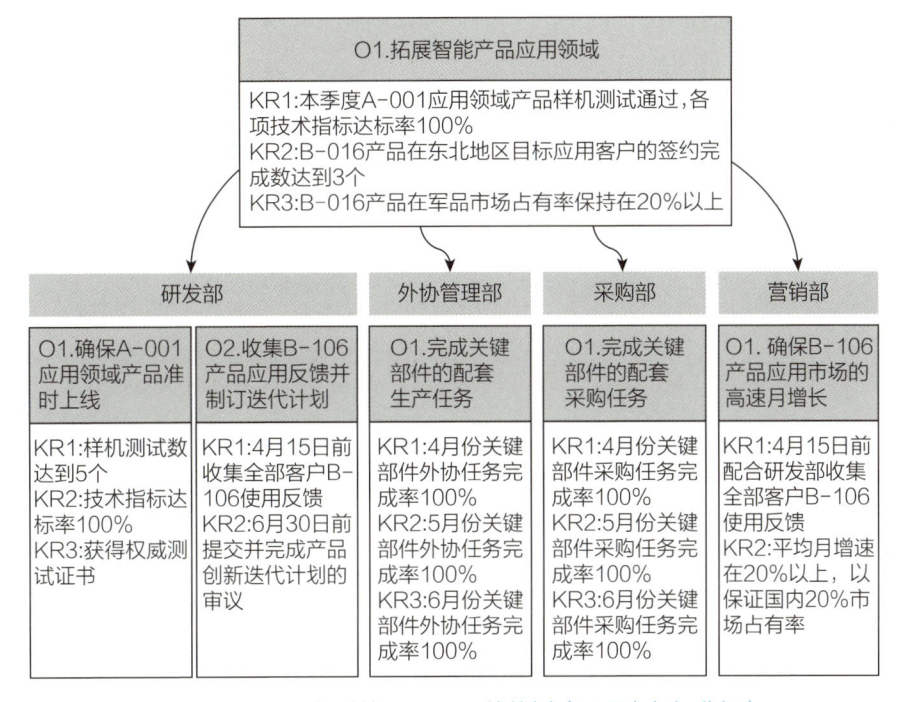

研发部	外协管理部	采购部	营销部
O1.确保A-001应用领域产品准时上线	O2.收集B-106产品应用反馈并制订迭代计划	O1.完成关键部件的配套生产任务	O1.完成关键部件的配套采购任务	O1.确保B-106产品应用市场的高速月增长
KR1:样机测试数达到5个 KR2:技术指标达标率100% KR3:获得权威测试证书	KR1:4月15日前收集全部客户B-106使用反馈 KR2:6月30日前提交并完成产品创新迭代计划的审议	KR1:4月份关键部件外协任务完成率100% KR2:5月份关键部件外协任务完成率100% KR3:6月份关键部件外协任务完成率100%	KR1:4月份关键部件采购任务完成率100% KR2:5月份关键部件采购任务完成率100% KR3:6月份关键部件采购任务完成率100%	KR1:4月15日前配合研发部收集全部客户B-106使用反馈 KR2:平均月增速在20%以上,以保证国内20%市场占有率

图7-5　ABC智能科技公司OKR价值树（公司向部门分解）

除了"自上而下"分解公司OKR外，部门或团队OKR的另外一个来源就是"自下而上"的创意。在开展公司OKR分解的同时，ABC智能科技开始推动部门与团队OKR创意，创业团队的领导者将这项活动的决策权交给了部门与员工，但是在此之前组织了若干场部门与团队OKR创意的培训与模拟。

部门与团队OKR创意主要由部门与员工自主提议，主要来源有两个方面。

部门或团队自主创新并挑战 OKR

部门或团队从日常工作创新方面自主思考创新并挑战OKR，这种创新主要体现在技术创新、市场创新、管理创新三大模块，各个部门或团队的职能不同，其创新、挑战OKR创意的属性也有所不同。ABC智能科技各部门或团队OKR创新是运用"五因素分析法"工具来做分析的，OKR推进小组提醒各部门与团队：OKR一定要着眼于在日常工作中寻找创新、突破点，尽量与公司核心能力打造和短板弥补密切关联，并且各部门与团队要回答自己在履行部门职能上所能做到的创新点与提升点是什么，换句话说，要回答让部门与团队每一位成员都有成就感的OKR是什么。如表7-6所示。

表7-6 ABC智能科技综合管理部OKR创意示意

序号	部门职能的创新点	时间	成本	数量	质量	风险	寻找出的创新与突破OKR
1	人力资源规划	√		√	√		O：实现人力资源规划水平的突破 KR1：2019年10月15日前，完成公司300名员工的人力资源规划工作，包括4名资深程序员的画像与招聘计划 KR2：2019年11月15日前，实现公司年度经营计划质询会一次性审议通过
2	文控管理			√	√		O：创新突破文控管理 KR1：本季度文档抽检符合率提高到100% KR2：文控管理评分在公司排名第一
3	后勤服务	√		√	√		O：成为新招应届生的卓越生活伙伴 KR1：业务生活满意度评价在80分以上 KR2：本季度员工流失率控制在0

"穿越"连接上级OKR

ABC智能科技实施OKR时鼓励在创意中采取"穿越"手段，即部门或团队如果发现隔了若干组织层级的创业团队领导者的OKR与自己有关联，就可以自由地设置自己的OKR与其对齐。仍旧以ABC智能科技的综合管理部为例，该部门2019年第二季度OKR主要有4个OKR，其中前3个OKR是从日常工作中的自主创新突破推导出来的，而第4个OKR则是直接从创业团队领导者的年度OKR中直接关联得到的，如表7-7所示。

表7-7　ABC智能科技综合管理部"穿越"连接上级OKR

序号	核心目标（O）	关键工作成果（KR）
1	O1.实现人力资源规划水平的突破	KR1：2019年10月15日前，完成公司300名员工的人力资源规划工作，包括4名资深程序员的画像与招聘计划 KR2：2019年11月15日前，实现公司年度经营计划质询会一次性审议通过
2	O2.创新突破文控管理	KR1：本季度文档抽检符合率提高到100% KR2：文控管理评分在公司排名第一
3	O3.成为新招应届生的卓越生活伙伴	KR1：业务生活满意度评价在80分以上 KR2：本季度员工流失率控制在0
4	O4.培养具有国际视野的创新队伍	KR1：在10个主流招聘渠道上发布招聘信息 KR2：本季度完成全员的人才盘点工作

除了上述两个维度创意OKR以外，ABC智能科技还根据咨询顾问的意见"横向"联结平级OKR（其他部门与团队OKR），ABC智能科技的OKR推进小组为此发放了季度部门OKR评价表（表7-8），统一收集、统计各部门OKR的协同需求，为各部门"横向"联结平级OKR提供支持。

表7-8　季度部门OKR评价表

ABC智能科技发展有限公司（2019年第二季度　部门级）OKR评价表							
序号	属性	本季度核心目标	关键工作成果	权重	计分规则	关键工作成果自评	自评说明	核心目标得分

续表

序号	属性	本季度核心目标	关键工作成果	权重	计分规则	关键工作成果自评	自评说明	核心目标得分

ABC智能科技在OKR设定中发现，如何保持OKR的挑战性是一个非常重要却又难以把握的操作难点。他们发现运用信心指数不断刷新、挑战KR值能够实现OKR的挑战性。

所谓的信心指数就是对实现OKR的信心的量化指标，信心指数主要是衡量KR实现的信心，同时在OKR的管理中，在不同时间节点上的信心指数如果有变化就要适时地调整KR值，以确保OKR的挑战性。所以信心指数犹如显示OKR挑战性的驾驶舱、仪表盘，能够帮助我们监控OKR是否具有挑战性。

ABC智能科技认为，一个好的OKR所有KR值都应当是按照0.5的信心指数设定的，如果在季度内进行OKR复盘时，发现KR值的信心指数有所提高，那么我们就应当及时调高KR值，将信心指数平衡在0.5的状态，以确保整个OKR的挑战性。在设计OKR时，我们要引导公司每一位员工运用信心指数来挑战OKR。完成信心指数的刷新与挑战后，输出ABC智能科技部门OKR分解与创意的最终成果"季度部门OKR评价表"。

ABC智能科技的OKR评价表可以在最后加上一个纵列——"围观"，可以在公司内部公示，让其他部门进行"围观"，对自评情况进行评价、留言（该功能可以通过OKR软件实现开放）。

OKR制度

ABC智能科技OKR制度是该公司OKR设定、运行、复盘与评价的管理文件，包含OKR导论、OKR组织机构与职责、OKR操作流程与方法、OKR结果运用与附则。主要结构内容如下：

ABC智能科技OKR制度

第一章　OKR导论

1. 目的

为应对VUCA外部环境，激发员工创造力，规范公司OKR管理，把公司打造为进化型的"自组织"，特订立本制度。

2. 适应范围

本制度适用于ABC智能科技发展有限公司职能部门、第二事业群的OKR管理。

3. 术语

3.1　OKR：OKR全称是Objectives and Key Results，即目标与关键成果法，OKR是一套定义和跟踪重点目标及其完成情况的管理工具和方法；

3.2　Objectives是目标，Key Results是关键工作成果，KR是产出导向，而不是做事导向（所谓产出导向就是关注做事情的成果，而不是仅仅关注事情做了没有）；

3.3　OKR要求公司、部门、模块和员工不但要设置目标，而且要明确完成目标的具体行动。

第二章　OKR组织机构与职责

4.组织机构与职责

4.1　OKR委员会

4.1.1　确定OKR总体方案与制度；

4.1.2　审议公司战略地图；

4.1.3　确定公司年度与季度OKR；

4.1.4　指导公司季度OKR分解；

4.1.5　辅导部门自下而上创意OKR。

4.2　绩效管理部

4.2.1　提议OKR总体方案与制度草案；

4.2.2　组织（或配合组织）公司战略地图研讨；

4.2.3　组织（或配合组织）公司年度与季度OKR研讨；

4.2.4　为季度OKR分解与创意提供技术支持；

4.2.5　辅导部门自下而上确定OKR。

4.3　各部门

4.3.1　组织本部门OKR指标收集，并组织在本部门实施；

4.3.2　跟进本部门OKR指标实施过程，组织OKR评分；

4.3.3　本部门OKR一对一对话与反馈，指导员工改进绩效；

4.3.4　召开部门OKR周例会、月审视、季复盘、半年度考核、年度考核。

第三章　OKR操作流程与方法

5.操作方法

5.1　OKR设定

5.1.1　年度公司OKR设定：每年12月中旬，由创业公司领导者提出年度战略地图与OKR表修订要求；绩效管理中心执行内外部战略环境扫描、SWOT分析，编写"年度战略环境分析报告"与战略地图（年度修订版）初稿；创业团队领导者主导战略地图研讨会，首先提出七大问题，主导战略地图研讨，绩效管理中心配合、各部门经理及员工代表参加；同时绩效管理中心准备组织年度OKR表研讨会；在研讨会结束后组织围观、修订并最后发布战略地图（年度版）、年度公司OKR表。

5.1.2　季度公司OKR设定：公司绩效管理中心每季度按照4×4原则筛选季度目标，如需修订战略地图（年度版）则需要报创业团队领导者审批，随后提议价值树分析初稿，组织刷新每季度KR并准备季度OKR表研讨会；创业团队领导者主导每季度KR刷新研讨，绩效管理中心配合，各部门经理与员工代表参加；绩效管理中心根据研讨结果修订季度公司OKR评价表并组织围观、确定、发布。

5.1.3　季度部门或团队OKR分解与创意：绩效管理中心发布季度公司OKR评价表初稿，同时发送季度部门或团队OKR设定的通知邮件；各部门经理运用OKR分解矩阵进行部门或团队OKR分解并汇总部门或团队OKR分解价值树（PPT形式）；部门经理组织本部门或团队季度OKR创意、横向对齐，以及季度部门或团队OKR评价表上传、公示；创业团队领导者、绩效管理中心、其他部门员工围观并提出OKR修改意见；各部门根据围观意见修订季度部门或团队OKR评价表，并完成上传与正式发布。

季度部门或团队OKR设定详见季度部门或团队OKR设定流程（附流程图、流程说明）。

5.1.4　季度员工个人OKR分解与创意

绩效管理中心在进行季度部门或团队OKR评价表上传与发布的同时，发送季度员工个人OKR设定的通知邮件；员工分解、对齐并提出个人季度OKR创意并由部门经理开展一对一的OKR设定的对话辅导；季度员工个人OKR评价表上传、公示；创业团队领导者、绩效管理中心、其他部门员工围观并提出OKR修改意见；员工根据围观意见修订季度员工个人OKR评价表并上传与发布。

季度员工个人OKR设定详见季度员工个人OKR设定流程（附流程图、流程说明）。

5.1.5　季度OKR透明与公开：公司、各部门及员工个人的OKR由部门内部及绩效管理中心以邮件形式公开；绩效管理中心根据部门OKR的横向协同要求，选择部门与部门OKR的定向公开；协同部门可以申请绩效管理中心进行OKR公开。

5.1.6　公司、部门或团队、员工个人OKR设定基本要求：

A：O值设定必须具有一定挑战性、方向性，每个周期设定4个以内；

B：每个O对应的KR不超过4个，指向实现目标，以产出或成果为基础，可衡量，且不是常规的（要求创新、挑战）；

C：关键度量项（状态指标）是影响公司战略的、长周期的指标；

D：OKR表每周要进行刷新，回顾并制订下周的行动计划，行动计划必须指向KR；

E：未来4周行动计划是为了其他协同部门提前看到，为协同做准备而编制的。

5.2　OKR调整

5.2.1　根据VUCA外部环境变化，公司战略地图与年度目标可以调整，但需要经过创业团队领导者批准，包括以下情况：

A：公司战略发生重大调整；

B：公司架构发生重大变革；

C：市场情况发生重大变化；

D：其他公司管理层认可的情况。

5.2.2 各部门与团队、员工个人的季度OKR，一般在周计划中不轻易调整，可在月度审视中进行必要刷新，但刷新需要与上级沟通确定并公示、围观后方可刷新。

5.2.3 OKR调整需要由业务部门向绩效管理中心发起备案，向协同部门定向公开并可查询。

5.3 OKR复盘会议、报告与跟踪

5.3.1 按照"周度、月度、季度、半年度、年度"的周期原则，对公司、各部门或团队、员工个人目标的完成情况进行定期回顾，主要有复盘会议、OKR报告两大基本手段。

5.3.1.1 每周要刷新KR信心指数，回顾并制订下周的工作计划，各级OKR周计划刷新应当注意周工作计划是指向KR。

在OKR周例会之前要做好准备工作，组织者要营造会议的良好沟通氛围，让团队的每一位成员形成开放、坦率、有建设性的沟通文化，将OKR周例会与日常周运营管理会议分开；周例会召开流程首先由团队的领导者进行自己OKR周报告宣讲，随后让团队成员分别进行OKR周报告宣讲（周例会之前要求充分准备OKR周报告）。周例会时间控制在2小时以内。

5.3.1.2 各部门每月需对OKR执行情况进行审视，且每月至少审视一次。可通过模块会议、月度会议等形式总结当月各岗位、模块OKR的执行情况。

在OKR月审视会之前要做好准备工作，要求绩效管理中心与部门OKR协调员完成OKR数据收集；部门经理组织团队中每一位员工准备OKR月报告，OKR月审视会议一般时间控制在6小时以内；OKR月审视会的组织者同样要营造良好沟通氛围，月度审视会的主角是员工本人，让员工主动、自主地去复盘月度OKR进展，检查信心指数，刷新KR与KR值；OKR月审视会召开流程一般是首先由部门经理进行自己OKR月报告宣讲，随后让团队成员分别进行

OKR月报告宣讲。

无论部门经理还是员工个人的OKR月报告的主要内容一般都应当包括：

（1）本月OKR数据：OKR信心指数变化、OKR实际进展数据的评分情况、OKR信息指数变化、月度审视KR的得分、KR与KR值刷新建议、状态指标刷新情况等；

（2）季度OKR刷新与调整：按照0.5信心指数调整的KR或者KR值、KR刷新情况说明、刷新后KR的计分规则说明、状态指标调整情况；

（3）遇到困难与需要协同的问题：为了完成并挑战季度OKR，在本月度遇到了哪些困难，需要公司内部其他部门如何协调资源与事项等。

5.3.1.3　各部门每个季度须对OKR完成情况进行考核，且每个季度至少一次。考核当季度各OKR完成情况，明确当季度各KR得分与O的得分。

（1）在OKR季度评价会之前要做好准备工作，完成季度KR数据收集。OKR数据收集流程五大步骤如下：

第一步　数据处理部门（一般是绩效管理中心）填写OKR数据信息核对表。

第二步　数据处理部门根据OKR数据信息核对表，要求数据提供部门填写OKR数据收集表。

第三步　数据填报部门根据OKR数据填报要求填写OKR数据收集表。

第四步　数据处理部门进行数据审核，由于数据量庞大，一般采取数据抽检方式。

第五步　数据处理部门根据OKR数据信息收集表填写并发放OKR数据提供表。

（2）各部门按要求准备季度OKR评价报告并准备参加OKR季度评价会，OKR季度评价会时间一般控制在6小时左右。

（3）OKR季度评价会的组织者同样要营造良好的沟通氛围。OKR季度评价会的主角是员工本人，应当让员工主动、自主地去对季度OKR完成情况进行打分，总结经验与不足并主动挑战下一季度的OKR。

（4）OKR季度评价会召开流程一般是首先由部门经理进行自己的OKR季度评价报告宣讲，随后让团队成员分别进行OKR季度评价报告宣讲。季度OKR评价会要分团队进行，无论部门还是员工个人的OKR季度报告，主要内容一般都应当包括以下几点：

◎ 本季度OKR评价与外部环境季度扫描：本季度KR得分情况、KR数据仪表盘、O得分情况、O仪表盘等，有些公司还加入了KR上级评价、OKR评价备注、状态指标评价、外部环境季度扫描等内容。

◎ 下一季度OKR设定与挑战：下一季度核心目标、度量目标进展的KR、KR信心指数、计分规则、权重等。

◎ 遇到困难与需要协同的问题：为了完成并挑战下一季度OKR，从现在来看可能会遇到哪些困难，需要公司内部哪些部门协调资源与事项等。

（5）OKR季度评价会上，部门经理需要引导与会人员对自己或其他成员的OKR报告进行围观，提出评价及其下一季度OKR设定的修订意见。会后要将季度OKR评价报告进行二次修订与公示，以确保OKR透明。还要集思广益，收集员工邮件意见。

（6）在季度总结与回顾的过程中，对已经完成的各级OKR进行关闭，并及时制订下一季度OKR，没有特别理由，OKR不允许延续到下一季度。

5.3.1.4 半年度/年度OKR回顾会议是由创业团队领导者、部门经理、员工代表参加，本会议主要对半年或全年的外部环境与OKR完成情况进行全面回顾，以寻找下半年或者下一年度OKR经营改进的对策。半年度或年度OKR回顾会议遵循以下五个操作步骤：

第一步 半年度或年度OKR回顾会议准备

绩效管理部门在进行会议准备时需要注意两个方面的重点工作：一是OKR

回顾会议的议程安排，会议的每一个步骤都应当在议程中体现；二是通知相关单位准备会议资料，包括但不局限于公司、部门半年度或年度OKR报告。

第二步　宣讲公司半年度或年度OKR报告

会议开始后，创业团队领导者宣讲公司半年度或年度OKR报告，通报公司OKR执行实施情况。宣讲内容与公司半年度或年度OKR报告的内容一致，主要包括公司外部环境扫描分析、公司半年度/年度OKR回顾分析、下半年/年度公司总体工作改进建议三个部分。

第三步　部门经理宣讲部门半年度或年度OKR报告

随后由部门经理宣讲部门半年度或年度OKR报告，通报部门OKR执行实施情况。宣讲内容一般与部门半年度或年度OKR报告的内容一致，主要包括部门外部环境扫描分析、部门半年度/年度OKR回顾分析、下半年度/年度部门工作改进建议三个部分。

第四步　OKR报告围观、质询与建议

完成OKR报告宣讲后，由其他部门、员工代表进行OKR的围观与质询。围观、质询的内容主要包括OKR差异现状、差异性质、差异原因、补救措施、评价建议等。

第五步　汇总OKR回顾会议的纪要

OKR回顾会议要随时进行会议记录，OKR刷新、重点专题结论、下一步行动计划都应当记录在册并在会议结束后及时整理、归档。

5.3.2　公司、部门或团队、员工个人OKR的总结及回顾需要形成文件记录，并通过邮件或电子人力资源管理系统等在各部门内部及绩效管理中心进行公布。

5.3.3　根据各级OKR的完成情况及不足，上级要对下级进行及时跟进与辅导，提升其工作技能。

5.4 OKR得分核算

5.4.1 OKR实施周期结束后次月，绩效管理中心应当邮件通知公司、部门或团队、员工个人启动各级OKR考核工作。

5.4.2 OKR考核的主角是员工本人，上级主管应当采取一对一对话等方式进行OKR考核的辅导，原则上是OKR实施者本人进行自评，上级主管辅导确认，其他部门员工围观。

5.4.3 OKR考核后要引导员工主动分析OKR，进行个人绩效改进，挑战下一期OKR与行动计划，将OKR真正作为实现员工自我驱动、自我挑战、自我管理的工具。

5.4.4 半年度与年度同行评价（Peer Review）与OKR分离，首先上级考核后，指定7个平级流程相关员工评价、自评后，公司召开分级绩效校准会议，半年度与年度考核结构与薪酬等汇报挂钩，内容详见半年度与年度同行评价制度。

5.5 半年度与年度同行评价

5.5.1 半年度与年度同行评价由两部分构成，一部分为半年度与年度考核的得分，一部分为员工价值观评分（对公司文化的认可等），按照7:3的比例核算最终得分。

5.5.2 员工价值观评分：直接上级、间接上级对员工进行终评，按照4:6的比例核算。

5.5.3 执行半年度与年度考核的个人，半年度或年度考核成绩=个人半年度或年度考核得分×80%+部门半年度或年度考核得分×20%。

5.5.4 根据各部门、子公司内部得分排名进行评级。

第四章 OKR结果运用

5.6 结果应用

5.6.1 OKR本身作为员工的自我管理工具，并不与绩效考核挂钩，只作为绩效分析改进工具。

5.6.2 半年度与年度考核奖金发放：半年度与年度同行评价的结果，应用于奖金的发放。

5.6.3 半年度与年度同行评价一对一对话与反馈：考核人根据考核成绩优劣，与被考核人实施对话面谈，分析半年度与年度考核中的成绩偏差、短板等问题并提出改进方法，在考核成绩确定一个月内完成面谈，由绩效管理中心对面谈结果进行抽查。

5.6.4 半年度与年度同行评价后可开展人员优化，连续两个考核周期评级为最后一级的，公司有权进行培训、调岗，在培训与调岗后考核仍旧不合格的，公司有权与其解除劳动合同并按照劳动法的规定给予赔偿金。

5.6.5 半年度与年度同行评价后可开展人员优化的晋升、调岗、培训、评优等。

5.7 半年度与年度同行评价申诉

5.7.1 申诉渠道：为了保证半年度与年度同行评价的准确性，每位被考核者在对自己的同行评价结果持有异议，与部门经理面谈后又无法达成一致认识时，可以向绩效管理中心提出申诉。

5.7.2 处理流程：绩效管理中心需充分调查和听取各方面的意见，在认真分析的基础上，提出解决方法，做出最后裁定。

第五章 附则

6.其他

6.1 本制度由绩效管理中心负责解释。

6.2 本制度的修订与完善由绩效管理中心提出修订意见，报OKR委员会审定后生效。

6.3 本制度自20××年×月1日起试运行。

OKR分解与创意流程

ABC智能科技在OKR制度中对OKR分解与创意流程进行了设计与描述，OKR的分解与创意融入了平衡计分卡体系的战略地图工具，他们将战略地图作为OKR开发的源头。创业团队的领导者与OKR小组共同确定了OKR分解与创意的四大流程：年度公司OKR设定流程、季度公司OKR设定流程、季度部门或团队OKR分解与创意流程、季度员工个人OKR分解与创意流程。OKR分解与创意的4大流程设计与描述如下。

1.年度公司OKR设定流程

（1）编制流程图（图7-6）。

创业团队领导者	OKR小组	部门经理	员工

流程节点：
- 开始
- 1.提出年度OKR设定要求
- 2.准备战略地图研讨，编写战略环境报告
- 3.1提出七大问题，主导战略地图研讨
- 3.2组织战略地图研讨会
- 3.3参加战略地图研讨会
- 3.4参加战略地图研讨会
- 4.准备年度OKR表研讨会
- 5.1主导年度OKR表研讨会
- 5.2组织年度OKR表研讨会
- 5.3参加年度OKR表研讨会
- 5.4参与年度OKR表研讨会
- 6.战略地图与年度OKR表公示与全员解释
- 7.围观战略地图与年度OKR表
- 8.战略地图与年度OKR表修订、审批、发布
- 结束

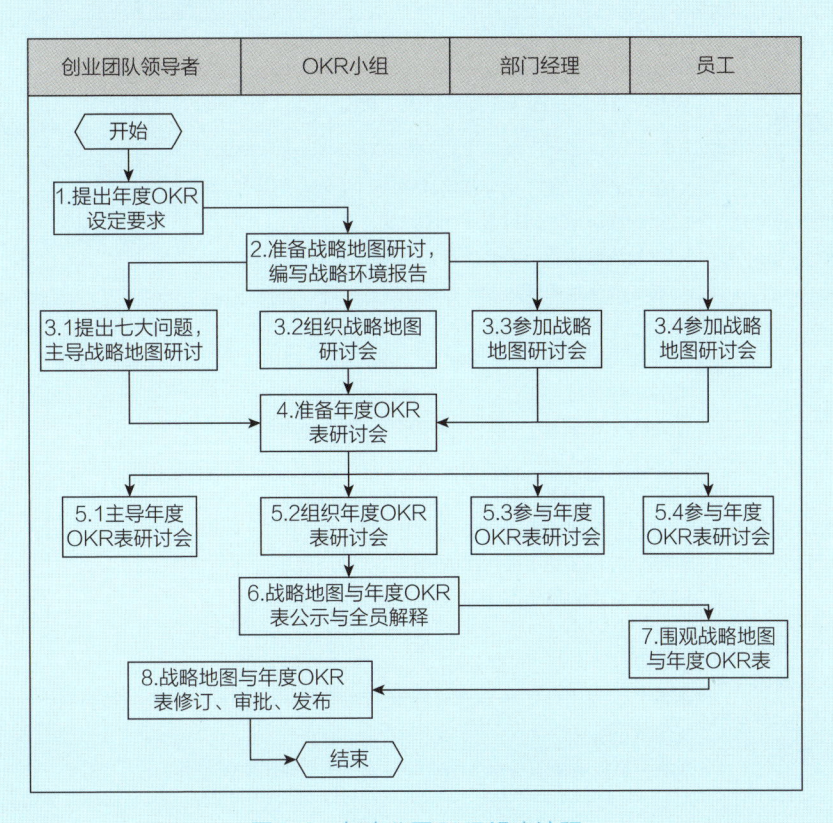

图7-6 年度公司OKR设定流程

（2）明确流程目的。为引导公司年度OKR设定，特制定本流程。

（3）提出流程概要（表7-9）。

表7-9 流程概要表

流程级别	主要涉及部门或岗位
三级流程	流程归口部门：OKR小组 涉及部门或岗位：创业团队领导者、OKR小组、部门经理、员工

（4）流程步骤说明（表7-10）。

表7-10 流程步骤说明

步骤	说明	责任人
1.提出年度OKR设定要求	每年12月中旬，由创业团队领导者提出年度战略地图与OKR表修订要求	
2.准备战略地图研讨，编写战略环境报告	OKR小组执行内外部战略环境扫描、SWOT分析，编写年度战略环境分析报告与战略地图（年度修订版）初稿	
3.组织战略地图研讨会	3.1提出七大问题，主导战略地图研讨（创业团队领导者） 3.2组织战略地图研讨会（OKR小组） 3.3参加战略地图研讨会（部门经理） 3.4参加战略地图研讨会（员工）	
4.准备年度OKR表研讨会	整理战略地图研讨会议记录，修订战略地图（年度修订版）初稿（OKR小组） 将战略地图转化为年度公司OKR表初稿（OKR小组）	
5.组织年度OKR表研讨会	5.1主导年度OKR表研讨会（创业团队领导者） 5.2组织年度OKR表研讨会（OKR小组） 5.3部门经理参加年度OKR表研讨会（部门经理） 5.4员工代表参加年度OKR表研讨会（员工）	
6.战略地图与年度OKR表公示与全员解释	根据研讨结果修订年度公司OKR表初稿（OKR小组） 准备公示战略地图（年度修订版）初稿与年度公司OKR表初稿材料（OKR小组） 录制全员战略地图与年度OKR解释说明（创业团队领导者）	

续表

步骤	说明	责任人
7.围观战略地图与年度OKR表	公示战略地图（年度修订版）初稿与年度公司OKR表初稿（OKR小组） 公示全员战略地图与年度OKR解释说明视频（OKR小组） 围观并留言修改意见（员工）	
8.战略地图与年度OKR表修订、审批、发布	修订战略地图（年度版）、年度公司OKR表（OKR小组） 确定战略地图（年度版）、年度公司OKR表（创业团队领导者） 12月31日前正式发布战略地图（年度版）、年度公司OKR表（OKR小组）	

2.季度公司OKR设定流程

（1）编制流程图（图7-7）。

创业团队领导者	OKR小组	部门经理	员工

开始

1.按照4×4原则筛选季度目标O

2.审批

3.提议价值树分析初稿，组织刷新每季度KR

4.准备季度OKR表研讨会

5.1主导每季度KR刷新研讨会　5.2组织价值树分析，刷新每季度KR　5.3参加每季度KR刷新研讨会　5.4参加每季度KR刷新研讨会

6.围观、确定季度公司OKR评价表

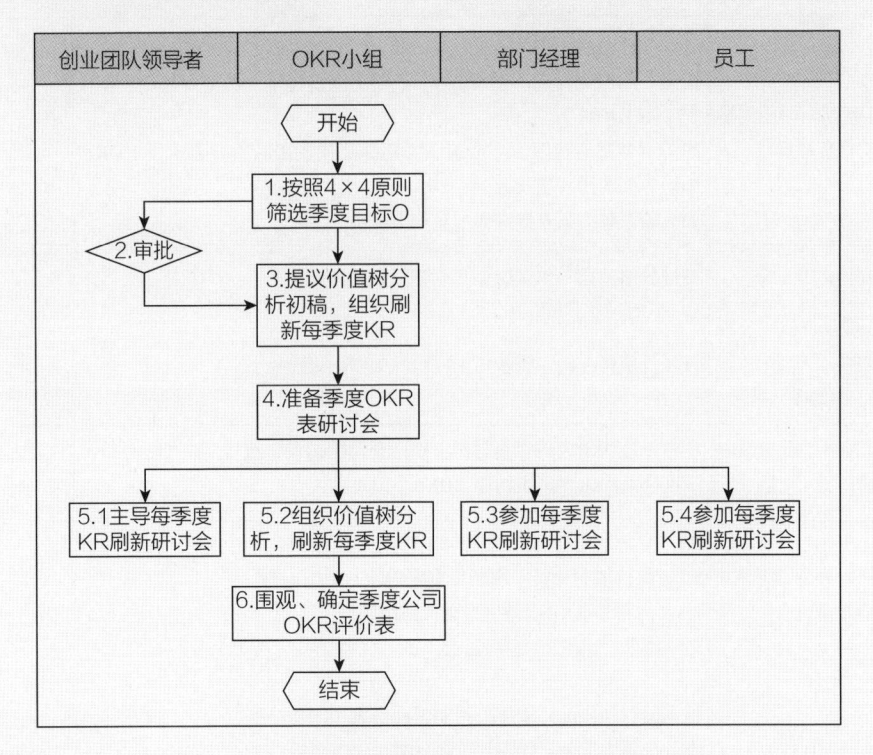

结束

图7-7　季度公司OKR分解与创意流程

（2）明确流程目的。为引导公司季度OKR分解与创意，特制定本流程。

（3）提出流程概要（表7-11）。

表7-11 流程概要表

流程级别	主要涉及部门或岗位
三级流程	流程归口部门：OKR小组 涉及部门或岗位：创业团队领导者、OKR小组、部门经理、员工

（4）流程步骤说明（表7-12）。

表7-12 流程步骤说明

步骤	说明	责任人
1.按照4×4原则筛选季度目标O	每季度开始前5个工作日，复盘战略地图（年度版）（OKR小组） 按照4×4原则筛选季度目标O，战略不变前提下，核心目标O尽量不变（OKR小组） 如需调整战略地图（年度版）需要提交创业团队领导者审批（OKR小组、创业团队领导者） 如无须调整，则直接进入本流程第三步	
2.审批	审批战略地图（年度版）（创业团队领导者）	
3.提议价值树分析初稿，组织刷新每季度KR	开展价值树分析，刷新每季度KR（OKR小组）	
4.准备季度OKR表研讨会	准备季度OKR表研讨会材料：季度公司OKR设定报告（PPT形式）、季度公司OKR评价表初稿（OKR小组）	
5.主导每季度KR刷新研讨会	5.1主导每季度KR刷新研讨会（创业团队领导者） 5.2组织价值树分析，刷新每季度KR（OKR小组） 5.3参加每季度KR刷新研讨会（部门经理） 5.4参加每季度KR刷新研讨会（员工代表）	
6.围观、确定季度公司OKR评价表	根据研讨结果修订季度公司OKR评价表（OKR小组） 准备公示季度公司OKR评价表材料（OKR小组） 录制全员季度OKR解释说明（创业团队领导者） 围观季度公司OKR评价表（员工） 每季度第1个月5日前，修订、发布季度公司OKR评价表（OKR小组、创业团队领导者）	

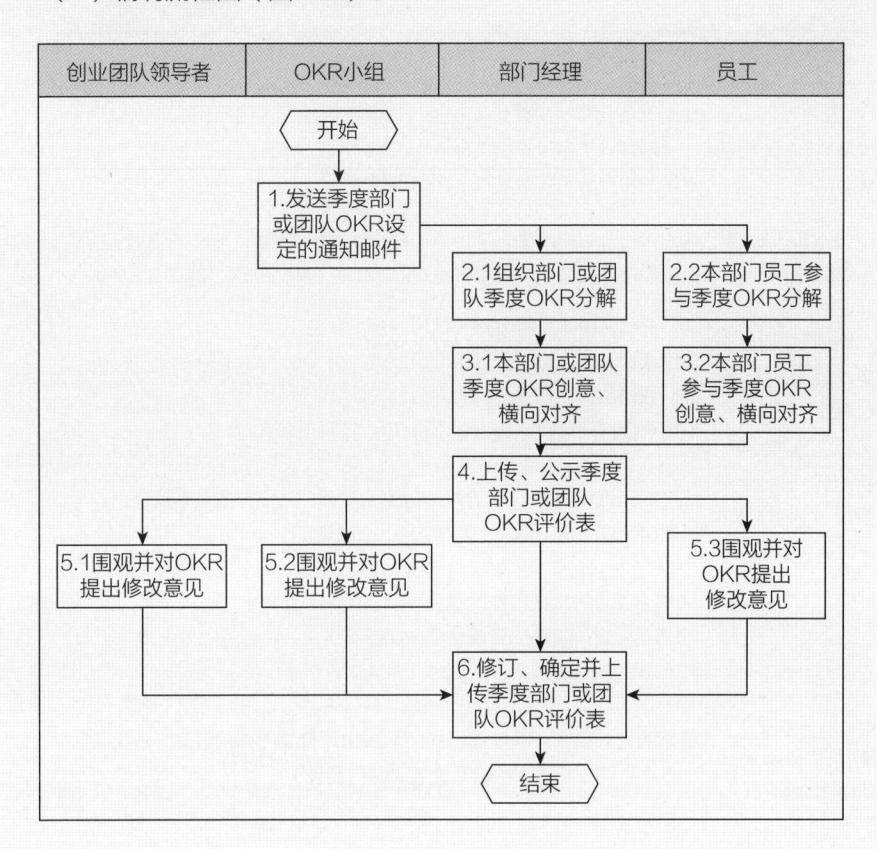

3.季度部门或团队OKR分解与创意流程

（1）编制流程图（图7-8）。

创业团队领导者	OKR小组	部门经理	员工

```
开始
 ↓
1.发送季度部门或团队OKR设定的通知邮件
 ↓
2.1组织部或团队季度OKR分解    2.2本部门员工参与季度OKR分解
 ↓                              ↓
3.1本部门或团队季度OKR创意、横向对齐    3.2本部门员工参与季度OKR创意、横向对齐
 ↓
4.上传、公示季度部门或团队OKR评价表
 ↓
5.1围观并对OKR提出修改意见   5.2围观并对OKR提出修改意见   5.3围观并对OKR提出修改意见
 ↓
6.修订、确定并上传季度部门或团队OKR评价表
 ↓
结束
```

图7-8　季度部门或团队OKR分解与创意流程

（2）明确流程目的。为引导季度部门或团队OKR分解与创意，特制定本流程。

（3）提出流程概要（表7-13）。

表7-13　流程概要表

流程级别	主要涉及部门或岗位
三级流程	流程归口部门：OKR小组 涉及部门或岗位：创业团队领导者、OKR小组、部门经理、员工

（4）流程步骤说明（表7-14）。

表7-14 流程步骤说明表

步骤	说明	责任人
1.发送季度部门或团队OKR设定的通知邮件	发布季度公司OKR评价表初稿，同时发送季度部门或团队OKR设定的通知邮件（OKR小组） 发送OKR分解矩阵意见稿（OKR小组）	
2.组织部门或团队季度OKR分解	参考OKR分解矩阵进行部门或团队OKR分解（部门经理、员工） 汇总部门或团队OKR分解价值树（PPT）（部门经理、员工）	
3.本部门或团队季度OKR创意、横向对齐	部门或团队OKR穿越分析（部门经理、员工） 部门或团队OKR协同分析（部门经理、员工） 部门或团队OKR创意分析（部门经理、员工） 形成季度部门或团队OKR评价表初稿（部门经理、员工）	
4.上传、公示季度部门或团队OKR评价表	部门或团队OKR分解价值树（PPT形式）、上传与公示季度部门与团队OKR评价表（部门经理）	
5.围观并对OKR提出修改意见	5.1围观并对OKR提出修改意见（创业团队领导者） 5.2围观并对OKR提出修改意见（OKR小组） 5.3围观并对OKR提出修改意见（员工）	
6.修订、确定并上传季度部门或团队OKR评价表	根据围观意见修订季度部门或团队OKR评价表（部门经理）、上传发布季度部门或团队OKR评价表（部门经理）	

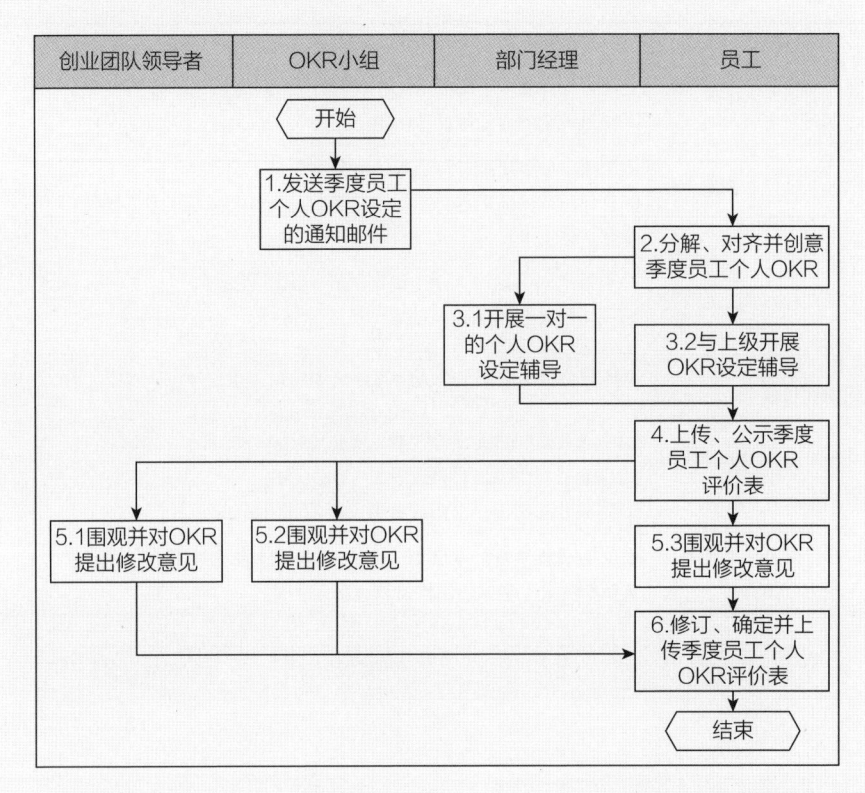

4.季度员工个人OKR分解与创意流程

(1)编制流程图(图7-9)。

创业团队领导者	OKR小组	部门经理	员工

```
                              开始
                               │
                               ▼
                    1.发送季度员工
                    个人OKR设定
                    的通知邮件
                               │
                               ▼
                                      2.分解、对齐并创意
                                      季度员工个人OKR
                               │
                    3.1开展一对一       3.2与上级开展
                    的个人OKR          OKR设定辅导
                    设定辅导
                               │
                                      4.上传、公示季度
                                      员工个人OKR
                                      评价表
                               │
   5.1围观并对OKR   5.2围观并对OKR              5.3围观并对OKR
   提出修改意见     提出修改意见                 提出修改意见
                               │
                                      6.修订、确定并上
                                      传季度员工个人
                                      OKR评价表
                               │
                              结束
```

图7-9 季度员工个人OKR分解与创意流程

(2)明确流程目的。为引导季度员工个人OKR分解与创意,特制定本流程。

(3)提出流程概要(表7-15)。

表7-15 流程概要表

流程级别	主要涉及部门或岗位
三级流程	流程归口部门:OKR小组 涉及部门或岗位:创业团队领导者、OKR小组、部门经理、员工

(4)流程步骤说明（表7-16）。

表7-16 流程步骤说明

步骤	说明	责任人
1.发送季度员工个人OKR设定的通知邮件	上传发布季度部门或团队OKR评价表，同时发送季度员工个人OKR设定的通知邮件（OKR小组）	
2.分解、对齐并构思季度员工个人OKR	运用OKR分解矩阵进行个人OKR分解（员工） 汇总部门或团队内部员工OKR分解价值树（PPT形式）（部门经理、员工）	
3.开展个人OKR设定辅导	3.1开展一对一的个人OKR设定辅导（部门经理） 3.2与上级开展OKR设定辅导（员工）	
4.上传、公示季度员工个人OKR评价表	上传与公示季度员工个人OKR评价表（员工）	
5.围观并对OKR提出修改意见	5.1围观并对OKR提出修改意见（创业团队领导者） 5.2围观并对OKR提出修改意见（OKR小组） 5.3围观并对OKR提出修改意见（其他部门员工）	
6.修订、确定并上传季度员工个人OKR评价表	根据围观意见修订季度员工个人OKR评价表（员工）、上传发布季度员工个人OKR评价表（员工）	

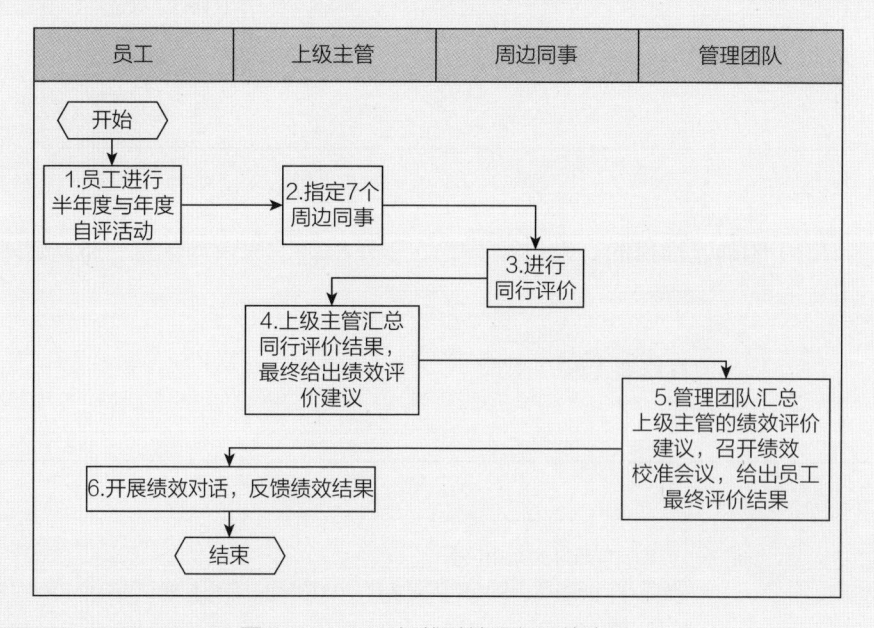

图7-10 ABC智能科技同行评价流程

ABC智能科技的员工目标自我管理由OKR引导，而员工考核评价则使用半年度与年度同行评估来实施推进，在实践中分为六个操作步骤，如图7-10所示。

ABC智能科技同行评价流程涉及的表单有"ABC智能科技发展有限公司同行评价流程表"（表7-17）、"ABC智能科技发展有限公司自评表"（表7-18）、"ABC智能科技发展有限公司同行评价表"（表7-19）、"ABC智能科技发展有限公司上级评价表"（表7-20）、"ABC智能科技发展有限公司评价汇总表"（表7-21）、"ABC智能科技发展有限公司绩效校准会议记录"（表7-22）。

表7-17　ABC智能科技发展有限公司同行评价流程表

序号	表单编号	表单名称	自评	同行评价	上级评价	绩效校准
1	No-001	ABC智能科技发展有限公司自评表	√			
2	No-002	ABC智能科技发展有限公司同行评价表		√		
3	No-003	ABC智能科技发展有限公司上级评价表			√	
4	No-004	ABC智能科技发展有限公司评价汇总表				√
5	No-005	ABC智能科技发展有限公司绩效校准会议记录				√

表7-18　ABC智能科技发展有限公司自评表

基本信息			
被评价人		所在部门	
直接上级		所在部门	

续表

评价周期	
自评（我承担角色写出名称，影响力按照组织、重要、协助三种类型填写）	

项目/成就名称	我承担角色与影响力	我的关键贡献与不足	证明人	权重	得分

自评最终得分：	
其他事项	
其他做得特别好的事情	
其他有待改进的事情	

注意事项：

自评与其他事项主要陈述半年内的项目或工作成就；

项目/工作成就名称应当由直接上级与自评人沟通后确定；

填写关键贡献与不足请列出详细时间、地点与人物；

如关键贡献与不足严重失真，上级主管或绩效仲裁员检查后有权清零。

表7-19　ABC智能科技发展有限公司同行评价表

基本信息			
被评价人		所在部门	
评价人		所在部门	
指定评价人理由	被评价人直接上级填写		

续表

评价周期					
同行评价（被评价人承担角色写出名称，影响力按照组织、重要、协助三种类型填写）					
项目/成就名称	我承担角色与影响力	关键贡献与不足	证明人	权重	得分
同行评价最终得分：					
其他事项					
其他做得特别好的事情					
其他有待改进的事情					

注意事项：

同行评价与其他事项主要陈述半年内的项目或工作成就；

填写关键贡献与不足请列出详细时间、地点与人物；

如关键贡献与不足严重失真，上级主管或绩效仲裁员检查后有权清零。

表7-20　ABC智能科技发展有限公司上级评价表

基本信息					
被评价人		所在部门			
直接上级		所在部门			
评价周期					
上级评价（被评价人承担角色写出名称，影响力按照组织、重要、协助三种类型填写）					
项目/成就名称	我承担角色与影响力	关键贡献与不足	证明人	权重	得分

续表

上级评价最终得分：					
其他事项					
其他做得特别好的事情					
其他有待改进的事情					

注意事项：

上级评价与其他事项主要陈述半年内的项目或工作成就；

填写关键贡献与不足请列出详细时间、地点与人物；

如关键贡献与不足严重失真，上级主管或绩效仲裁员检查后有权清零。

表7-21 ABC智能科技发展有限公司评价汇总表

基本信息				
被评价人		所在部门		
直接上级		所在部门		
评价周期				
半年度考核得分汇总				
维度	权重		得分	加权得分
自评				
同行评价				
上级评价				
最终得分				

续表

其他事项汇总	
其他做得特别好的事情	
其他有待改进的事情	

表7-22　ABC智能科技发展有限公司绩效校准会议记录

基本信息			
被评价人		所在部门	
直接上级		所在部门	
评价周期			
参会人员			
半年度考核得分校准			
会议纪要			
校准前得分			
校准后得分			
校准原因陈述			
其他事项校准			
其他做得特别好的事情			
其他有待改进的事情			

注意事项：

绩效校准会议争议事项可提交同行评价的仲裁员最终确定。